Knud Leem

Knud Leems Nachrichten von den Lappen

Knud Leem

Knud Leems Nachrichten von den Lappen

ISBN/EAN: 9783743655591

Hergestellt in Europa, USA, Kanada, Australien, Japan

Cover: Foto ©ninafisch / pixelio.de

Weitere Bücher finden Sie auf **www.hansebooks.com**

Knud Leems
Professors der lappischen Sprache
Nachrichten
von
den Lappen
in Finmarken,
ihrer Sprache, Sitten, Gebräuche,
und ehemaligen heidnischen Religion,
mit
Anmerkungen
von
J. E. Gunner,
Bischof zu Dröntheim.

Aus dem Dänischen übersetzt.

Leipzig,
in der Dyckischen Buchhandlung, 1771.

Vorbericht des Uebersetzers.

Die Kenntniß des Erdbodens, und der verschiedenen Nationen, welche ihn bewohnen, ist einem jeden, der nicht in einer unverzeihlichen Unwissenheit, was es für Arten von Menschen außer ihm giebt, dahin leben will, nützlich und angenehm. Man darf deswegen weder ein Philosoph seyn, um aus der Vergleichung der Nationen unter einander gewisse allgemeine Begriffe von den Menschen, von ihren sittlichen und körper-

Vorbericht

lichen Eigenschaften herauszuziehen; noch ein Naturkündiger, um die Thiere, Insekten und übrigen Producten der Natur in den entlegenen Ländern zu untersuchen; sondern man darf nur eine löbliche Neubegierde haben, um mit den Sitten und Gebräuchen andrer Nationen, worinn sich so viel sonderbares und unterhaltendes zeiget, bekannter zu werden. Und wenn wir keinen andern Nutzen davon hätten, als dadurch zu einem lebhaften Danke gegen die weise Vorsehung ermuntert zu werden, die uns nicht unter solchen unwissenden, und einfältigen Völkern gebohren werden lassen; so wären wir reichlich belohnt.

Man liefet die Nachrichten von den wilden Nationen in Afrika, Asien und Amerika in den Reisebeschreibungen mit Vergnügen; und trauet es der Wahrheitsliebe der Verfasser zu, daß sie keine falsche Nachrichten geben, da doch manche aus Neigung zum Abentheuerlichen, oder aus Mangel eigener

des Uebersetzers.

ner hinlänglichen Kenntnisse, die Sachen anders erzählen, als sie sind, und das Sonderbare entweder durch ihre fruchtbare Einbildungskraft vergrößern, oder um die Neugierde des Lesers zu unterhalten, falsche Dinge hinzusetzen. Sie können dieses desto sicherer thun, da wenige in solche entfernte Gegenden kommen, und im Stande sind, den Werth ihrer Nachrichten zu untersuchen.

Wir dürfen das Außerordentliche nicht erst in entlegnen Welttheilen suchen, da es in Europa noch Nationen giebt, die wir nicht gnug kennen, und bey deren Sitten und Gebräuchen sich eben so viel von uns verschiedenes findet. Der rauhe Norden hat Bewohner, die mit den übrigen Europäern wenig ähnliches haben, und deren Lebensart sich der Simplicität des ersten Weltalters nähert. Ihre Sitten sind merkwürdig, und wir dürfen nicht befürchten, daß die Nachrichten, welche davon gegeben werden, so falsch und unrichtig sind, als die von andern

Vorbericht

Welttheilen, weil wir mehrere Gelegenheit haben, die Gewißheit davon zu erfahren.

Die Nördlichsten Völker in Europa sind die Grönländer, Isländer und Lappen. Von den ersten hat man verschiedene gründliche Nachrichten, von denen wir nur der Nachrichten Andersons und Horrebows gedenken. Die Lappen, deren Sitten und Gebräuche der Verfasser des gegenwärtigen Werks sich zum Gegenstande gewählt, haben zwar auch bereits einige Schriftsteller gefunden, doch hat noch keiner sich so viel Mühe dabey gegeben, als Herr Leem.

Einer der bekanntesten Schriftsteller von Lapland ist Scheffer, allein er lebte zu einer Zeit, da man die Lappen noch nicht so genau kannte, daher manche falsche Nachrichten darinn sind, zu geschweigen, daß sich seit dem vieles geändert hat. In neuern Zeiten haben verschiedene von Lapland, theils

in

des Uebersetzers.

in Werken, die von Norwegen und Schweden überhaupt handeln, z. E. Pontoppidan in seiner natürlichen Historie von Norwegen, theils besonders, als Peter Hogström in seiner Nachricht von Lapland, geschrieben. Die letztere Klasse theilt sich wieder in drey Abtheilungen, nach dem Unterschiede der Dänischen, Schwedischen und Rußischen Lappen. Von den Rußischen oder den Samojeden ist erst im vorigen Jahre eine kurze Nachricht auf vier Bogen aus dem Französischen in Riga erschienen, die aber mit der den Franzosen gewöhnlichen Flüchtigkeit geschrieben ist, und sehr seichte Nachrichten enthält.

Die Nachrichten, welche Herr Leem von den Lapländern, in so weit sie unter Dänischer Herrschaft stehen, gegeben, sind unstreitig die besten von allen, und zugleich auch die neuesten, indem sie erst vor ein paar Jahren in Kopenhagen erschienen. Sie sind um desto glaubwürdiger, da sie von einem ge-

Vorbericht

lehrten Manne herrühren, der ihrer Sprache mächtig ist, viele Jahre als Mißionar unter ihnen gelebet hat, und nichts niedergeschrieben, als was er entweder selbst gesehen und erfahren, oder wovon er glaubwürdige Nachrichten eingezogen. Es ist ein Beweis, daß man solche für richtig und der Bekanntmachung würdig gehalten, weil das Werk auf Königlichen Befehl und durch Veranstaltung des Königlichen Dänischen Mißions=Collegii zu Kopenhagen gedruckt, und durch den Sekretar derselben besorgt worden.

Das Buch ist zugleich in Dänischer und Lateinischer Sprache erschienen. Da der Dänische und Lateinische Text nicht allemal völlig einerley ist, so hat man sich nach beyden gerichtet, überhaupt aber, da man eine Nachricht für teutsche Leser liefern wollen, nicht alles ängstlich übersetzt, sondern manches abgekürzt, was weniger wichtig und allgemein schien. Daher diese Uebersetzung vielmehr als ein Auszug anzusehen ist.

Das

des Uebersetzers.

Das lange Kapitel von der lappischen Sprache, welches außer den Dänen, die als Mißionare oder Kaufleute dahin reisen, wohl wenigen erheblich scheinen dürfte, ist fast ganz weggeblieben. Denjenigen Theil dieser Nachrichten, welcher von den vierfüßigen Thieren, Fischen, und Vögeln handelt, hat Herr Gunner, Bischof des Stifts Drontheim mit weitläuftigen Anmerkungen versehen. Man findet ihn hier sehr abgekürzt, weil die Anmerkungen zum Theil gar zu specielle Abtheilungen der Thiere, und genaue Beschreibungen nach Linnäischer Methode enthalten, die mehr für ein besondres System der Naturhistorie gehören, und nur einer kleinen Anzahl von Lesern angenehm sind. Doch hat man zum Gebrauche der letztern allemal die Nummer, wo ein jedes Thier in der Fauna Suecica zu finden, sorgfältig hinzugesetzt.

Aus dem Kapitel von den Gottheiten der Lappen ist vieles weggeblieben, weil diese Materie dun-

Vorbericht

kel und ungewiß ist. Vieles beruhet auf Muthmaßungen, die wenn sie auch wahr sind, wenig zum Nutzen des menschlichen Geschlechts beytragen, und uns nur höchstens zum Mitleiden über die elenden Begriffe der vorigen Einwohner bewegen können. Aus eben dieser Ursache hat man auch die weitläuftige Abhandlung des Justizraths Jessen von der heidnischen Religion der Finnen und Lappen in Norwegen, welche als ein Anhang von zehn Bogen bey dem Original befindlich ist, dem teutschen Auszuge nicht beygefügt.

In dem Kapitel von den Zaubereyen der Lappen und ihrem thörichten Aberglauben fanden sich viele weitläuftige Erzählungen, die zu einfältig klingen, und zum Eckel werden, weil sie gar zu unwahrscheinlich sind. Heut zu Tage, da die Lappen immer mehr und mehr von der wahren Religion überzeugt werden, geräth das Andenken dieses Unsinnes fast ganz in Vergessenheit. Es läßt sich
nicht

des Uebersetzers.

nicht wohl muthmaßen, daß Gott dem Teufel werde so viel Freyheit gelassen haben, unter den einfältigen Lappen so sehr seine Wohnung aufzuschlagen, wenigstens scheint es sonderbar, wenn Herr Leem an einem gewissen Orte saget, daß es nicht unmöglich wäre, weil der Teufel den Heyland auch in Versuchung geführt. Wir hätten gewünscht, daß Herr Leem, als ein Gelehrter, an manchen Stellen von den Zauberkünsten nicht so problematisch redete. Er überläßt zwar dem Leser zu glauben, was er will, die Erzählungen sind aber zum Theil so lächerlich, daß man einem Leser nicht viel Verstand zutrauen muß, wenn ihm dabey einfallen sollte, daß es vielleicht wahr seyn könnte. Wir haben nur ein paar Proben davon dieser Uebersetzung beygefügt, und den Leser mit den übrigen nicht beschweren wollen. Eben dieses gilt auch von dem Kapitel, worinn die verschiedenen Arten des Aberglaubens der Lappen erzählt werden.

Vorbericht des Uebersetzers.

Die Originalausgabe dieses Werks ist mit hundert Kupferplatten versehen, welche es kostbar machen, und gleichwohl nicht sonderlich gestochen sind. Sie stellen allerley Gebräuche der Lappen, ihre Trachten, Fuhrwerk u. d. gl. vor. Sie können sehr wohl entbehrt werden, weil man das Buch ohne solche eben so gut lesen und verstehen kann.

Vorrede des Verfassers.

Es wird vielleicht manchem etwas sehr überflüßiges scheinen, auf die Beschreibung der Sitten und Gebräuche eines so unbekannten und rohen Volks, als die Lapländer sind, die Zeit zu verwenden. Allein die Mißionsanstalten, welche von den letzten Dänischen Königen nicht nur in Indien und Grönland, sondern auch bey den Finmarken errichtet worden, die Handlung, welche von jeher in dieser Gegend geführt worden, und noch nicht aufgehört hat, sind schon Gründe genug, ein
Volk,

Vorrede

Volk, das kaum seinen Nachbarn bekannt genug ist, genauer zu beschreiben, zumal da man bey den Sitten und der Sprache dieser von den übrigen Norwegern ganz verschiedenen Nation, viel nützliches findet, und das bekannter gemacht zu werden verdienet. In der weitläuftigen Geschichte von Lapland, welche uns Johann Scheffer hinterlassen, haben sich in Ermangelung getreuer Nachrichten viele Unrichtigkeiten eingeschlichen, andre Dinge gelten blos von den Schwedischen Lapländern. Hingegen finden wir von den Lapländern, welche in Finmarken wohnen, nicht viel gründliches darinn, weil es ihm vermuthlich an einer hinlänglichen Kenntniß von diesem entfernten Volke gefehlt hat.

Der unbekannte Verfasser, welcher vor einiger Zeit Nordische Reisen herausgegeben hat, scheint es sich vorgesetzt zu haben, den Lesern eine Menge der gröbsten Unwahrheiten aufzubürden. Er macht alle Lapländer zu Zauberern. Daß dieses Volk zu den Zeiten der gröbsten Unwissenheit den Zauberkünsten

sten zum Theil sehr ergeben gewesen, wollen wir nicht läugnen, es aber von allen behaupten zu wollen, wäre sehr unbillig, da man weiß, daß es bereits vor den Zeiten der Mißion keine Zauberer mehr unter den Lappen gegeben habe. Er will nebst seinen Schiffern von den Lapländern für baares Geld und Toback guten Wind gekauft haben, welchen sie in einem mit drey Knoten zugebundenen Sack an das Vorder-Seegel gehangen haben. Bey Auflösung der ersten beyden Knoten hatten sie glücklichen Wind, bey dem dritten entstund aber ein solcher Sturm, daß sie sich alle für verloren schätzten. Die Rennthiere sollen nur in Lapland, Samojedien, Borandien und Siberien seyn, da sie doch, wie bekannt, auch in den Gebürgen der Amts-Stifter Drontheim, Bergen, und Christiansand, in Grönland und Schweden anzutreffen sind. Die Lapländer sollen den Branntewein nach unserer Art vermittelst der Blasen abziehen, da sie diese Maschine weder kennen noch gebrauchen. Er giebt den Lappen Schweinsaugen, da ihre Augen gleichwohl nicht

anders

Vorrede

anders als andrer Menschen ihre beschaffen sind; sie sind vielleicht schöner, als des Hrn. Verfassers seine, der den Lesern diese und viele andre Unwahrheiten aufbürdet.

Er behauptet ferner, daß die Lapländer und insonderheit das andre Geschlecht sehr zu Ausschweifungen geneigt sind, da ich doch mit Wahrheit versichern kann, daß ich nie ein unehrbares Wort von ihnen gehört habe, und daß in den vier Jahren, da ich als Mißionar in den Kirchspielen Kielvig und Kiölle-Fiord gestanden, kein uneheliges Kind, und in den sechs Jahren, da ich Priester der Altensischen Gemeine gewesen, nur ein einziges geboren worden. Aus unserer Beschreibung von den Kleidungen der Lapländer wird erhellen, daß die Stiefeln der Männer und die Schuhe und Strümpfe der Weiber nicht von Fischhaut sind, und, daß sie ihre Kappen nicht von rauchen Rennthierfellen, mit den Haaren auswärts tragen. Die Lapländer liegen nicht auf Bären- sondern auf Rennthierfellen, weil die Bären

nicht

nicht in so großer Menge bey ihnen angetroffen werden. Er erzählt, daß ein jeder in seiner Hütte eine schwarze Katze unterhält, sich mit ihr als mit einem vernünftigen Thiere in Gespräche einläßt, sie um Rath fragt, ohne ihr Wissen keine Sache von Wichtigkeit anfängt, und sie oft beym Jagen und Fischen mitnimmt. Er hält dieses Thier daher gar für einen bösen Geist in Katzengestalt. Wie falsch dieses an sich schon abgeschmackte Vorgeben ist, erhellet daraus, weil man bey den Berglappen nicht einmal Katzen antrifft, und diejenigen, welche sich bey den Bewohnern der Küste aufhalten, sind wie unsre Katzen, von weißer, grauer, und schwarzer Farbe, und sie werden nicht mehr in Ehren gehalten, als bey andern Nationen.

Es giebt gar keine weiße Bären in Finmarken, deren er selbst einen gesehen haben will. Die Einwohner versammlen ihre Rennthiere, wenn sie solche brauchen, durch kein Blasen mit einem Horne; denn sie kennen kein Instrument, das geblasen wird, auch nicht einmal bey ihren Hochzeiten, folglich können

die

Vorrede

die Rennthiere sich nicht, wie in dem Buche vorgegeben wird, alsobald einstellen, wenn sie den Schall hören. Wenn sie ein Rennthier einspannen, sagen sie ihm, wie er vorgiebt, den Ort ins Ohr, wo es hinlaufen soll, das Thier findet den Weg ohne Hülfe der Zügel, und stehet dort von selbst still. Ich bin über hundert Meilen mit diesen Thieren, und in Gesellschaft vieler Lapländer gefahren, und habe dergleichen nie bemerkt. Wie sie fahren, wird unten gezeigt werden; wenn der Fuhrmann an den Ort seiner Bestimmung kommt, wirft er den Zügel auf die linke Seite des Rennthiers, und auf dieses Zeichen steht es still. Der Ungenannte giebt den Rennthieren eine Farbe wie den Hirschen, da sie doch bekanntermaßen, grau oder weiß, oder weiß mit grauen Flecken sind. Die Rennthiere werden auch nicht an den Schlitten, wie die Pferde an den Wagen gespannt, welches wir im Kapitel vom Fuhrwerk der Lappen zeigen werden. Die Krähen sollen in Finmarken weiß seyn, da es doch keine andre als schwarze daselbst giebt. Mit einem Worte, das meiste was

dieser

des Verfassers.

dieser Verfasser von Finmarken und den Einwohnern erzählt, ist sehr weit von der Wahrheit entfernt.

Da also noch kein Schriftsteller hinlängliche und wahrhafte Nachrichten von den in Finmarken wohnenden Lapländern geliefert, und der ungenannte Verfasser nichts als unrichtige Dinge vorbringt, so habe ich gegenwärtige Beschreibung mit größter Sorgfalt zusammen getragen, und hoffe von meinem Werke eine eben so gütige Aufnahme, als des Bischofs Joh. Egede Beschreibung von Grönland gehabt hat. Der Geschmack ist zu verschieden, ein jeder urtheilet nach seiner Denkungsart und seinen Begriffen, daher dürfen sich auch die besten und am fleißigsten ausgearbeiteten Schriften keinen allgemeinen Beyfall versprechen. Mein Buch wird sich nicht durch eine schöne Schreibart, sondern durch die Wahrheit und durch den ungekünstelten Vortrag der Sachen empfehlen. Ich hoffe, daß man mir eine genaue Kenntniß des Landes und der Einwohner, deren Beschreibung ich mir vorgenommen, nicht absprechen wird, da ich mich zehn Jahre, theils als

Missio-

Vorrede

Mißionar, theils als Prediger in diesen Gegenden aufgehalten habe.

Sollten in den Wörtern und andern Sachen, welche die entferntern Lappen betreffen, einige Irrthümer vorkommen, so bitte ich um einige Nachsicht, und daß man deswegen die übrigen Nachrichten nicht für falsch halte, welche die Einwohner in Finmarken betreffen, weil deren Sprache und Sitten eigentlich der Gegenstand meiner Bemerkungen sind.

Die Beschreibung der Himmelsgegend, des Bodens, der Früchte, Bäume, Kräuter und Blumen, der Lage von den bewohnten Oertern, der Polizey und Handlung wird man hier vergeblich suchen, ob ich gleich viele Nachrichten, die ich bey meinem langen Aufenthalte gesammlet habe, beybringen könnte. Es wird nicht leicht ein Winkel oder eine Insel in dieser Gegend seyn, die ich nicht dem Namen und ihrer Beschaffenheit nach kenne. Mir ist der Zustand dieses Landes noch vor den Zeiten, da der Oldenburgische Stamm zum Besitz der Krone gelanget, bekannt.

des Verfassers.

bekannt. Allein diese Nachrichten sind mit Fleiß weggeblieben, sie gehören vielmehr zu einer allgemeinen Beschreibung des Landes und betreffen nicht bloß die Lappen, sondern auch die andern Einwohner; und meine Absicht geht jetzt bloß auf die Sitten und Gebräuche der Lapländer.

Inzwischen habe ich doch, wenn gleich die Beschreibung der Thiere und Vögel zu einer allgemeinen Beschreibung des Landes gehöret, in Ansehung der Jagd, eine Ausnahme gemacht, weil sich die Lapländer allein, und die übrigen Einwohner nur selten damit beschäftigen. Bey dieser Gelegenheit werden auch einige Nachrichten von den Thieren beygebracht. Eben dieses ist auch die Ursache, warum ich von den Fischen einige genaue Nachrichten gegeben, und mich bey verschiedenen Arten etwas weitläuftiger aufgehalten habe. Sie machen eine Hauptnahrung des Landes aus; die Fischerey auf dem Meere wird sowohl von den Normännern als von den Lappen getrieben, hingegen beschäfftigen sich die letztern bloß mit dem Fange in den Landseen und Flüssen.

Vorrede des Verfassers.

Ich erkenne mich dem Herrn Grafen und geheimen Rath, Otto Thott, welcher dieses Werk zu befördern die Gnade gehabt, und dem Herrn Missions-Sekretarn Finkenhagen und Ursin die nochmalige Durchsicht und Berichtigung der lapländischen Namen und Wörter aufgetragen, höchstens verbunden. Der Herr Gunner, Bischof des Drontheimischen Sprengels, hat mein Buch mit verschiedenen Anmerkungen, welche zum Theil die Naturgeschichte betreffen, bereichert.

Knud Leem.

Innhalt
der sämmtlichen Kapitel dieses Werks.

Das 1. Kapitel.
Vom Ursprunge der Lappen.

Das 2. Kapitel.
Von ihrer Sprache.

Das 3. Kap.
Von der Leibes- und Gemüthsbeschaffenheit, den Tugenden und Lastern der Lappen.

Das 4. Kapitel.
Von den Trachten der Lappen.

Das 5. Kapitel.
Von ihren Wohnungen.

Das 6. Kapitel.
Von ihren Betten.

Das 7. Kapitel.
Von ihrer Speise und dem Getränke.

Das 8. Kapitel.
Von verschiedenem Hausgeräthe, und wirthschaftlichen Instrumenten der Lappen.

Das 9. Kapitel.
Von den Rennthieren, und wie die Lappen mit ihnen umgehen.

Das 10. Kapitel.
Von ihrem Fuhrwerk, und der Art wie sie fahren.

Das 11. Kapitel.
Von ihren Reisen.

Innhalt.

Das 12. Kapitel.
Von den vierfüßigen wilden Thieren und Vögeln in Finmarken, und der Art, wie sie in dieser Gegend gefangen werden.

Das 13. Kapitel.
Von der Fischerey bey den Lappen.

Das 14. Kapitel.
Von dem, was die Lappen verarbeiten.

Das 15. Kapitel.
Von den Sitten und Gebräuchen der Lappen.

Das 16. Kapitel.
Von ihren Heyrathen.

Das 17. Kapitel.
Von ihren Spielen, Ergözungen. Kleine Erzählungen von den Lappen.

Das 18. Kapitel.
Von ihren Krankheiten und Leichenbegängnissen.

Das 19. Kapitel.
Von den Gottheiten der Lappen.

Das 20. Kapitel.
Von ihren abgöttischen Opfern.

Das 21. Kapitel.
Von ihren Zauberkünsten.

Das 22. Kapitel.
Von den verschiedenen Arten des Aberglaubens bey den Lappen.

Das 23. Kapitel.
Von der Lappländischen Mißion.

Das erste Kapitel.
Vom Ursprunge der Lappen.

Die Lappen wissen ihren Ursprung selbst nicht, und daher läßt sich auch schwerlich etwas gewisses davon bestimmen. Man zeigt auf der Insel Giedschoe nicht weit von der Meerenge Aalesund, wo König Christian VI. sich mit seiner Gemahlinn, als sie Norwegen besuchten, im Jahr 1733 eine ganze Woche wegen des widrigen Windes aufhalten mußte, eine Statue, welche ich in meiner Jugend gesehen. Auf derselben sind einige dänische Verse befindlich, deren Innhalt folgender ist: *)

„Find erschlug seinen Bruder, weil sie we-
„gen des Weges nicht einig werden konnten, und
„entwich darauf in den nördlichen Theil des Königs-
„reichs,

---

*) Man findet diese Verse auch in des Rami Beschreibung von Norwegen S. 174. und 236. wo hinzugesetzt wird, daß sie sonst in der alten norwegischen Sprache abgefaßt gewesen, der Prediger zu Sälloe Stub habe aber die Statue, welche dem Untergange nahe war, wieder erneuern, und die Verse auf dänisch darunter setzen lassen.

„reichs, wo sich sein Geschlecht auf eine unzählige „Weise vermehret hat. Von ihm stammen alle „Norweger ab, welche sich Finnen nennen."

Allein wenn man auch einräumet, wie einige Geschichtschreiber wollen, daß gedachter Brudermörder Find einer der Vorfahren des berühmten und in vielen alten Monumenten gepriesenen Norwegers Find, des Arno Sohn, aus dem Geschlechte der Giedskoe gewesen, so scheint es doch kaum glaublich, daß er auch der Stammvater der Lappen seyn können. Denn die Lappen oder bey uns sogenannten Finnen, sind von den übrigen Einwohnern des Königreichs Norwegen weit unterschieden. Sie haben eine ganz andre Sprache, welche mit der norwegischen so wenig ähnliches hat, als das Lateinische mit dem Arabischen. Die Finnen sind auch von den Lappen, welche an den Küsten in Hütten wohnen, und von denen, die sich auf den Bergen in Hütten aufhalten, und einerley Volk sind, unterschieden. *).

Unsre

---

*) Dieser Meynung ist auch der angeführte Ramus S. 237. Ohne uns weiter über diese auf schwachen Gründen beruhende Geschichte des Brudermords von Find, und seiner Verwandschaft mit dem Find des Arno Sohn einzulassen, so ist es bekannt, daß Saxo Grammaticus, Adamus Bremensis und Ocher aus dem Helgeland (S. Periplum Otheri §. 1.) welcher im 9ten Jahrhunderte lebte; und lange vorher bereits Tacitus und Ptolomaeus der Finnen gedenken. Leibnitz behauptet, wie die Finnen zum theil selbst glauben, daß sie die ältesten Bewohner von Norden gewesen, und

Unsre Lappen kommen in vielen Stücken mit den alten Scythen überein. Die Geschichtschreiber melden uns von diesen, daß sie sich Kleider aus Thierfellen machten, daß sie keine bestimmte Wohnung hatten, sondern im Lande mit Weib und Kind herumzogen, keinen Feldbau trieben, sondern sich von der Viehzucht ernährten. Auf eben diese Weise leben die Lappen, daher es höchst wahrscheinlich ist, daß dieses Volk von den Scythen abstammt. *) Ob sich auch zwischen beyden Sprachen einige Aenlichkeit findet, mögen die Gelehrten untersuchen. **) Die Lappen heißen den Donner Diermes, und die Scythen Tarami.

und daß ein anderes später in Norwegen eingebrochenes Volk (nach dem Leibniz die Teutonen) sie hoch gegen Norden hinaufgejagt.

*) Leibnitz und Bayer pflichten dieser Meynung bey. Wer sich weiter davon unterrichten will, kann die Miscellanea Berolinensia T. I. nachlesen. Ferner Bayers Tractat von dem Ursprunge und ersten Aufenthalte der Scythen in Act. Petrop. T. I. die Allgem. Welthist. T. IV. S. 451. die Erläut. und Zus. zur Allgem. Welthist. T. III. und IV. Man kann auch den Herodotus und Plinius darüber nachlesen.

**) Wir wissen sehr wenig von der scythischen Sprache, bey den jetzt angeführten Schriftstellern findet man etwas davon. Inzwischen kann man sich in etwas Raths erholen beym Beel de vetere Litteratura Hunno-Scythica, und beym Kirchmaier in Diss. de lingua vetustissima Europae Scytho-Celtica et Gothica. Einige scythische Worte trifft man im Herodotus an.

Man will auch zwischen den Lappen und den ehemaligen Israeliten einige Aenlichkeit bemerkt haben. Die Juden haben viel schwarzes Haar, so auch die meisten Lappen. Beyde Völker sind von kurzer Statur. Die Juden näheten sich Bänder an den Saum ihrer Kleider. Die Lappen besetzen den Rand ihrer Röcke ebenfalls mit Bändern, wie im Kapitel von der Kleidung dieses Volkes vorkommen wird. Der Sonnabend, welcher den Juden heilig ist, wurde sonst von den Lappen mit allerley Zaubereyen und Gebräuchen ihrer Religion zugebracht. Das Geheule der Lappen hat dem Schalle nach viel ähnliches mit dem Gesange in den Synagogen der Juden. Die letztern brachten dem wahren Gott das Opfer nicht, wie es ihnen befohlen war, die Lappen machten es nicht besser, indem sie das Fleisch selbst verzehrten und ihrem Götzen die Knochen vorsetzten. Die heilige Schrift sagt, daß die Israeliten Bilder und Steine errichteten, denen sie göttliche Ehre erwiesen; Gott verbietet ihnen selbst, daß sie sich kein Bildniß machen sollen, weil er der Herr ihr Gott ist. Daß die Lappen dergleichen Götzendienst gehabt, davon überführen uns eine Menge Ueberbleibsel und Nachrichten. Die Juden durften keinen behauenen Stein zum Altar nehmen, und die Altäre der Lappen bestunden aus bloßen Steinen oder Felsen, woran kein Eisen gekommen war. Die Männer verrichteten bey den Juden das Kochen, und eben diese Gewohnheit herrscht auch bey den Lappen, wie wir im Kapitel von ihren Speisen zeigen werden.

Einige

Einige den Jüdinnen zur Zeit ihrer Reinigung vorgeschriebene Gesetze werden auch bey den Lappen beobachtet, weil sie die Weiber zu solcher Zeit für unrein halten. Es ist also eine Aenlichkeit zwischen beyden Völkern vorhanden, daraus folgt aber nicht, daß die Lappen von den Israeliten abstammen. *)

*) Rudbeck der jüngere, Biörner und Högström glauben, daß die Finnen von den 10 Stämmen, welche Salmanassar in die Gefangenschaft führte, ihren Ursprung haben, ja andre haben sogar eine große Aenlichkeit zwischen beyden Sprachen finden wollen. Mir scheint es glaublich, daß die norwegischen Finnen oder Lappen von den Samojeden abstammen. Die Lappen haben mir gesagt, daß sie sich in ihrer Sprache Sabmelash und im Plurali Same nennten; Wenn sie andeuten wollen, daß etwas nach lappischer Art geschehe, sagen sie Samas. Die Samojeden haben dem Strahlenberg versichert, daß sie mit den Finnen oder Lappen einerley Volk wären. Es hat kein Volk mehr Aenlichkeit mit dem andern, als die Samojeden und Finnen, sowohl was die Lebensart, als die Kleidung und andere Dinge betrifft, wie man aus Strahlenbergs Nord- und Oestlicher Beschreibung von Europa und Asien, und auch aus Gmelins Syberischer Reise wahrnehmen kann. Ihre Sprachen stimmen auch so viel mit einander überein, als es nach dem Verlauf so vieler Jahrhunderte möglich ist. Man kann sich auch leicht vorstellen, auf was Art die Samojeden in diese Gegend gekommen, da ihnen der Weg durch Rußland offen stund. Des Hrn. Prof. Schönings

Daß die Lappen mit den Schwedischen Finnen, oder wie man sie sonst nennt, den Finnländern einerley Volk sind, ist eine durchgängig angenommene Meynung, nicht nur wegen einiger beyden Nationen gemeinschaftlichen Wörter, sondern auch wegen anderer glaubwürdigen Umstände. Wenn man aber auch einräumt, daß die Lappen ehemals mit den Finnländern einerley Volk gewesen, so ist es doch billig, daß man um einen Unterschied zwischen zwey Natio-

nings Muthmaßung ist daher nicht unglaublich, daß die norwegischen Finnen eine Kolonie aus Biármeland (Permia) sind, da diese Gegend in den ältesten Zeiten, der Wahrscheinlichkeit nach, im Stande gewesen, Kolonien auszuschicken. Ich halte auch die Hunnen und Avaren für ein Volk mit den Finnen, womit des Verfassers Meynung von ihrem Ursprunge von den Scythen gar wohl vereinigt werden kann, man mag nun annehmen, daß die Lappen von den Scythen oder von den Massageten abstammen. Daß die Lappen von den Massageten abstammen, suchen zwey bekannte dänische Geschichtschreiber Suhm und Schöning zu behaupten. Die Massageten werden auch von vielen für ein Scythisches Volk gehalten, obgleich andre wegen einer Stelle aus dem 1 Buche des Herodotus daran zweifeln. Er sagt (S. 95. der Wesselingischen Ausgabe) daß sie zu den Scythen gehören, und in vielen Dingen mit den Scythen eine Aenlichkeit haben, und in der Folge (S. 101. §. 216.) unterscheidet er sie von den Scythen. Das Wort Scythe wird oft in sehr weitläuftigem Verstande genommen.

Nationen zu machen, die heutiges Tages in der Sprache und den Sitten sehr von einander abweichen, alle diejenigen Lappen nenne, welche theils an den Küsten von Finmarken und Nordland wohnen, und nach Art der übrigen Norweger Viehzucht treiben, theils mit ihren Rennthieren und Zelten auf dem Gebürge herumziehen, aber mit jenen an der Küste obgedachtermaßen eine Nation ausmachen und einerley Sprache, Sitten und Gebräuche haben. Die Lappen führen ihren Namen bereits seit einigen Jahrhunderten, und ich habe nie gehört, daß sie diesen Namen für schimpflich halten. Hingegen nehmen es die schwedischen Finnen, oder Einwohner von Finnland übel, wenn man einen Einwohner von Finmarken einen Finnen nennt, weil sie behaupten, daß man den Namen Lappe gebrauchen muß. Sie glauben, der Name Finne sey vornehmer, und komme ihnen allein zu. Wir werden uns deswegen künftig allemal des Namens Lappen bedienen. *)

---

*) Ich habe auf meinen geistlichen Visitationen in Finmarken und Nordland bemerkt, daß die Finnen in Finmarken sowohl an der Küste als in den Gebürgen es nicht so gerne sehen, wenn man sie Lappen nennt, zumal die bemittelten, und nach ihrer Art die vornehmsten unter ihnen, ob es gleich gewiß ist, daß sie mit den rußischen und schwedischen Lappen einerley Ursprung haben. Darüber darf man sich nicht wundern, weil die schwedischen Lappen eben die Einbildung hegen. Uebrigens ist es außer allem Zweifel, daß die Finnländer, und Finnen oder Lappen einerley Ursprung

Das zweyte Kapitel.
Von der Lappländischen Sprache.

Die Sprache der Lappen scheint eine ganz besondere Sprache zu seyn, die von allen andern abgeht, und bloß mit der Finnischen einige Verwandschaft hat, aber doch lange so viel nicht, als das Dänische mit dem Teutschen. Ich habe in der Vorrede meiner Lappländischen Grammatik gezeigt, daß sich auch einige Aenlichkeit zwischen dem Ebräischen und Lappländischen finde, deswegen folgt aber nicht, daß diese von jener abstammt. Ich habe auch Exempel angeführt, daß es Wörter gebe, die aus dem Griechischen und Lateinischen kommen, ohne daraus zu schließen, daß sie wirklich daher genommen sind, denn es können von ohngefähr Uebereinstimmungen einiger Wörter in zwey Sprachen seyn, ohne daß deswegen die eine die Mutter der andern seyn muß. Obgleich verschiedene Wörter mit dem

Ursprung haben: mich wundert nur, daß nach einem so langen Zeitraum von etlichen hundert Jahren, und nach so vielen Veränderungen, noch so viel Aenlichkeit in den Sprachen dieser beyden Völker angetroffen wird. Ihrem ersten Ursprunge nach stammen die Lappen vermuthlich von einerley Volk mit den Ostländern, Liefländern, Curländern, Semigalliern, Litthauern und Preußen. Bayer rechnet auch sogar die Ungarn dazu.

dem Finnischen, Dänischen, oder eigentlicher zu reden, mit dem Norwegischen übereinkommen, so sind ihre Wörter und Redensarten doch so von einander unterschieden, daß wenn jedweder seine eigne Sprache redet, keiner den andern verstehet.

Die Sprache der Lappen hat bisher das Schicksal gehabt, daß sich auch nicht einmal die nächsten Nachbarn, die Norweger, geschweige entferntere Nationen, darum bekümmert haben. Da sie doch eben so sehr als manche andre lebendige Sprachen auf Regeln gesetzt zu werden verdient. Sie hat in ihrer nachdrücklichen Kürze etwas ganz besonders. Sie druckt einen ganzen Perioden oft mit wenig Worten, und eine Redensart mit einem Worte aus, z. E. Laibatzhiam heißt mein kleines Brod; atz zeigt das Diminutiuum an, und am ist das angehängte Pronomen mein.

Diese Sprache hat auch gewisse etymologische Figuren, z. E. Prothesin, Aphaeresin, Syncopen, Paragogen, Apocopen u. s. w. Es giebt auch, so wie in andern Sprachen, verschiedene Dialecte in derselben, und man trifft alle die Theile der Rede, woraus andere Sprachen bestehen, darinn an, nämlich Nomina, Pronomina, Verba, Participia, Aduerbia, Praepositiones, Coniunctiones und Interjectiones.

Das Wort Gesellschafter, oder was der Franzose Camarade nennt, druckt der Lappe durch zwey Wörter Passe veelje aus. Der Lappe redet den norwegischen Bauer auf eine freundschaftliche Art an, und nennt ihn Passe veelje, mein Freund, oder

Cama-

Camarade, es heißt aber eigentlich, heiliger Bruder. Zu einer Frau sagen sie: Passe Oxabba, oder nach den Worten, heilige Schwester.

Die verschnittenen Rennthiere stehen bey den Lappen in hohem Werthe, weil sie viel stärker, größer und fetter sind, als die unverschnittenen, und daher ihren Herren weit mehrern Nutzen bringen. Sie sagen daher von jemanden, den sie für vornehm und in Ehren halten, Haerge jetz, das heißt: er ist ein verschnittenes Rennthier. Ein gewisser lapländischer Vogt, oder Vorsteher der Bauern, (den die Norweger Lensmand nennen) war etwas stolz, großsprecherisch, und brüstete sich: deswegen sagten die Lappen von ihm: er glänzt wie ein verschnittenes Rennthier.

Bey einer hoch schwangern Frau, die ihrer Niederkunft stündlich entgegen sieht, sagen sie: Nisson lae kiaetzhiem heiviin, welches dem Wortverstande nach so viel heißt, als eine Frau in den Tagen der Aufsicht, vermuthlich, weil eine Frau sich bey solchen Umständen in Acht nehmen muß, und andrer Leute Hülfe bedarf.

Bey Gelegenheit der lappischen Redensarten muß ich noch eines Ausdrucks erwähnen, dessen sich die norwegischen Bauern, die in Finmarken wohnen, bedienen, wenn sie die Unglücksfälle, oder das widrige Schicksal eines Mannes beklagen wollen. Wenn es auch eine angesehene und wohlhabende Person ist, so sagen sie von ihm, um ihre Theilnehmung an seine Umstände zu bezeugen, o die arme Bestie! (Beiste stak-

ſtakkar). Der Ausdruck klingt in unſern Ohren hart, er iſt es aber bey ihnen nicht, ſondern zeigt vielmehr ihr gutherziges Mitleid an, und daß ſie ihn bedauern.

Das dritte Kapitel.
Von der Leibes- und Gemüthsbeſchaffenheit, den Tugenden und Laſtern der Lappen.

Die Kinder der Lappen ſind ſowohl im Geſichte als am Leibe ſtark und fett, welches ſich aber bey zunehmendem Wachsthume verlieret. Die erwachſenen Lappen haben eine bleiche braungelbe Farbe, kurze Haare, einen breiten Mund, einfallende Backen, ein ſchmales ſpitziges Kinn, und rothe trieſende Augen, als wenn ſie geweinet hätten. Dieſes iſt ein ihnen zum Theil angebohrner Fehler, er wird aber nicht nur durch den unaufhörlichen Rauch in ihren Zelten und Hütten, ſondern auch durch das Schneegeſtöber, welches bey den Bergreiſen im Winter unaufhörlich iſt, und ihnen in die Augen dringt, vermehrt. Dazu kommt, daß die Berge und Felder, welche den größten Theil des Jahrs mit Schnee bedeckt ſind, die Augen außerordentlich blenden und ſchwächen, daher es nicht ſelten zu geſchehen pflegt, daß ſie im Winter bey der Zurückkunft von der Jagd der wilden Rennthiere des Gebrauchs der Augen in ihren Hütten auf einige Tage faſt gänzlich beraubt ſind.

Das dritte Kapitel,

Einige Schriftsteller haben vorgegeben, daß die Haut der Lappen wie bey den wilden Thieren mit Haaren bewachsen wären; andere, daß sie nur ein Auge, und zwar nach Art der Cyclopen mitten auf der Stirne hätten. Dergleichen Mährchen verdienen nicht, daß man sich weiter dabey aufhält *).

Eben

---

*) Der Ursprung von der haarigten Haut und dem einen Auge der Lappen ist vermuthlich in den Erzählungen des Herodotus und Plinius von den sonderbaren Gestalten einiger Völker zu suchen. Es sollen darunter die Arimaspi, eine Art von Cyclopen, gewesen seyn, welche ganz weit gegen Norden wohnten, und wegen ihrer beständigen Kriege mit den Drachen oder eigentlich so genannten Gryphis, denen sie das aus den Bergwerken gewonnene Gold raubten, berühmt waren. Die Nachricht von dem einen Auge dieses Volkes beruhet auf einem schwachen Grunde, man mag sich nun auf die Nachrichten des Herodotus von den Issedoniis, wie viele thun, berufen, oder (siehe Beer in der Erläut. zur allg. Welth. T. III. p. 35.) das scythische Wort Arimaspos durch einäugig erklären. Beer selbst hält dafür, daß die Arimasper ein tartarisches Volk, das auf den Bergen in Tauria gewohnet, gewesen, und daß sie die Gryphos (welche er für die Chineser hält, weil diese noch einen Drachen oder Greif im Wapen führen) häufig angefallen, und ihre in solcher Gegend befindliche Goldbergwerke beraubet haben. Die Meinung des Beer von den Gryphis wird dadurch wahrscheinlich, weil auch in der heiligen Schrift die tapfern Männer mit Adlern und Raubvögeln verglichen werden. Im 24 Cap. des Matthäus werden die römischen Soldaten aus eben der Ursache

mit

Eben so wenig verdient das Vorgeben andrer, als wenn die Lappen von Natur einen heßlichen Geruch an

mit Adlern verglichen, warum die Chineser Greife heißen. Was die haarigte Haut der Lappen und andrer auf ihre Weise lebenden Leute betrifft, so kommt diese Fabel vermuthlich daher, weil sie sich im Winter in Felle kleiden, und die Haut auswärts tragen, oder aus der Verwechselung der Menschen mit den Affen, oder den Troglodyten des Linnäus. Es ist merkwürdig, daß man von der Fabel von den Wahrwölfen, oder Menschen, die sich in Wölfe verwandeln können, bereits Spuren beym Herodotus findet. Die Gelegenheit dazu haben ohne Zweifel einige Zauberer gegeben, die sich dessen berühmt, sich auch wohl in Wolfsfelle eingehüllt, und auf Händen und Füßen gegangen, um den einfältigen Menschen ein Schrecken einzujagen. Obgedachter Beer bringt auch artige Muthmaßungen von einem Volke, Argali genannt, bey. Dieses soll nach dem Herodotus Bocksfüße, und ein anderes am Berge Imaus, in der Landschaft Abrimon nach des Plinius Vorgeben die Füße hinterwärts (aversas post crura plantas) gehabt haben. Die erste Fabel ist seiner Meinung nach aus einer falschen Auslegung der Griechen entstanden, welche geglaubt, Argali heiße einem Bocke ähnlich, da es doch nichts anders bedeuten soll, als ein Volk, das sich auf den Bergen aufhält; die andre aber von den verkehrten Füßen von Skier, oder ihren außerordentlichen langen Schuhen. Es läßt sich hiervon nichts gewisses sagen. Ob die Troglodyten, oder wilden Männer, welche nach Art der Thiere auf Händen und Füßen gehen, Gelegenheit zur Fabel von den verkehrten Füßen gegeben haben, kann man eben so

wenig

an sich hätten, glauben. Daß sie meistens übel riechen, läugne ich nicht; es ist aber kein Naturfehler, sondern er rührt von ihren Kleidern her, die ganz eingeräuchert, und mit Oel und Fischtrahn beschmiert sind.

Die Lappen sind fast durchgängig von kleiner Statur, aber dabey stark. Sie haben eine ungemein dauerhafte Natur, und sind durch Arbeit und Kälte unglaublich abgehärtet, wovon ich nur ein einziges Beyspiel anführen will. Als ich noch zu Alten im westlichen Finmarken Prediger war, kam eine Lappinn fünf Tage nach ihrer Niederkunft um Weyhnachten über das Gebürge, welches damals ganz mit Schnee bedeckt war, zu mir, und bat, ich möchte sie nach Landesgebrauch in die Kirche führen. Die Berglappen stehen die entsetzlichste Kälte, und die an der See wohnen, eine eben so große Hitze aus, indem sie ihre Hütten verstopfen, daß weder Rauch noch Wärme hinaus kann.

Weil die Lappen also durch ihre Lebensart und von Natur abgehärtet sind, so vertreiben sie sich ihre Krankheiten, wenn sie nicht gar zu heftig sind, durch gemeine Mittel, welche sonst nicht viel geachtet werden, und erlangen ihre Gesundheit gar bald wieder.

Es

wenig ausmachen. Man sehe ben Plinius im 2 Cap. des 7ten Buchs. Es kann auch seyn, daß gewisse Mißgeburten Ursache gewesen, daß man nachgehends ganze Völker daraus gemacht. Plinius redet am angeführten Orte auch von monströsen Menschen auf dem Berge Milo.

von den Tugenden und Lastern der Lappen. 15

Es wird den Arzneygelehrten vielleicht sonderbar vorkommen, ich habe aber eine vieljährige Erfahrung davon gehabt, und bin folglich von der Wahrheit überzeugt. Die Natur hat dieses so weislich geordnet, daß die schlechtesten und wohlfeilsten Mittel den Kranken in diesem Lande, wo man keine kostbarern hat, und auch nicht anzuschaffen im Stande ist, eine kräftige und schleunige Hülfe leisten. Pfeffer und Ingwer sind bey ihnen große Hülfsmittel; man kann sich daher bey einem Lappen nicht besser in Gunst setzen, als wenn man ihm etwas von diesem Gewürze, oder Tobak schenkt.

Sie haben einen geschmeidigen Körper, und sind sehr hurtig. Eine große Anzahl nimmt nur einen kleinen Platz ein, sie setzen sich in ihren Hütten ganz dicht an einander, und legen die Beine behende unter den Leib. Sie durchstreichen die höchsten Berge und Felsen mit unglaublicher Geschwindigkeit. Sie binden ein längliches Stück Holz, welches sie hölzerne Sohlen nennen, und etwas ähnliches mit unsern Schlittschuhen hat, unter die Füße, und durchlaufen Berg und Thal, ohne Hülfe eines Stockes, den sie ganz nachläßig auf die eine Schulter halten, mit einer solchen Geschwindigkeit, daß der Wind ihnen um die Ohren sauset, und die Haare streif vom Kopfe abstehen. Wenn ihnen die Mütze oder sonst etwas aus der Hand fällt, wissen sie sich im vollen Laufen zu bücken, und es, ohne inne zu halten, aufzuheben. Wenn die Kinder anfangen zu gehen, kriechen sie die Hügel hinan, stecken die Füße in diese Maschine, und
rutschen

rutschen alsdenn damit herunter, und werden von der zartesten Jugend an dazu gewöhnet.

Sie fahren mit ihren Rennthieren unbeschreiblich geschwind, nicht nur über ebene Felder, sondern auch steile Berge hinab und hinauf, und werfen im Fahren die Zügel, wodurch sie das Thier regieren, mit größter Geschwindigkeit von einer Seite zur andern, daß man es kaum siehet. Die Bewohner der Küsten wissen ihre Kähne mit solcher Behendigkeit zu regieren, daß sie den besten Matrosen nichts nachgeben. Dieser bewegsame hurtige Körper ist ihnen, meiner Meinung nach, zum Theil von der Natur gegeben; sie bekommen ihn aber auch vielleicht durch das häufige Essen des Fettes und Trahnes von Fischen, woran sie sich von Jugend auf gewöhnen *).

Sie

---

*) Olaus Petri beym Scheffer glaubt, daß sie einen so hurtigen Körper erlangen, weil sie ihre Speisen nicht salzen. Alle dergleichen besondere Ursachen können zwar etwas zur Geschwindigkeit des Körpers der Lappen beytragen, sind aber nicht hinreichend. Die wahre Ursache der Hurtigkeit und der harten Natur der Lappen liegt in ihrer ganzen Lebensart, und in der unaufhörlichen Uebung und Bewegung von Kindesbeinen an. Die Knaben werden von Jugend auf gewöhnt, auf den Bergen herumzulaufen, zu fahren, wilde Thiere zu jagen, ihre Rennthiere viele 100 Meilen weit zu begleiten, die heftigste Hitze, Kälte, und alles Ungewitter beständig und lange hinter einander auszuhalten. Die Jagd macht sie bey ihrer kleinen Statur stark und geschmeidig. Dazu kommt, daß sie mäßig leben, mit wenigem zufrieden sind, und keine

hefti-

Sie wissen mit einem gemeinen Messer in Holz und Horn mancherley Figuren zu schneiden, und daraus heftigen Gemüthsbewegungen kennen. Ein gesunder fester Schlaf stärkt sie, und sie mögen nicht einmal auf Federbetten liegen. Sie strengen ihre Gemüthskräfte nicht an, sondern sie gehen mit lauter sinnlichen Dingen um, daher sind ihre Sinnen lebhaft, der Körper ist munter, und die Uebung macht sie stark und geschwind. Wir wissen aus der Erfahrung, wie viel eine ordentliche Bewegung in freyer Luft zur Gesundheit beyträgt. Wie hurtig und stark werden nicht die Laufer und Ringer durch die Uebung. Wir lernen aus der Geschichte, daß ein Volk desto stärker, hurtiger und munterer ist, jemehr seine Lebensart sich der Natur nähert, und je weniger es die künstlichen Bequemlichkeiten, und das Wohlleben der gesitteten Völker kennt. Justinus berichtet von den alten Spaniern, daß sie viel ausstehen konnten, und sehr geschwind waren, er setzt aber auch die Ursache hinzu, weil ihre Lebensart mehr mit den Thieren, als mit den Menschen gemein hatte, das ist eben so viel, als wenn er sagte, sie kennen das meiste von unserer gekünstelten Lebensart nicht, sondern leben nach der Vorschrift der simplen Natur. Man könnte viele dergleichen Beyspiele aus der Geschichte anführen. Man findet sie in des Herrn Prof. Krafts Schrift von den wilden Völkern, im ersten Abschn. 8. 17. 19. daher ich sie hier nicht wiederholen will. Man kann auch Hallens Nat. Geschichte erste Hauptabth. von der Geschichte des Menschen, S. 120. nachlesen. Viele zweifeln vielleicht an der Gesundheit der Lappen, wegen der entsetzlichen Kälte, die sie ausstehen. Ihre Pelzkleider

B schü-

aus allerley Gefäße, Trinkgeschirr und Becher zu verfertigen, welche ein Beweis sind, daß es ihnen nicht ganz an natürlicher Geschicklichkeit fehlt. Ihre Schlitten und Fuhrwerk, wissen sie so dicht zu machen, und so genau alle Stücke in einander zu fügen, daß kein Tropfen Wasser durchdringt. Sie schnitzen sich Löffel von Horn, die mit allerley Blumen geziert sind. S. das 14 Kap. von dem Werkzeuge der Lappen. Es giebt auch einige Weiber, welche auf diese Art mit dem Messer zu schnitzen wissen. Diese ihre Geschicklichkeit zeigt sich aber vorzüglich in Verfertigung von Gürteln und Beuteln, die mit zinnernen Faden künstlich durchzogen sind, wie im angeführten Kapitel angezeigt ist.

Sie sind im Schiesen sehr geschickt; sonst gebrauchten sie Pfeil und Bogen, heut zu Tage bedienen

schützen sie dafür, und die heftige Bewegung macht, daß die Kälte ihnen so schädlich nicht ist, zumal da die Gewohnheit bey ihnen zur Natur wird. Aus obigen Ursachen glaube ich nicht, daß gesalzene Speisen sie bey ihrer vielen Bewegung skorbutisch machen würden, ob ich gleich einräume, daß die stark gesalzenen Speisen sitzenden Personen schädlich sind. Ich gebe auch zu, daß die Lappen nicht so leicht skorbutische Krankheiten bekommen, weil sie weder gesalzenes noch geräuchertes essen, als andre Leute, die viele fette Fischspeisen, gesalzenes und geräuchertes Fleisch essen, und dazu täglich viel Branntewein trinken, vornehmlich, wenn sie auf der See leben, oder keine hinlängliche Bewegung haben.

nen sie sich durchgehends der Flinten und Kugeln, womit sie sowohl Vögel als vierfüßige Thiere erlegen.

Als eine der vornehmsten Tugenden der Lappen rechnen wir billig zuerst, daß sie anjetzt eine ziemliche gründliche Kenntniß von Gott erlangt haben. Vor der Regierung Königs Friedrich IV. lebten die Lappen in der äußersten Unwissenheit. Unter andern löblichen Anstalten zur Ausbreitung des christlichen Glaubens zehlen wir vornehmlich die von ihm errichtete lappländische Mißion, und seine Nachfolger Christian VI., Friedrich V. und der jetztregierende König Christian habe diese rühmliche Anstalt mit allem Eifer fortgesetzt. Zu den Zeiten der Errichtung dieser Mißion waren die Lappen noch voll von blindem Aberglauben, und beteten Götzenbilder an, sie hatten wenige oder gar keine Kenntnisse von dem wahren und dreyeinigen Gott, von seinem Wesen und Eigenschaften. Wer die Buchstaben kannte, ward für einen sehr gelehrten Mann gehalten. Folgende Antwort mag ein Beweis ihrer groben Unwissenheit seyn. Ein Lappe aus dem Porsanger Meerbusen ward gefragt, auf was Art Christus in den Himmel gekommen wäre? und gab zur Antwort: auf zwey steinernen Tafeln. Er hatte etwas von den Gesetztafeln des Berges Sinai gehört, seine Begriffe waren aber so verwirrt, daß er nicht wußte, wo er sie hinbringen sollte.

Nunmehr sind diese Zeiten der Unwissenheit vorbey; die Lappen sind mit dem Licht des Evangelii erleuchtet, und wissen nicht nur zu lesen, sondern können auch, wenn man sie fragt, von ihrem Glauben Rechenschaft geben. In dem District meiner Mission fanden sich wenige, die nicht den ganzen Catechismus, und einige Psalmen Davids auf Norwegisch und Lappisch auswendig wußten. Ein gewißer alter 70jähriger Mann, Niels Kistrand, lernte noch im hohen Alter die drey ersten Hauptstücke des Catechismus auswendig, ob er gleich vorher weder lesen gekonnt, noch jemals etwas auswendig gelernt hatte. Seit den 38. Jahren, da ich Mißionar gewesen, haben die Lappen durch den Fleiß der folgenden Mißionaren und unter göttlichem Beystand an Kenntnissen sehr zugenommen, und die dazu bestellten Prediger würden sie noch weit geschwinder und mit mehrerm Nutzen unterrichten können, wenn sie die lappische Sprache lernten; denn ohne dieselbe können sie dem armen Volke nicht verständlich werden, und die Worte bleiben den Lappen ein leerer Schall.

Viele Lappen zumal vom weiblichen Geschlechte verstehen kein Wort Norwegisch. Wenn gleich einige, vornehmlich die an der Seeküste wohnen, durch den täglichen Umgang mit den Norwegern, durch die unter beyden Nationen eingeführte Handlung sich in ihren häuslichen Geschäften im Handel und Wandel Norwegisch oder Dänisch verstehen, und zur Noth darinn ausdrücken können: so folgt doch nicht, daß sie der Sprache so mächtig sind, daß sie die Wahrheiten der christlichen Religion dadurch begreif-

begreiffen, und die Predigten und Catechisationen verstehen. Sie gestehen vielmehr aufrichtig, daß sie sich in den gottesdienstlichen Uebungen, welche in lappischer Sprache gehalten werden, weit mehr erbauen, und gerührt werden als durch die Dänischen.

Während meines Amts als Mißionar verrichtete ich alle Predigten und Katechisationen in der Lappen ihrer Muttersprache, und ließ sie in derselben die Evangelien, Morgen- und Abendgebete, verschiedene Gesänge, die beym Gottesdienste gesungen wurden, auswendig lernen. Als ich nachgehends nach Altens in Finmarken auf königlichen Befehl versetzt ward, und eine Gemeinde bekam, die aus Norwegern, Lappen und Finnländern bestund, wechselte ich ab, predigte bald Dänisch, bald Lappländisch, nachdem es die Gegenwart der Zuhörer zu erfordern schien, und redete mit einem jeden seine Muttersprache. Die Trauungen, Absolutionen, Einführungen der Wöchnerinnen in die Kirche, verrichtete ich bey Lappen allemal in ihrer Muttersprache.

Die Lappen sind in Erlernung der christlichen Religion nicht saumselig und hartnäckig gewesen, sie hegen aber auch eine große Ehrfurcht dafür. Obgleich der Gottesdienst mit Singen, Predigen, und Catechisiren beynahe drey Stunden erfordert, so sitzen sie doch bey der strengsten Kälte in ihren Hütten, die voller Ritzen sind, mit entblößtem Haupte, und hören in großer Stille und Ehrfurcht dem Vortrage der göttlichen Wahrheiten zu. Für ihren Lehrer haben sie die schuldige Ehrerbietung; empfangen

gen ihn höflich und freundlich mit den Worten Buorre Atz, guter Vater. Sie stehen bey seiner Ankunft auf, räumen ihm den vorzüglichsten Platz in ihrer Wohnung ein, und setzten ihm das beste vor, was sie haben, nemlich Milch, Käse, die Zunge und das Mark von Rennthieren. Wenn die Catechisation, Gebete und Predigt vorbey sind, so bezeugen sie sich sehr dankbar dafür, und sagen: kütos ednak Ibmel saneft, vielen Dank für das Wort Gottes.

Die meisten verrichten auch in Abwesenheit des Mißionars ihre Morgen= und Abendgebete ordentlich und mit Andacht. Manche unterweisen ihre Kinder und Gesinde zu gleicher Zeit mit Fragen und Antworten. Sie sind nicht bloß zufrieden, daß sie Gottes Wort wissen, sondern sie bemühen sich auch darnach zu leben. Man hört daher weder Flüche noch Schwüre von ihnen, sie werden vielmehr über die Norweger, welche diese üble Gewohnheit an sich haben, sehr unwillig. Sie verunheiligen den Sabbath nicht.

Der Charakter der Lappen ist sanft und friedfertig: selten entstehen Zänkereyen, und noch seltener Schlägereyen unter ihnen. Sie leben ordentlich und keusch, daher ich, wie bereits erwähnt worden, in den vier Jahren, als Mißionar, gar kein uneheliches Kind, und in den sechs Jahren, als Prediger zu Alten, nur ein einziges getauft habe. Vor den Heyrathen unter nahen Verwandten haben sie einen Abscheu; und die Diebstäle sind etwas sehr seltnes bey ihnen. So lange ich unter ihnen gelebt, ist mir nicht das geringste von abhanden gekommen, ob ich gleich alle meine

meine Sachen unverschlossen liegen ließ. Die meisten nehmen nicht den kleinsten Bissen zu sich, ohne vorher zu sagen: Gott gesegne es.

Zum Lobe der Lappen gehört auch, daß man selten herumstreichende Bettler bey ihnen findet. Ein jeder Armer bleibt in seiner Hütte, und wird von dem übrigen Kirchspiele unterhalten: da man sonst in Norwegen, wo man bessere Anstalten vermuthen sollte, viele Bettler, und oft ganze herumlaufende Herden antrifft.

Die Lappen haben freylich ihre Fehler wie alle Menschen, aber wenige, und selten. Einige sind dem Trunk ergeben, andere suchen ihren Nächsten im Handel zu bevortheilen. Dahin gehört folgende Art von Betrug. Man trifft im Frühlinge bey den Rennthieren kurze dicke Würmer, Guormack *) genannt,

---

*) Oder Gurmack, im Singulari Guorms. Die Schwedischen Lappen nennen ihn Curbma, die Norweger Reens-Værre. Es ist ein Wurm, der aus den Eyern einer Rennthierfliege kriecht, die ihre Eyer im Sommer zwischen die abwärtshängenden Haare dieses Thieres legt. Sobald der Wurm auskriecht, setzt er sich in der Haut fest, und erregt ein Geschwür, worinn er wohnt, bis zum folgenden Sommer fortwächst, zuletzt hervorkriecht, und die Gestalt einer Fliege oder Wespe annimmt. Linnaeus nennt dieses Insekt: Oestrus Tarandi in Fauna Suecica 1731. Es wird in der 5. Sect. Vol. I. Actor. Acad. Scient. Stockholm. weitläuftig beschrieben. Man findet daselbst auch eine Abhandlung von Friewald, worinne er den Lappen anräth, daß sie den Rücken der Rennthiere mit flüßigem Pech, Tjære
genannt,

nannt, zwischen der Haut und dem Fleische an, welche die Haut des Thieres abnagen und durchfressen. Daher sind die Felle der im Frühling geschlachteten Rennthiere von diesen Würmern verdorben, und lange nicht so gut und so theuer, als die von solchen, die im Sommer und Herbst geschlachtet sind. Um diesem Uebel abzuhelfen, und solche Felle für gute zu verkaufen, pflegen die listigen Lappen die Löcher mit einer dünnen Haut zuzumachen *).

genannt, beschmieren sollen, damit besagte Fliege ihre Eyer nicht hineinlegen kann. Ein Mittel, welches die Dänen bey den Ochsen gebrauchen, welche auf eine ähnliche Weise von einer andern Gattung Fliegen (Oestri bovis Linn. Fauna Suec. 1730.) geplagt werden.

*) Eine ähnliche Betrügerey begehen sie beym Verkauf gewisser Hunde-Felle, (canis lagopus) welche die Norweger Melrack nennen, indem sie weiße Hasen-Felle dafür ausgeben, wovon sie aber zuvor die schwarzen Schwänze und Spitzen der Ohren abschneiden, oder weiß färben. Ein gewisser Lappe von der Insel Schervoen, welcher im Jahr 1759 eben diesen Betrug spielen wollte, war aber nicht so klug; denn die schwarzen Spitzen der Hasen-Ohren verriethen ihn. Nach dem Linnaeus nennen die Schweden den Melrack Fjeldrack, die Lappen aber Nial, im Plurali Nialak.

Das vierte Kapitel.
Von der Kleidung der Lappen.

Ein gewisser Schriftsteller meldet, daß die Lappen Gold und Silber auf ihren Kleidern tragen. Ein anderer, der eben so wenig Glauben verdient, versichert, daß ihre Kleider aus Fellen von Seehunden und Bären bestehen, und den ganzen Körper dergestalt bedecken, daß sie von oben bis unten wie ein Sack aussehen. Noch ein andrer sagt, daß der Weiber ihre Kleidungen mit gedörrten Därmen und Sehnen der Thiere zusammen genäht wären, welches lauter Unwahrheiten sind.

Die Kleidungen der Männer.

Die Männer tragen hohe spitzige Mützen, welche wie ein Zuckerhut aussehen, und meistentheils aus rothem Tuche (Kersey) gemacht werden. Sie bestehen aus 4 Stücken, die unten breit und oben spitz zulaufen. Die Näthe, wo sie zusammengefügt sind, haben einen gelben Streif von Tuch, welcher von oben bis unten geht, und oben ist ein kleiner Quast von Stückgen Tuch. Unten hat die Mütze einen Rand von Fischotter *). Bey einigen Mützen ist die Besetzung auf der Nath oben spitzig und unten breit. Sie nennen solche Niudne kapperak, Nasenmützen. Ich habe bey einem armen Lappen

---
*) Die rußischen Lappen nehmen Ratzen-Felle dazu.

pen eine Mütze von Lachshaut gesehen, die weißlich, und rautenförmig aussahe, nach der Figur der Fischschuppen *).

Die Kappen, welche die Männer im Winter auf der Jagd, oder wenn sie die zahmen Rennthiere weiden, tragen, heißen Rivok, und haben viel ähnliches

---

*) Die Lappen machen auch zweyerley Art Mützen von dem Fell eines gewissen Vogels (avis Colymbus, *Loomskind*). Die eine Art besteht aus dem ganzen Fell des Vogels, mit Kopf und Schwanz, doch so, daß um die Weite des Menschenkopfs herauszubringen, ein anderes Stück Fell hineingenähet wird. Sie nehmen dazu gemeiniglich das Fell des Colymbus arcticus, (nach dem Linnaeo und Wormio, den die Norweger *Hymber* nennen, S. Act. Nidros. I. Tab. II. Fig. L) oder auch des Colymbus maximus, (Act. Nidros. III: Colymbi maximi Faeroensis Clusii et Wormii) dessen Fell zumal vom Männchen sehr schön ist. Der Naturkündiger kann sich bey diesen Mützen leicht irren; denn die Lappen schneiden den Kopf und den Hals des Colymbus arcticus weg, und nähen den Kopf und den Hals eines andern Vogels, der eigentlich *Loom* heißt, und der Colymbus Lumme mit dem dunkelrothen Halse ist, (Act. Nidros. I, 245. Tab. 2. fig. 2. Brun. Ornith. bor. 132.) sehr künstlich daran, so daß man, wenn man nicht genau Acht giebt, glauben sollte, es sey eine besondere Gattung von Colymbus. Die andere Art von Mützen machen die Lappen aus dem Halse und der Brust von fünf Colymbis arcticis. Sie wird in Act. Nidros. I. 241. 242. weitläuftig beschrieben: Die Lappen bedienen sich derselben selten; sie verschenken und verkaufen sie größtentheils.

liches mit den Schornsteinfegerkappen. Sie bedekken den Kopf, die Schultern, die Brust, und einen Theil des Rückens: vor den Augen ist nur eine schmale Oefnung. Sie wird weder fest gebunden noch geschnallt, sondern ist mit einer bloßen Nath zusammen genähet. Auf der Stirne hat die Kappe ein Blech als eine Klappe. Sie bedienen sich selten der Halstücher: binden sie ja welche um, so sind sie schmal und kurz, und gehen nur einmal um den Hals. Ihr Hals ist meistens floß und der strengsten Kälte ausgesetzt.

Das Unterkleid der Lappen (Tork) besteht aus ungeschornen Schaffellen, deren wolligte Seite an dem Leibe getragen wird. Am Halse ist ein tuchener Kragen von mancherley Farben. Dieses Unterkleid hat nach Art unserer Hemden unten keine Oefnung, aber auf der Brust einen offenen Schlitz. Bey Wohlhabenden ist dieser Schlitz mit einem Streifen von Tuch (Kersey) und dieser wieder mit einem Bändgen von Fischotter eingefaßt. Auf der linken Seite sind Schnüre, und auf der rechten, zumal bey den Weiberröcken, kleine silberne und vergoldete Kugeln. An den Ermeln ist unten ebenfalls ein Streifen von Tuch, welcher mit Otterfell eingefaßt wird. Unten besetzen sie das Kleid rings umher eben so wie die Ermel, und weil sie gedachtermaßen die Wolle einwärts tragen, so hängt solche unten am Saum hin und wieder hervor.

Die Lappen tragen selten Hemden, sondern ziehen das jetztbeschriebene Kleid statt desselben auf den bloßen Leib.

Die

Die Oberröcke, oder Kittel der Männer, werden entweder von grobem Tuch, oder von Fellen erwachsener Rennthiere, oder von ihren Kälbern, die grau sind, verfertiget. Diese Kittel haben einen steifen Halskragen, auf die Art wie bey den Unterkleidern, und eben so bunt von verschiedenen Farben. Es befindet sich auch ein solcher Schlitz daran, wie bey unsern Hemden auf der Brust, welcher mit einem Streifen von Tuch eingefaßt ist. Von eben dieser Farbe geht auch ein Streifen über beyde Schultern herab. Unten herum lauft eine Einfassung von bunten Streifen, z. E. wenn der Rock roth ist, so machen sie den Rand gelb oder grün, und an den Ermeln auf eben die Art. Am Halse ist eine Schnalle zum zuschnallen des Kittels. Die Lappen haben weder in den Kitteln noch in den Hosen Taschen, sondern einen kleinen Sack auf der Brust, worinn sie ihr Feuerzeug, welches sie beständig bey sich führen, und andre dergleichen Sachen zum täglichen Gebrauch haben.

Die Kälte ist in Finmarken sehr strenge. Das Eis bekömmt auf den Flüssen eine Dicke von drittehalb Ellen, wenn kein Schnee darauf fällt, und gleichsam durch seine Wärme verhindert, daß die Rinde nicht so dick wird. Diese gewaltige Kälte nöthiget die Lappen in Finmarken sich in Thierfellen einzuhüllen.

Sie nehmen zu ihren Kitteln gemeiniglich die Felle erwachsener Rennthiere weiblichen Geschlechts. Die haarigte Seite bleibt außen, daher die Kittel ein heßliches Ansehen bekommen. Diese Art Kittel
hat

hat keinen Schlitz auf der Brust, wie jene, sondern
geht fast bis an den Hals zu, und bekömmt einen
haarigten Halskragen, woran zwey Bänder von
Tuch, und an diesen unten ein paar runde Kugeln
von kleinen Stücken Tuch befestigt sind. Die Bänder dienen den Kittel zuzubinden. Der Kragen geht
hoch, und bis an die Ohren hinauf, und ist ebenfalls
von ungeschornen Rennthierfellen. Dieser Kittel
dient ihnen statt des Regenmantels. Wenn sie auf
ihren Seereisen vom Seewasser, wie oft geschieht,
naß werden, so wälzen sie sich, sobald sie ans Land
kommen, damit im Schnee herum, wodurch sich das
Salz, welches den Fellen schädlich ist, herauszieht.

Die Berglappen pflegen auf ihren Reisen wider
die Kälte Halstücher von jungen Fuchsfellen umzu-
binden, so daß der Schwanz auf die Schultern hin-
abhängt. Wenn die schwedischen Kaufleute über
das Gebürge reisen, binden sie für die Kälte Marder-
felle um, und zieren die Augenlöcher in den Fellen
mit silbernen Augen aus. Die Kittel aus Fellen
von Rennthierkälbern werden fast eben so wie die
andern gemacht, nur daß sie an den Ermeln Fransen, und unten eine Einfassung von schwarzen
Hundsfellen haben.

Die Oberkleider, welche die Lappinnen für die
wohlhabenden Männer unter ihnen machen, bestehen
aus grauen Fellen von Rennthierkälbern; sie haben
sowohl auf der Brust, als unten auf beyden Seiten
Schlitze, wie unsere Hemden, und an den Ermeln
eine Besetzung von Otterfellen. Unten herum ist
ein mit schwarzem Hundsfell schmal eingefaßter
Rand

Rand. Oben wird ein breiter ebenfalls mit Otterfell eingefaßter Kragen angenehet. Die Einfassungen werden mit zinnern Drath, nachdem es die Käufer verlangen, durchzogen, und bekommen dadurch ein zierliches Ansehen.

Die Mannspersonen tragen zuweilen Handschuhe von Leder, meistens aber von Fell, welches von den Füßen der jungen Rennthiere abgezogen wird. Die Haare bleiben auswendig, und inwendig stecken sie zu mehrerer Wärme eine Art von getrocknetem Gras (carex vesicaria, Linn. Fl. suec. 856.) hinein. Die Weiber verfertigen für die Vornehmern Handschuhe, welche vorne von dem Felle der Rennthierfüße oder schwarzer Füchse, hinten über den Knöcheln der Hand aber von Tuch mit zinnernen Faden durchzogen, und mit Otterfell eingefaßt sind. Einige Lappen beyderley Geschlechts tragen meßingene Armbänder, denen sie aus Aberglauben eine Wirkung für Gliederschmerzen zuschreiben.

Die Männer gebrauchen keine Strümpfe, sondern ihre Hosen, welche fest anschließen, gehen von den Hüften bis auf die Fersen hinunter. Diese Beinkleider sind entweder von Tuch oder Leder, oder von Leder und Rennthierfellen zugleich. Auf die Knie der Tuchhosen setzen sie ein Stück Leder, auf daß sie desto besser halten sollen. Der ledernen bedienen sie sich vornehmlich auf ihren Seereisen. Bey den aus Leder und Fellen zusammengenähten ist der Obertheil aus Leder, der untere Theil von der Hüfte bis auf die Schenkel von Rennthierfellen. Diese
ziehen

ziehen sie gemeiniglich auf Landreisen an, und haben andere aus grobem Tuch darunter.

Zu ihren Schuhen nehmen sie nur eine Sohle. Bey einigen Männerschuhen besteht die Sohle aus dem Fell von dem Kopf der Rennthiere, das Oberleder aber aus dem Fell ihrer Füße. Sie sind über und über rauch, und werden insonderheit von den Berglappen getragen. Weil sie auf dem Eise glatt sind, so pflegt man an den Kinderschuhen die Haare etwas abzusengen, um das Fallen zu verhindern. Zu einigen Sohlen nimmt man auch Seehundsfelle. Manche Schuhe sind ganz von Leder, jedoch werden die Sohlen von viel dickern Leder gemacht, als das übrige. Die Lappen schnallen ihre Schuhe nicht zu, sondern binden sie, wenn der Fuß hineingesteckt ist, um den Schenkel mit Riemen oder einer Schnur zu. Um die Füße wärmer zu halten, stecken sie trocknes Heu, wie bey den Handschuhen hinein. Weil die Beinkleider nur bis über die Schenkel gehen, so sind die Füße in den Schuhen ganz bloß. Sie füttern die Schuhe, wenn der Fuß darinnen steckt, rings herum mit Heu aus, damit er nichts von der Kälte leide. Abends nehmen sie das Heu wieder heraus, trocknen es am Feuer, und des Morgens beym Anziehen suchen sie das verdorbene aus, und stecken an dessen Statt frisches hinein.

Die Weiber machen Stiefeln zum Verkauf, woran der Schuh nebst den Sohlen aus rauchen Rennthierfellen, das Bein aber von Tuch mit zinnernen Faden durchzogen ist. Sie werden über die

Knie

Knie mit Riemen gebunden. Diese Stiefeln haben vorne einen krummen und spitzigen Schnabel.

Die Gürtel, welche die Männer um den Leib binden, sind von Leder und mit Zinn beschlagen; vorne hängen sie eine Tasche an, worinn sie Toback haben. Sie beißen dann und wann ein Stück davon ab, und kauen ihn. Hinten befestigen sie einige Riemen, mit zinnern Kugeln, Schlüsseln und dergleichen. Auf der Seite des Gürtels hängt ein Messer in der Scheide. Die Weiber verfertigen auch Gürtel zum Verkauf für die Vornehmern, welche unten von Tuch, und oben mit Zinn beschlagen sind.

Die Kleidung der Weiber bey den Lappen.

Die Weiber tragen meistens leinene Hauben, aber selten von Wolle. Die letztern verfertigen sie aus grobem Tuch, und zwar aus zwey Stücken, deren eines bis in den Nacken hinunter geht, und den eigentlichen Kopf, das andere aber die Schläfe und Ohren bedeckt. Sie werden unten herum mit einer Schnur von unechtem Gold oder Silber, oder mit einem Bande, das von andrer Farbe als die Haube ist, eingefaßt; und ebenfalls mit einem unächten Bande um den Kopf gebunden. Ich erinnere mich, eine arme Frau gesehen zu haben, die ihre Haube mit einem Bande von einer weißlichen Lachshaut zugebunden hatte. Die leinenen Hauben sind den wollenen gleich, außer daß diese mit wollenen Bändern, jene aber mit zierlichen Fransen eingefaßt werden.

Ehe

Ehe eine Frau ihre Haube aufsetzt, dreht sie sich die Haare rund auf dem Kopfe zusammen, setzt die Haube darüber, und bindet sie unter diesem runden Klumpen zusammen. Sie sehen dadurch den amager Weibern, und den opdalischen Weibern in Norwegen ähnlich.

Auf der Reise, und wenn sie des Nachts die Rennthiere hüten, tragen sie eine Art von Kappen und Kragen, welcher bis ans Kinn und in den Nacken geht, um die Brust, Schultern und einen Theil des Rückens zu bedecken. Er besteht aus einem Stück, und wird nicht zusammen gebunden. Sie machen ihn aus rothem, grünen oder blauen Tuch, der unten mit einem Saum von einem anders gefärbten Tuch eingefaßt ist. Ueber diesen Kragen setzen sie die Kappe, welche wie eine Krone oben breiter wird, und hoch in die Höhe steht. Auf der linken Seite geht ein breiter Streifen herunter, der von andrer Farbe als die Kappe ist; die sich mehr putzen wollen, machen solchen von unächtem goldnen oder silbernen Bande, und hängen eine silberne Kugel daran.

Die Weiber tragen beynahe eben solche Unter- und Oberkleider als die Männer. Die Unterkleider sind von Schaaffellen, haben aber mehr Falten im Rücken als der Männer ihre, sind enger auf der Brust, und gehen weit über die Knie herunter, da der Männer ihre nur bis an die Knie reichen. Sie dienen den Weibern so wie den Männern statt der Hemden, und sie tragen auch die Wolle an dem bloßen Leibe. Das weibliche Oberkleid ist von dem männlichen nur in folgenden Stücken unterschieden: jenes geht

geht weit über die Knie herunter, und hat keinen Kragen, da diese mit einem steifen breiten Kragen versehen sind. Die Unterkleider der Weiber haben hingegen einen breiten Kragen, der bis an die Ohren reicht, und über das Oberkleid, welches von Tuch ist, hervorragt. Sie tragen aber noch eine andre Art von Oberkleidern, welche nicht aus einem Stücke Tuch, sondern in der Mitte durchgeschnitten, wieder zusammengenäht, und in Falten gelegt sind. Die Oberkleider der Weiber, welche von Rennthier- oder deren Kälber Fellen gemacht sind, unterscheiden sich von der Männer ihren bloß in der Länge.

Die Handschuhe der Weiber haben mit der Männer ihren auch einerley Gestalt. Die sich mehr putzen wollen, nehmen rauche weiße Felle von den Füßen der Rennthiere, und nähen auswendig zum Zierrath bunte Streifen Tuch darauf. Die Beinkleider der Weiber sind eben so wie der Männer ihre, aber nur niemals von Leder. Ihre Schuhe sind auch von einerley Form, der Weiber ihre aber ganz von dem Felle der Rennthierfüsse. Die Weiber der Berglappen, welche sich mehr putzen wollen, nehmen Renthierfelle von ganz weißen Haaren dazu. Die Gürtel der Lappinnen sind von Leder oder Tuch, und mit weißem Blech beschlagen, daran ist ein meßingener Haken befestigt, woran einige Ringe hängen, die bloß zur Zierde dienen. Die Reichen bedienen sich silberner Gürtel.

Sie tragen Halstücher von gedruckter rußischer Leinwand, oder von buntem Kattun, oder auch von gemeiner weißer Leinwand. Dieses Tuch thun sie
über

über den Oberrock, daß es die Schultern und die Brust bedeckt. Ihre Schürzen machen sie nur sehr schmal und gleichfalls von rußischer gedruckter Leinwand, Cattun, oder weißer Leinwand, wie die Halstücher. Die weißen werden unten mit groben Franzen oder Spitzen besetzt.

Die Weiber der rußischen Lappen tragen silberne Ohrringe, und silberne Ketten, die einigemal um den Hals gehen, und an den Ohrringen befestiget sind. Da die Oberkleider der Männer und Weiber bey den Lappen so wenig von einander unterschieden sind, so geschieht es oft, wie ich selbst gesehen, daß sie solche verwechseln, und der Mann aus Irrthum der Frau ihres, und diese wiederum das von dem Manne anzieht.

Alle diese Männer = und Weiberkleider, Handschuhe und Schuhe von Fellen werden von den Weibern verfertiget, und die Männer verrichten hingegen eine bey uns für das weibliche Geschlecht bestimmte Arbeit, nemlich sie besorgen die Küche.

Das fünfte Kapitel.
Von den Wohnungen der Lappen.

Die Hütten der Seelappen bestehen innwendig aus aufgerichteten Hölzern oder Balken, und auswendig aus Birkenrinde, worüber Rasen geleget werden. Sie ruhen auf vier starken Hauptbalken oder Stangen, welche oben gekrümmt sind. Auf jeder

jeder Seite der Hütte stehen zwey, mit einem Ende in die Erde, und mit dem andern gegen die obere mitten in der Hütte befindliche Oefnung. An der Erde stehen sie näher zusammen, und machen, indem sie sich erheben, einen Bauch, bis sie am Rande der obern Oefnung wieder zusammenstoßen. Obgedachte vier Hauptstangen machen innwendig gleichsam ein Gewölbe aus. Außer den vier Hauptstangen, worauf die Hütte des Seelappen ruhet, werden noch vier andere krummgebogene Stangen errichtet. Zwey stehen im innern Theil der Hütte, und zwey beym Eingange, sie sind ebenfalls in die Erde gesteckt, und laufen in einer Krümmung gegen die mittelste Oefnung hinan.

Zwischen den vier Haupt = und den vier Nebenstangen oder Balken, welche nicht weit aus einander stehen, werden kleinere Stangen und Bretter, die von der Erde an bis oben hinauf gehen, gesetzt, und nach der Krümmung der Hauptstangen gerichtet, so daß die Hütte innwendig von unten bis an die oberste Oefnung ein Gewölbe vorstellt. Dieses Gewölbe, worinn die ganze Wohnung des Lappen an der Seeküste besteht, ist so niedrig, daß man nur vor dem Heerde, oder in der Mitten unter der Oefnung, wo die größte Höhe der Hütte ist, gerade stehen kann. Will man nur etwas auf die Seite der Hütte treten, so muß man sich gleich bücken. Wo das Gewölbe auf der Erde steht, und wo die Sitze der Lappen sind, ist es so niedrig und gedruckt, daß man auf dem Fußboden sitzen muß. Innwendig ist die Hütte mit breiten Brettern, die ordentlich

an

an einander gefügt, und an den Stangen fest genagelt sind, beschlagen. Bey der Thüre der Hütte werden zu beyden Seiten einige platte Steine hingelegt. Der Fußboden der Hütte ist beynahe rund, wie ein Circul, und auf der ebenen Erde sind allenthalben Zweige ausgebreitet, ausgenommen in der Mitten, wo der Heerd ist.

Der Heerd liegt gerade gegen den Eingang, und besteht aus zwey Reihen schlechter Feldsteine, die auf der Erde neben einander hingelegt sind. Zwischen diesen Steinen wird das Feuer angemacht. An den Ecken des Heerdes werden starke Stangen in die Erde gesteckt, andere quer über gelegt, und krumme hölzerne Haken daran gehangen. An diesen hängen wieder die Kessel über dem Feuer.

Wenn das Feuer auf dem Heerde brennt, wird auf dem Dache bey der Oefnung desselben eine Art von Schirm gesetzt, damit der durch die Oefnung hinausziehende Rauch nicht von dem Winde wieder zurückgejagt wird. Zu dem Ende muß dieser Schirm allemal auf der Seite, wo der Wind herkommt, gestellet werden.

Wenn die Seelappen zu Bette gehen wollen, nehmen sie mit einem zu diesem Endzwecke besonders verfertigten Stocke alle Brände aus dem Feuer, und löschen es aus. Sobald aller Rauch hinausgezogen ist, steigen sie auf das Dach, und decken die obere Oefnung zu. An der Ecke des Heerdes gegen die Thüre, liegen ein paar Birkenstämme einer Elle weit von einander, welche die Länge von der Thüre bis an den Heerd einnehmen. Zwischen diesen Stämmen wird das Brennholz, welches aus frisch abgehauenen Stämmen und Zweigen besteht, gelegt. Hier muß ein Fremder, der in die Hütte tritt, stehen bleiben, bis ihn der Hausvater, oder ein anderer nöthiget, näher zu kommen.

An der andern Seite des Heerdes liegen gegen die hintere Wand der Hütte ebenfalls ein paar solche birkene Stämme, zwischen welchen ein leerer Raum bleibt, wo die Kessel, Schüsseln und anderes Küchengeräthe aufgehoben werden. Hier steht auch ein Kessel mit geschmolzenem Schneewasser, woraus ein jeder, wenn ihn dürstet, nach Belieben trinket.

Aus dem bisher Angezeigten erhellet also, daß man in jeder Hütte eines Lappen erstlich beym Eingang einen schmalen Gang zum Holzplatze, darauf den Heerd, und hinter demselben einen Platz zum Küchengeschirre antreffe. Diese drey Stücke machen den mittelsten Theil der Hütte aus. Zu beyden Seiten des mittlern Theils liegen vom Heerde bis an die Wand zwey Balken ohngefähr ein paar Ellen weit aus einander, und dadurch entstehen auf jeder Seite der Hütte drey Abtheilungen, wovon zwey beym Eingange, zwey beym Heerde, und zwey hinten bey dem Platze fürs Küchengeschirr liegen. In jeder dieser sechs Abtheilungen wird ein Rennthierfell ausgebreitet, damit die auf der Erde statt der Dielen bey einander liegenden Stangen von Bäumen, denen so darauf sitzen oder liegen, nicht beschwerlich fallen. Wenn nur eine Familie in einer Hütte wohnt, so nimmt der Hausvater nebst seiner Frau die eine Seite ein, und die andre ist für seine Kinder und

Gesin-

Gesinde. Leben aber zwey Familien in einer Hütte bey einander, so hält sich eine jedwede in ihrer eignen Hälfte auf. Alsdenn ist die letzte Abtheilung hinten in der Hütte, als die vornehmste, für die beyden Hausväter, die mittelste für die Kinder, und die vorderste an der Thüre, als die schlechteste, für das Gesinde.

Wer die hinterste und vornehmste Stelle in der Hütte einnimmt, räumt solche dem Mißionar, sobald solcher ankommt, und während seines Aufenthalts, als einem angenehmen Gaste, willig ein. Wenn gleich zwey Familien bey einander wohnen, so haben sie doch die ganze mittelste Abtheilung, nemlich den Heerd, den Wohnplatz beym Eingang, und den Ort für das Küchengeschirr mit einander gemein. Es ist zu bewundern, daß ein Volk, welches in seiner Unwissenheit dahin lebt, unsre feinen Sitten nicht kennt, und sich an keine Polizeygesetze bindet, gleichwohl so ordentlich und friedlich beysammen lebt. Bey ihrer kümmerlichen Lebensart, da sie Wohnung, Heerd, und fast alles mit einander gemein haben, hört man selten etwas von Zänkereyen und Streitigkeiten; hingegen trifft man unter andern Nationen, die für gesittet und den Gesetzen der Polizey unterworfen gehalten werden, und von denen man folglich noch mehr fordern sollte, eine Menge Menschen an, die nicht einmal in einer Stadt oder als Nachbarn friedlich mit einander leben und sich vertragen können.

Der Seelappe hat seine Schaafe und Kälber bey sich in seiner Hütte, jedoch stehen sie hinter einem

Verschlag abgesondert. Wie unangenehm eine solche Wohnung für einen Fremden riechen müsse, läßt sich leicht gedenken. Ihre meisten Wohnungen haben in der Mitte einen freyen Platz, auf der einen Seite liegt die jetzt beschriebene Hütte, und auf der andern der Viehstall. Menschen und Vieh, gehen also über diesen gemeinschaftlichen Vorplatz, um in ihre Behältnisse zu gelangen.

Die Hütte, der Stall, und der mittlere Platz sind unter einem Dache, dieses wird unten von Birkenrinde gemacht, und darüber werden von oben bis unten Rasen gelegt; daher diese Hütten das Ansehen länglicher mit Gras bewachsener Hügel haben. Einige Schritte von der Hütte trifft man gemeiniglich ein andres Gebäude an, welches den Lappen zur Verwahrung ihres Heues und andrer Dinge dient. Dieses Gebäude besteht aus in die Höhe gerichteten Balken, über welche wieder andere gelegt sind, und sieht aus, als ein Haus, das kein Dach hat. Auf denselben ist ihr Behältniß zum Heu, welches sie so fest auf einander und zwischen den Stangen stampfen, daß solche damit bedeckt werden, und nur die Spitzen hervorragen. Der obere Theil des Gebäudes sieht alsdenn aus, als wenn er aus drey Wänden von Heu bestünde. Das auf diese Art fest zusammengedruckte Heu hält sich den ganzen Winter unter freyem Himmel, weil es zu der Jahreszeit in diesem Lande selten regnet. Wenn das oberste Heu gleich etwas leidet, so bleibt das innwendige doch nutzbar für das Vieh. Unter diesem Heuboden bleibt ein freyer Platz, wo die Lappen gemeiniglich ihre

Kleider

von den Wohnungen der Lappen.

Kleider aufhängen. Der auf dem Boden zwischen den gedachten drey Heuwänden befindliche Platz, heißt bey den Lappen Aske, welches soviel als der Schooß (gremium) bedeutet, und zu Aufhebung der Rennthierfelle, allerley Kasten und Gefässe dienet. Zuweilen dient er ihnen auch des Nachts statt des Bettes.

Wenn es den Seelappen an Futter fehlt, pflegen sie nach dem Beyspiel der übrigen Einwohner von Norwegen von gewissen Bäumen *) die Rinde abzuschälen, und das Vieh damit zu füttern. Sie hauen auch ganze Zweige ab, und bringen sie dem Vieh zum Futter. Wenn sie die Rinde und Zweige abgehauen, lassen sie die Stämme liegen. Man kommt oft in Gegenden, welches mir selbst widerfahren, wo eine Menge solcher Stücke von Stämmen umher liegen, welche aussehen als todte halbverwesete Körper **). Das Rindvieh der Lappen wird auch mit einer Art von Wurzeln gefüttert, welche mancherley sonderbare Gestalten haben.

*) Ronnebär Träer, latein. Sorbus aucuparia. Linn. Fl. Suec. 435.

**) Die Lappen thun dadurch den Wäldern großen Schaden. Wenn sie wegen der gefrornen und mit Schnee bedeckten Felder keinen Lichen rangiferinus habhaft werden können; so hauen sie die größten Fichten und Tannen um, damit ihre Rennthiere Futter erhalten. Sie geben ihnen nämlich den an den Bäumen hangenden Lav, (Lichen plicatilis Fl. Suec. 1122.) und Krakestry (Lichen barbatus Fl. Suec. 1123.

ben *). Außer dem Heu, als dem gemeinen Futter, machen sie dem Viehe noch ein nahrhaftes Getränk, von den Köpfen und Sehnen der Fische, von Stroh, Meergras **), und dickem Thran, welcher sich in den Gefäßen auf dem Boden setzt. Alles dieses wird zusammen in einem Kessel gesotten, und dem Viehe etwas davon gegeben, welches sich solches wohl schmecken läßt. Die norwegischen Bauern, oder Normänner, welche im östlichen Theil von Finmarken wohnen, geben ihren Kühen nicht nur Heu, sondern auch von dem Teichgrase, welches die Rennthiere bekommen ***).

Die Wohnungen der Berglappen.

Die Hütten, welche die Berglappen im Winter bewohnen, sind in Ansehung des Fußbodens, des Heerdes und der innern Abtheilungen, den jetzt beschriebenen Hütten der Seelappen vollkommen ähnlich. Es fehlen nur die vier Pfähle an den Ecken des Heerdes, deren die letztern sich bedienen. Zwischen dem Fußboden, welcher aus bloßen auf die Erde gelegten Aesten besteht, und dem Dache der Hütte selbst, welches aus Stangen, die in den Schnee gestoßen

---

*) Dieses ist die Wurzel Osmunda Strathiopteris Fl. Suec. 935. welche die Norweger Tilg und die Lappen Cheek nennen, desgleichen die Wurzel vom Polypodium filix mas Fl. Suec. 946.

**) Fucus serratus Fl. Suec. 144. und Fucus vesiculosus. Linn. Flor. Suec. 145.

***) Lichen rangiferinus, Fl. Suec. 1117.

gestoßen werden, zusammengesetzt, wird eine aus bloßem Schnee bestehende Wand angelegt. Denn indem der eigentliche Fußboden der Hütte bis auf die Erde vom Schnee befreyet werden muß, bleibt der übrige rings umher wie eine Wand stehen.

Die Hütte selbst hat wie die zuvorbeschriebene ebenfalls vier krummgebogene Hauptbalken, worauf das ganze Gebäude ruhet. Von diesen werden auf jeder Seite zwey nicht weit aus einander errichtet, wovon das eine Ende in dem Schnee steckt, das andere sich aber gegen die obere Oefnung erhebet; sie stoßen in einem Bogen, wie bey den Hütten der Seelappen, oben zusammen, und machen gleichsam zwey Gewölbe aus; und damit solche nicht wanken, werden sie mit einem Querbalken zusammengehalten. Zwischen diesen vier Hauptbalken werden andre schwächere in den Schnee gesteckt, und oben gegen die Oefnung zusammengezogen, so daß die Hütte innwendig, wenn sie zumal mit wollenen Decken überzogen ist, eine ziemliche runde Form erhält. Oben wird eine lange Stange querüber befestiget, woran die Kessel und Töpfe an eisernen Haken hangen.

Wenn die Stangen auf diese Art in Ordnung gebracht sind, werden sie mit alten schon gebrauchten wollenen Decken überzogen. Sie bestehen aus zwey Hauptstücken, welche das Zelt auf beyden Seiten bedecken. Beyde werden hinter dem Eingange, und innwendig mit Pflöcken befestigt. Weil diese Decken nicht breit genug sind, die ganze Hütte zu bedecken, so setzen sie noch ein Stück daran, wodurch
sie

sie die obere Oefnung, oder das Rauchloch bedecken können.

Die Thüre des Zeltes besteht aus einer wollenen Decke, welche die Form einer Pyramide hat, und über einen Rahmen gespannt ist: sie würde sonst zusammenfallen, und die Stelle einer Thüre nicht vertreten können. An jeder Seite der Thüre wird eine Stange befestigt, welche statt der Thüreinfassung, oder des Thürgewendes dient. Erhebt sich ein starker Wind, so wird die Thüre, welche sonst nur oben an einem einzigen Riem hängt, an der einen Stange fest gebunden, damit sie auf der Seite, wo der Wind herkommt, fest anschließe, und der Wind, welcher sonst das Feuer aus einander jagen, und die Hütte mit Rauch anfüllen würde, nicht hineindringen könne. Auf der andern Seite, wo man vom Winde nichts zu befürchten hat, bleibt sie ungebunden, so daß ein jeder frey aus = und eingehen kann.

Der Berglappe richtet seine Hütte mitten im Walde auf, und geht alle Tage, ausgenommen die Festtage, aus, um Holz zu holen. Er schleppt den umgehauenen Baum bis an seine Hütte, und zerschneidet die Spitze und übrigen kleinen Aeste auf einer niedrigen Maschine, welche hinter der Thür stehet. Der Stamm und die großen Aeste werden zu Scheiten gemacht. Das nasse Holz wird so, wie es aus dem Walde kommt, und voll Eis und Schnee ist, ins Feuer geworfen, welches einen starken Dampf und Geruch verursacht, wovon die ganze Hütte der Lappen eben so sehr als vom Rauch angefüllet

gefüllet wird. Sie machen das Feuer erst mit trockener Birkenrinde, Laub, und gedörretem Holz an, und legen, wenn es brennt, größere Stücken nach. Wenn das Feuer erst anfängt zu brennen, so wird die ganze Hütte von oben bis unten voll Rauch, so daß alle, die darinn sind, in einem dicken Nebel eingehüllt scheinen, und auf eine Zeitlang nichts sehen können. Lodert die Flamme aber erst recht, so nimmt der Rauch zwar allmählig ab, es bleibt aber doch noch allemal genug zurück, daß er einem, wenn man gleich auf der Erde sitzt, bis an die Scheitel geht. Bey Stürmen jagt der Wind den Rauch, wenn er zur obern Oefnung der Hütte hinaus will, wieder zurück.

Wenn die Berglappen sich zur Ruhe begeben, löschen sie das Feuer nicht aus, sondern lassen es so lange brennen, bis es von selbst auslöscht. Sie gebrauchen weder Oel noch Tacht, sondern behelfen sich mit dem Schein, den das Feuer auf dem Heerde von sich giebt.

Einige Schritte von seiner Hütte hat der Berglappe ein Behältniß, welches aus aufgerichteten Stangen mit darübergelegten Querstangen und Zweigen besteht. Dieses Gebäude, welches einigermaßen einem Hause ohne Dach ähnlich sieht, dient allerley Gefäße, Hausgeräthe und Rennthierfelle aufzubewahren.

Die Sommerwohnungen der Berglappen sind den Winterhütten vollkommen gleich, ausgenommen, daß jene nur mit grober Leinwand überzogen sind, anstatt daß diese angezeigtermaßen wollene Decken haben.

Man

Man vermisset auch die Schneewände daran, weil solche zur Sommerszeit geschmolzen sind.

Wenn der Berglappe auf die Jagd der wilden Rennthiere ausgeht, oder sonst längere Reisen unternimmt, so führt er sein kleines Zelt von grober Leinwand bey sich. Wo er alsdenn seine Wohnung aufschlagen will, da säubert er zuförderst den Boden ganz von Schnee, und läßt den übrigen rings umher wie eine Wand, auf eben die Art, als bey den andern Winterhütten gezeigt worden, stehen. Darauf belegt er den Fußboden mit abgehauenen Zweigen, und trägt in der Mitte desselben einige große Steine zum Heerde beysammen. Alsdenn steckt er einige Stangen in einem Circul in den Schnee, bindet sie oben zusammen, und hängt eine grobe Leinwand darüber, wodurch die Hütte die Gestalt eines Kegels bekommt. Wenn seine Wohnung auf die Art fertig ist, so macht er Feuer an, theils um seine erstarrten Glieder einigermaßen wieder zu erwärmen, theils um sich seine Mahlzeit zuzubereiten, zu welchem Ende er einen kleinen Kessel bey sich zu führen pflegt.

Wenn der Lappe auf der See von einem Sturm überfallen wird, oder aus andern Ursachen irgendwo anlanden muß, wo er keine Spur von Menschen antrift, und auch sonst nichts zu seiner Nothdurft findet, so nimmt er drey Ruder aus seinem Kahn, setzt sie auf die Erde, bindet sie oben als eine Pyramide zusammen, zieht das Seegel darüber weg, und behilft sich so lange kümmerlich darunter, bis er seine Reise weiter fortsetzen kann.

Sowohl die Berg= als die Seelappen, bauen sich große Kasten, die auf Füßen stehen, um darinn Eßwaren und allerley Kleinigkeiten aufzuheben. Die Seelappen errichten solche nicht weit von ihren Hütten, die Berglappen aber in den Wäldern *). Die letztern graben auch Gruben, und pflastern sie unten mit Steinen, um das Rennthierfleisch darinnen aufzuheben.

Nachdem wir die Hütten der Lappen ausführlich beschrieben, wird es nicht undienlich seyn, auch einige Nachrichten von den Wohnungen der norwegischen und lapländischen Bauern hinzuzufügen. Die Häuser der lapländischen Bauern haben hölzerne niedrige Wände, und oben keine Decke, sondern gehen bis unter das Dach. Die Balken, worauf die Breter, welche den Rasen tragen, liegen, sind nicht queer über die Sparren, sondern der Länge nach gelegt. Sie haben keinen Schorstein wie andre Bauerhäuser, und auch keine Fenster, sondern das Licht fällt durch gewisse Oefnungen, welche sie, wenn es nöthig ist, zumachen können. Inwendig steht ein Ofen, welcher viel ähnliches mit den Backöfen unsrer Becker hat. Auf denselben wird eine Menge grosser Steine gelegt, und inwendig alle Tage ein grosses Feuer gemacht, und so lange unterhalten, bis der Ofen und die darauf befindlichen Steine glühend heiß werden.

So lange das Feuer im Ofen brennt, werden die Thüren und alle Oefnungen aufgemacht, damit der Rauch Luft bekömmt; wenn es ausgebrannt ist, wird

---

*) S. das eilfte Capitel von den Reisen der Lappen.

wird alles zugemacht. Es ist alsdenn sehr heiß in dem Hause, der glühende Ofen und die Steine erhalten die Wärme den ganzen Tag: und den folgenden wird wieder aufs neue eingeheizt. Wenn die Thüren und alle Löcher zu sind, so ist es stockfinster. Diesem abzuhelfen, zünden sie statt des Lichts lange Kienstöcke oder Fackeln an, welche es so helle machen, daß sie ihre gewöhnlichen Arbeiten dabey verrichten können. Der Fußboden dieser Häuser ist mit Steinen gepflastert.

Die Wände sind inwendig mit aufwärts stehenden Bretern beschlagen, und sehen fast wie Täfelwerk aus. Auswendig ist es erstlich mit Birkenbast, und alsdann mit Rasen, die auf einander bis unter das Dach gelegt sind, umgeben, so daß der Bast sich zwischen den inwendigen Bretern, und der Rasenwand befindet. Man sieht gar kein Balkenwerk daran. Das Dach läuft von allen vier Seiten spitzig zu, und ist, wie bey den andern Bauerhäusern, erst mit Bast, und alsdann mit Rasen bedeckt.

Olaus Magnus, ein bekannter Schriftsteller, ist der Meynung, daß die Einwohner in Finmarken ihre Hütten wegen der gewaltigen Stürme, und des tiefen Schnees meist unter die Erde bauen. Ich halte aber vielmehr dafür, daß die Einwohner größtentheils aus Noth und wegen Mangel des Holzes, welcher sich zumal auf den Inseln äußert, wo der Boden nackend und unfruchtbar ist, zu dieser Bauart genöthiget worden. Die Furcht, daß hölzerne Gebäude von den Sturmwinden umgerissen werden, ist ungegründet. Sie müssen nur auf einem guten

Grun-

Grunde und an sich fest gebauet werden. Es ist eine ausgemachte Sache, daß alle königliche Bediente und Aufseher in diesen Gegenden, desgleichen die Kaufleute, welche sich ihrer Handlung halben hier aufhalten, in hölzernen Häusern, und oft von zwey Stockwerken wohnen. Der Hauptnutzen bey jenen in der Erde angelegten Hütten ist, daß sie sehr warm halten, ein Vortheil, worauf in diesen kalten Gegenden gesehen werden muß.

Das sechste Kapitel.
Von den Betten der Lappen.

Die Betten der Lappen, sowohl derer, die an der See, als auf den Bergen wohnen, bestehen aus Rennthierfellen. Wenn sie sich zur Ruhe begeben wollen, so breiten sie solche über den mit hölzernen Stangen belegten Fußboden aus. Ihr Kleid, das sie den Tag über getragen, dient ihnen statt des Küssens; ihre Decke ist aus zusammen genehten Schaafsfellen gemacht, die Wollseite decken sie auf den Leib; und darüber legen sie noch eine wollene Decke. Die wollene Decke, worunter der Berglappe im Winter liegt, ist wie ein Sack zusammen genehet, um die Füße hinein zu stecken.

Der Mann, die Frau, die Kinder und das Gesinde, mit einem Worte, alle Lappen schlafen auch bey der größten Kälte ganz nackend. Die

Betten werden bloß durch eine dazwischen gelegte Stange von einander abgesondert, nach der Eintheilung des Fußbodens der Hütte, welche im vorigen Kapitel angezeiget worden. Die hinterste Abtheilung, welche für den Hausvater und seine Frau bestimmt ist, wird durch ein kleines Bret, von der Kinder ihrem Platze, und dieser durch ein ähnliches Bret von dem Orte, wo das Gesinde schläft, und welcher der Thüre am nächsten ist, abgetheilt. Obgleich die Betten durch Stangen von einander abgesondert sind, so lieget doch eine Person so nahe bey der andern, daß die Eltern die Kinder, und diese das Gesinde mit den Händen erreichen können.

Wenn der Berglappe in seinem Sommerzelte schläft, so liegt er unter einer Matratze von Leinwand, die ihn nicht dichte zudeckt, sondern etwas vom Leibe absteht, weil sie bauchigt, wie ein flaches Gewölbe gemacht ist, so daß beyde Seiten auf der Erde aufliegen. Sie ist übrigens an den krummen Stangen, welche die Berglappen in ihrer Hütte nach der im vorigen Kapitel gegebenen Beschreibung, haben, mit Riemen angebunden, damit die darunter Schlafenden nicht zu sehr von den Mücken, woran hier im Sommer ein großer Ueberfluß ist, geplagt werden.

Es giebt eine Art langer schmaler Mücken, welche schaarenweise in den finmarkischen Wäldern herumfliegen, so daß man gleichsam einen beständigen Nebel vor dem Gesichte sieht. Sie sind dem Menschen und Vieh äußerst beschwerlich. Die Stelle, wo einer an Händen und Füßen gestochen wird, fängt

fängt gleich heftig an zu jucken, und es entstehen kleine weiße Blasen oder Geschwüre. Die Leute, welche im Sommer aus dem Felde zurückkommen, sehen oft aus, als wenn sie die Krätze hätten. Wenn die Lappen sich im Sommer in den Wald begeben, um Holz zu fällen, oder Baumrinden zu sammlen, so können sie wegen dieser Mücken kaum essen. So bald sie den Mund aufthun, fliegt eine Anzahl hinein. Wenn sich der Wind erhebt, verlieren sie sich auf eine Weile, so bald er sich aber gelegt hat, kommen sie desto begieriger wieder zum Vorschein, und erfüllen die ganze Luft mit ihrem Summen.

Diese beschwerlichen Insekten sind schuld, daß die armen Lappen viel von der Annehmlichkeit des Sommers verlieren, dessen Genuß man ihnen wohl wünschen möchte, nachdem sie einen Winter von neun Monaten, nämlich von Michaelis bis zu Anfang des Julius ausgestanden. Wie rauh die hiesigen Gegenden sind, und wie wenig angenehme Tage man zu genießen hat, läßt sich unter andern daraus abnehmen, daß ich einmal am Johannistage, und also mitten im Sommer bey dem Hause des Amtmanns zu Talvigen, welches an der Seeküste lag, und wo ich abtrat, einen großen Schneehaufen, unter dem Fenster meines Schlafzimmers fand, der noch nicht geschmolzen war.

So unerträglich die obgedachten Insekten den Menschen sind, eben so viel Beschwerlichkeiten verursachen sie auch den Rennthieren und dem andern Vieh. Wenn das Vieh von der Weide kommt, sitzen diese grausamen Thiere dem Viehe haufenweise auf dem Rücken, und verlassen es nicht eher, als bis sie sich vollgesogen haben; jagt man sie mit der Hand weg, so läuft das Blut vom Rücken des Thieres herunter. Sie können keinen Rauch vertragen, deswegen zünden die Lappen, wenn sie ihr Vieh melken wollen, Rasen, oder sonst etwas, das viel Dampf verursacht, an, damit die Mücken sich wegbegeben, und sie ihr Vieh desto bequemer melken können. Ob dieses Insekt gleich so zart ist, daß man es bey der geringsten Berührung zerdrückt, so können sie doch durch die Haut des Viehes, durch grobe wollene Strümpfe, und andere Kleidungen durchstechen *).

*) Beym Linnaeus heißt diese Mücke Culex pipiens, cinereus, abdomine annulis fuscis octo cincto. Faun. Suec. 1890. Die Dänen nennen sie Lysmyg. Sie entsteht von einem Insekt, welches im Wasser lebt, und in Norwegen Vas Kalv (vitulus aquaticus) genannt wird. S. Swammerdams Bibel der Natur. Taf. 31. Fig. 4·8. wo die Puppe, und Taf. 32. das Insekt selbst abgebildet wird. Das Männchen sticht nicht, und saugt auch kein Blut aus, wie Linnaeus sagt, das Weibchen aber desto ärger. Man ist nicht einmal in Handschuhen für ihrem Stich sicher, indem sie durch die Näthe derselben stechen. Ein paar andre den Lappen nicht weniger beschwerliche Insekten sind culex reptans Faun. Suec. 1893. und culex pulicaris. Faun. Suec. 1892.

Das siebente Kapitel.
Von den Speisen und Getränken der Lappen.

Die Lappen haben mit den norwegischen Bauern verschiedene Speisen, sowohl in Ansehung der Dinge, wovon sie gemacht werden, als auch der Form und Art sie zuzubereiten, gemein. Wir übergehen solche, und reden bloß von denjenigen, die ihnen in Ansehung der Speisen selbst und der Zubereitung allein eigen sind.

Im Sommer siedet der Lappe die Rennthiermilch so lange mit Sauerampfer, bis sie dick wie Brey wird. Die Milch, welche er von diesen Thieren im Herbst zumal um Allerheiligen bekommt, wird in besondre dazu dienliche Gefäße gethan, da sie von der noch in der Luft befindlichen Wärme eine kleine Säure annimmt, aber nach und nach frieret, und auf die Art den ganzen Winter durch aufbewahrt wird. Die Milch nach Allerheiligen wird mit gewissen schwarzen Beeren, welche die Norweger Krækebær*) nennen, vermischt, und in einem wohlge-

wasche=

---

*). Empetrum nigrum Fl. Suec. 904: Die Lappen in Bejern nennen sie Tiuoma; die Dänen Kragebær, oder wie Olaus Borrichius (Act. Bartholini II, 161.) will Reslinger, auf teutsch Krambeeren. Ich habe in meiner Flora Norveg. P. I. n. XII. p. 11. gezeigt, daß man
vor

waschenen und gereinigten Rennthiermagen geschüttet, worinn sie für Kälte leicht gefriert. Dieses ist der Lappen ihre Speise im Winter. Wenn sie ihre Mahlzeit halten wollen, welches im Winter nur einmal um Mittag geschiehet, so hauen sie von diesem Magen, worinn die Milch und Beeren fest gefroren, und nunmehr eine Masse geworden sind, ein Stück mit dem Beil ab, und schneiden dieses zugleich mit dem Magen in kleinere Stücke, welche gefroren, und ohne daß sie sich erst durch die Wärme auflösen, in Schüsseln aufgetragen werden. Ein jeder langt alsdenn mit den Händen zu, und die Zähne klappern ihm vor Kälte, indem er davon ißt, wenn gleich in der Rennthiermilch wegen ihrer außerordentlichen Fettigkeit keine solche Kälte seyn kann, als in der Milch von andern Thieren.

Die Milch, welche sie spät im Winter aus den Rennthieren melken, heben sie in Gefäßen von Birkenholz auf, worinn sie sogleich zu Eis wird. Die Lappen essen diese gefrorne Milch nicht selbst, sondern setzen solche dem Mißionar, oder andern, die sie vorzüglich bewirthen wollen, vor. So oft jemand davon essen soll, wird das gefrorne Gefäß etwas schief gegen das Feuer gestellt, da die Oberfläche der Milch aufthauet, und das geschmolzene gleich mit Löffeln gegessen wird. Darauf wird das Gefäß wieder an das Feuer gestellt, und dieses so oft wiederholet, bis
die

vor diesem in den nordischen Gegenden Wein daraus gemacht, und solchen vermuthlich bey Austheilung des heil. Abendmals gebraucht habe.

die Gäste genug davon gegessen haben. Alle auf solche Art gefrorne Milch muß sorgfältig zugedeckt und vor dem Winde bewahrt werden, weil sie sonst nicht nur den süßen Geschmack und die weiße Farbe verlieren, sondern auch gelb werden, und einen schlechten ranzigen Geschmack bekommen würde.

Die Käse von Rennthiermilch verfertigen die Lappen folgendergestalt. Sie gießen etwas Wasser zur Milch, weil sie sonst wegen der gar zu großen Fettigkeit nicht gerinnen würde, setzen sie über ein gelindes Feuer, und thun Lab hinein, da sie augenblicklich gerinnt, und dicke wird. Darauf werden runde und nicht gar zu dicke Käse daraus geformt, und entweder frisch gegessen, oder im Wasser gekocht. Zuweilen braten sie ihn auch, indem sie kleine schmale Stücke davon ans Feuer zum braten legen, und alsdenn verzehren. Diese Käse sind so ungemein fett, daß sie sich anzünden lassen und wie ein Licht brennen. Sie sollen auch sehr heilsam für erfrorne Glieder seyn. Den Lab zum Gerinnen der Milch machen sie von Molken, worinn das Eingeweide von Rennthieren eine kurze Zeit gelegen.

Es wird auch Butter von Rennthiermilch gemacht, welche weiß aber nicht so fett und schmackhaft ist, als die von Kuhmilch. Die Ursache kommt daher, weil diese von abgenommenem Rohm, jene aber von bloßer frischer Milch verfertiget wird.

Die Seelappen, welche Kühe, Schaafe und Ziegen halten, machen ihre Butter wie wir von dem abgenommenen Fett der Milch oder Rohm. Wenn eine Lappin buttern will, setzt sie sich auf die Erde,

D 4   nimmt

nimmt ein Gefäß mit Rohm vor sich, und rührt so lange mit der Hand darinn herum bis er zur Butter wird.

Die Berglappen essen den ganzen Winter durch frisches Rennthierfleisch, und schlachten daher, so lange solcher anhält, wöchentlich ein oder zwey Rennthiere, nachdem ihre Familie stark oder schwach ist. Sie schneiden das Fleisch in Scheiben, und werfen es ganz schmutzig und ungewaschen in den Kessel. Es wird langsam gekocht, so daß nur an einer Seite des Kessels Feuer liegt, damit sich das Fett desto besser herauszieht. Wenn das Fleisch genug gekocht, wird das darauf schwimmende Fett abgeschöpft, gesalzen, in eine Schale gethan, und zum Fleisch besonders aufgetragen. Die Stücken Fleisch werden auf eine Schüssel gelegt, und die Brühe bleibt im Kessel zurück.

Wenn die Speise aufgetragen ist, setzt sich der Hausvater mit der ganzen Familie in einem Circul um die Schüssel. Die abgeschnittenen Bissen tunkt ein jeder mit der Messerspitze in Ermangelung der Gabeln, in das Fett, welches in gedachte Schale gefüllet worden. Von der im Kessel zurückgebliebenen Brühe trinken sie dann und wann einen großen Löffel voll dazu. Es ist dieses die reine aus dem Fleische gekochte Brühe, welche weder mit Mehl noch sonst etwas vermischt ist. Einige haben fälschlich vorgegeben, daß die Lappen rohes Fleisch fräßen. Der Berglappe kocht außer dem Fleische auch noch die Knochen von den Beinen des Rennthieres, um das Mark aus denselben zu verzehren. Sie halten das letztere für einen Leckerbissen, und setzen es daher ihren Gästen, insonderheit dem Mißionar, vor.

Das Eingeweide der Rennthiere dient ihnen ebenfalls zur Speise, doch kochen sie es nicht mit dem Fleisch in einem Kessel. Der Berglappe weiß alles was am Rennthier ist zu nutzen; er läßt nicht einmal die Knochen den Hunden, sondern kocht zuvor das Fett und die Kraft heraus. Er zerschlägt zu dem Ende die Knochen mit einem Hammer, und kocht die Stücke so lange bis alles Fett heraus ist.

Die Lunge wird den Hunden gegeben, welche die Lappen zur Hütung und Erhaltung ihrer Rennthiere nothwendig brauchen. Ich habe einen Berglappen gekannt, der acht Hunde unterhielte. Uebrigens müssen die Hunde der Lappen viel Hunger leiden, denn außer der Lunge bekommen die armen Thiere nichts zu fressen, als des Morgens etwas Brühe von Blut, und Abends Brühe von Fleisch.

Die Lappen kochen das Fleisch nicht nur, sondern sie braten es auch vor dem Heerde an einem mit der Spitze in die Erde gesteckten Querl. Die Lappen essen überhaupt gerne gebratenes Fleisch, sie gebrauchen aber keine ordentlichen Bratspieße dazu, sondern stecken nur kleine Stiele von Küchenlöffeln oder Querln in die Erde; sie begießen den Braten auch nicht mit Butter. Aus dem bisher angeführten erhellet, daß die gewöhnliche Winterspeise der Lappen (denn im Sommer schlachten sie selten) frisches Rennthierfleisch ist, und daß sie es fast niemals einsalzen oder pöckeln. Sie haben das letztere nicht nöthig, weil sich das Fleisch im Herbst und Winter wegen der großen Kälte ohnehin gut hält.

Jedoch hängen die Berglappen, weil sie beständig frisches Fleisch essen, zuweilen zur Veränderung einige Ribben von den Rennthieren in den Rauch. Sie stechen erst mit der Messerspitze Löcher ins Fleisch, damit der Rauch sich desto besser hineinziehe, und hängen es alsdann an Stangen bey der obern Oefnung des Hauses, wo der Rauch hinauszieht, auf. Das Rennthierfleisch ist die Hauptspeise der Berglappen, das Rind= und Schöpsenfleisch aber von denen, welche an der Seeküste wohnen. Jedoch essen sie auch das Fleisch von Bären, Füchsen, Fischottern, Seehunden und andrer Thiere; ausgenommen Schweinefleisch, welches sie für unerlaubt halten.

Die Lappen, welche sich mit dem Lachsfang beschäfftigen, schneiden nach Art der norwegischen Bauern aus den Schollen lange Schnitte, und ob der Lachs gleich an sich ein edlerer Fisch als eine Scholle ist; so werden doch die Schnitte von Schollen höher geschätzt. Die Lachse werden vom Kopf bis an den Schwanz in zwey gleiche Theile von einander geschnitten, hin und wieder mit den Messern geritzt, und zum Dörren in die Sonne gehangen.

Die gedörreten Fische werden erst geschlagen, und alsdann ungekocht von den Lappen gegessen, sie tunken aber jeden Bissen in Fischtrahn, welches ein Oel ist, das sie aus dem Eingeweide der Fische auspressen. Das sonderbarste ist, daß die Mütter ihren Kindern an der Brust bereits von dieser Speise geben, indem sie einen in Trahn getunkten Bissen
zuvor

zuvor käuen. Die Kinder werden dadurch von Jugend auf an den Trahn gewöhnt; und finden ihn, wenn sie erwachsen sind, schmackhafter als die Butter. Inzwischen wenn es auch wahr ist, daß die Lappen einen Wohlgeschmack am Trahn finden, so ist es doch grundfalsch, wie ein gewisser Schriftsteller vorgiebt, daß sie bey jeder Mahlzeit ein Nösel von diesem stinkenden Oel zu sich nehmen, und daß eine Wöchnerinn gleich nach der Geburt zur Stärkung eben so viel austrinke. Man giebt den Weibern kurz vor der Geburt nur etwas weniges davon, weil man glaubt, daß es solche erleichtere.

In Ermangelung gedörreter Fische legen sie die Köpfe und Gräten von gedörreten Fischen, woran noch etwas Fleisch ist, auf Kohlen, braten und essen sie.

Die gedörreten Fische, ihre Köpfe und Gräten, Schnitte von Seehundespeck, welche zuvor in einem Seehundemagen gesteckt werden, damit sich das Fett desto besser auszieht, alles dieses wird zusammen in einen Kessel gethan und gekocht. Der Fisch wird nur eine halbe Stunde gesotten, und alsdenn mit den andern Sachen, die auch genug ausgekocht sind, verzehrt. Sie tunken ihn in einen Saft, der dem Oel ähnlich ist und aus dem Speck entsteht, nachdem er eine Zeitlang in dem Seehundemagen gesteckt hat.

Die Lappen braten den Fisch so wie das Fleisch an Querln oder kleinen Stangen, die sie beym Feuer in die Erde stecken. Beym Stockfisch *) verfahren
sie

---

*) Die Norweger nennen ihn Hys oder Hyse, wie unser Verfasser nachher selbst anführt. Beym Linnæus heißt er Gadus Aeglefinus Faun. Suec. 306.

sie zum Exempel folgendergestalt. Sie nehmen den frischgefangenen Fisch aus, und füllen den Bauch wieder mit der zuvor herausgenommenen Leber an, braten ihn an einem Querl, und schneiden, wenn er gebraten ist, den Bauch aus. Weil der Fisch eher gut wird, als die Leber, so halten sie einen glüenden Stein in Bereitschaft, welchen sie in die noch halbrohe Leber stecken, wodurch solche vollends eßbar wird. Darauf wird Fisch und Leber zugleich verzehrt.

Die Lappen kochen die Fischlebern auch, und rühren sie während der Zeit stark um, daß solche wie ein Brey werden. Sie mengen auch schwarze Beeren (auf norwegisch Kråckebeer) darunter, und essen dieses Gericht alsdenn mit Löffeln ohne Brod, welches sie auch zu den fettesten Speisen nicht nehmen. Man sollte glauben, daß die Lappen sich durch den beständigen Genuß so ungesunder Speisen Krankheiten zuziehen müßten; aber sie sind sowohl als andre in diesen Gegenden wohnende Völker von sehr starker und gesunder Leibesbeschaffenheit. Die meisten Krankheiten und Fieber, deren in andern Ländern eine so große Anzahl ist, sind hier fast gänzlich unbekannt. In den zehn Jahren, da ich mich in Finmarken aufgehalten, habe ich nie etwas von bösartigen Fiebern, Ruhren, Ausschlag, oder andern epidemischen Krankheiten gehört *).

Die

---

*) Es ist etwas seltnes, daß ein Lappe das Fieber, zumal ein Wechselfieber bekommt, welches auch Linnæus in hypoth. noua de febrium intermittentium causa in Amoen. acad. I. p. 3. anführt. Die gemeinste epidemische

Die jetzt erzählten Speisen, als gedörrete Fische in Fischtrahn getunkt, die gerösteten Köpfe und Gräten von getrockneten Fischen; die frischen Fische mit Speck von Seehunden gekocht, und nachgehends ebenfalls in Trahn getunkt, Stockfische mit ihrer Leber gefüllt, und gebraten, eben diese Lebern zu Brey geschlagen mit schwarzen Beeren, sind die vornehmsten Gerichte der Seelappen. Die Berglappen kaufen einige Seefische, wenn sie gefroren sind, und heben sie den ganzen Winter durch, da die Kälte auf den Bergen am strengsten ist, sorgfältig auf, weil sie ihnen, da sie sich fast von nichts als Rennthierfleisch nähren ein Leckerbissen, aber auch etwas kostbares sind.

Die Seelappen kochen sich oft eine Suppe von Mehl und Wasser, und thun des Wohlschmacks halben etwas Talg oder Fett dazu, die Berglappen aber nur selten. Sie pflegen den Talg in einen Darm zu stecken, welcher nachgehends wie eine Wurst aussieht. Sie werfen in diese Suppe gemeiniglich ein Stück frisches Fleisch, und etwas klein geschnittenen Rennthierkäse hinein, wodurch es ihrer Meynung nach einen angenehmern Geschmack bekömmt.

Die Berglappen kochen eine Art Brühe aus Wasser, Blut, Fett und Mehl, wenn sie Vorrath genug davon haben. Das dazu nöthige Blut giessen sie in einen Rennthiermagen, und heben es gefroren

mische Krankheit bey diesem Volke ist eine spasmodische Kolik, welche Linnaeus und andre Aerzte den Würmern (Taeniis und Ascaridibus) zuschreiben.

froren den ganzen Winter durch auf. Wenn sie Suppe essen wollen, so schneiden sie ein Stück gefrornes Blut mit dem Magen ab, und werfen es in den Kessel, da es schmelzet. Dergleichen Suppe ist ihre tägliche Mahlzeit im Winter. Sie machen auch beständig Kuchen von Mehl und Wasser, die auf Kohlen gebacken werden.

Es giebt gewisse Dinge, welche die Lappen nicht sowohl zum satt werden, als zum Wohlgeschmack essen. Dahin gehört zum Exempel die dünne innere Rinde von Birken und Kiefern, welche sie mit dem Messer abschaben, und entweder frisch oder gedörret in Thran eintunken, und so verzehren. Den Mangel der Nüsse und des Obstes überhaupt ersetzen sie durch Angelika (heilige Geistwurzel). Sie essen nicht sowohl die Wurzel als das Kraut selbst, meistentheils grün, theils aber auch auf Kohlen geröstet, oder in Milch gesotten.

Wenn der Schnee im Frühling anfängt zu schmelzen, so essen sie die im Winter darunter gebliebenen Beeren. Ich habe gesehen, daß die Knaben ein gewisses Meergras *), welches die See auswirft, essen. Den Tabak lieben sie sehr, theils zum kauen, theils zum rauchen. Unter dem Kauen spucken sie in die Hände, und ziehen den nach Taback riechenden Spei-

---

*) Eine Art von Fucus, welche in meiner Flora Norweg. P. I. Fucus hyperboreus, fronde simplici palmata, caule longissimo genennt, und auf der dritten Kupferplatte abgebildet wird.

von den Speisen u. Getränken der Lappen. 63

Speichel begierig in die Nase, weil solcher ihren Geruch kitzelt. Sie reiben ihn auch klein, mischen Bibergeil darunter, und gebrauchen dieses Pulver statt des Schnupftabacks.

Wenn die Lappen, insonderheit die Bauern in Finmarken nicht Taback genug haben, so rauchen oft zehen Personen wechselsweise aus einer Pfeife. Sie setzen sich zu dem Ende in einem runden Kreis, wer Taback unter ihnen hat, zündet die Pfeife an, und giebt sie, nachdem er drey oder vier Züge gethan, seinem Nachbar; dieser thut eben so viel Züge, und so geht die Pfeife in der Runde herum, bis sie wieder an den ersten kommt, der die andern damit bewirthet hat. Sie rechnen diese Gefälligkeit dem, der sie erweiset, hoch an, und bedanken sich sehr dafür.

Das Getränke der Berg und Seelappen bestehet aus kaltem mit Schnee vermischten Wasser. So lange Schnee zu haben ist, wird er unter das Wasser gemischt, folglich ist es falsch, wie ein gewisser Schriftsteller vorgiebt, daß die Lappen das Trinkwasser zuvor in einem Kessel wärmen. Wir haben bereits im fünften Kapitel von den Wohnungen der Lappen angemerkt, daß in der hintersten Abtheilung hinter dem Heerde allemal ein Kessel mit kalten Wasser, nebst einer Schaale stehet, woraus ein jeder, so oft er will, den Durst löschet.

Die Berglappen richten ihre Zelte, aus Furcht wegen Mangels am Wasser, gerne an feuchten sumpfigten Gegenden auf. Zuweilen muß er seine Hütte te an einem trocknen Orrk aufschlagen, und in Ermangelung der Quellen Schneewasser, das über dem Feuer geschmolzen ist, trinken. Dieses Wasser schmeckt sehr bitter und widerlich, weil es von dem Metall und dem Rauch einen unerträglichen Geschmack annimmt. An solchen Orten, wo das Wasser eine Rinde von Eis bekommt, oder sonst nicht bequem zu schöpfen ist, stecken sie einen hohlen Knochen, oder eine Pfeife von Thon hinein, und ziehen das Wasser durch Saugen an sich. Wenn die Berglappen im Winter über die Berge fahren, führen sie eine Axt im Schlitten bey sich, mit der sie das Eis aufhauen, und indem sie sich seitwärts aus dem Schlitten legen, ihren Durst vermittelst solcher Pfeifen löschen.

Das mag von dem Essen und Trinken der Lappen genug seyn. Wir merken nur noch an, daß der Mann bey diesem Volke die Küche besorgt, und nicht die Frau. Der Hausvater legt das Fleisch, oder was sonst gegessen werden soll, in die Töpfe, giebt beym Kochen darauf acht, und trägt das Essen, wenn es fertig ist, auf. Die Töpf- und Kessel werden selten gereiniget und gescheuert. Die Schüsseln, woraus sie die Suppen gegessen, pflegen sie abzulecken.

Das achte Kapitel.
Von verschiedenen Hausgeräthen und wirthschaftlichen Instrumenten der Lappen.

Die ganze Wirhschaft der Lappen ist sehr simpel, und auf wenige Stücke eingeschränkt. Sie brauchen nicht viel Geräthe, und wenn sie mehr hätten, wäre es überflüßig. Die Berglappen halten sich in einem engen Zelte auf, welches bald hier bald dort aufgeschlagen, und wieder aus einander genommen wird. Die Seelappen wohnen nicht geräumiger, daher ihnen mehr Hausgeräthe nur im Wege stehen würde. Man findet weder Tische noch Stühle bey ihnen. Ihr ganzes Hausgeräthe besteht aus einigen Töpfen, Kesseln, Schaalen, hölzernen Schüsseln, von Birkenholz gemacht, zinnernen Flaschen, Löffeln von Horn, und einigen andern kleinen Gefäßen von geringem Werthe. Etliche unter ihnen haben zinnerne Schüsseln, und sehr wenige Wohlhabende ein paar silberne Löffel.

Ihre Töpfe haben keine Füße, und brauchen auch keine; ja sie würden nur desto leichter umgestoßen werden, wenn sie damit versehen wären, weil der Fußboden bey den Lappen mit lauter runden Stangen oder Klöppeln belegt ist. Die Haken, woran die Töpfe und Kessel über dem Feuer gehangen werden, sind bey den Seelappen von Eisen, bey

E den

den Berglappen aber nur von Holz. Das Salz heben sie im Balg des Colymbus auf. Die Berglappen bedienen sich keiner Lampen, sondern begnügen sich an dem Schein des auf dem Heerde brennenden Feuers. Der Seelappen ihre bestehen aus Holz, und haben oben einen hölzernen Bogen zum aufhängen. Man setzt eine Muschel mit Thran hinein*), und nimmt statt des Dachts eine gewisse Art von Binsen**).

Ein ausgehöltes Stück von einem Stamme dient ihnen zur Wiege. Die Kinder werden in Häute gewickelt, und mit einem Strick, der etliche mal um den Stamm geht, darinn fest gebunden. Ueber dem Kopf des Kindes sind einige in einen halben Circul gebogene Stangen mit Fell überzogen, damit selbiger desto mehr für alle Zufälle gesichert ist. Von der obern Rundung des Bogens geht ein Strich bis ans Ende der Wiege, oder bis zu den Füßen des Kindes, und an diesem hängt ein Kranz oder Ring, mit dem das Kind, wenn es von den Windeln befreyet ist, spielen kann. Die Mutter nimmt diese Wiege, wenn das Kind schlafen soll, auf

---

*) Sie heißen solche auf Norwegisch Harpe Skiael, die Cythermuschel. Es sind eigentlich Pectines, z. E. Ostrea maxima Linn. Faun. Suec. 2148. und andere von dieser Gattung. S. Strom. Sonm. Beskr I. S. 199.

**) Iuncus conglomeratus. Flor. Suec. 298. In der Gegend von Bahus bedient man sich dessen ebenfalls. (Act. Stockholm. T. V.) An andern Orten nehmen sie auch den Iuncus effusus (Flor. Suec. 299.) dazu.

auf den Schooß, wenn sie es weiter tragen will, auf den Rücken, und auf der Reise setzt sie solche in den Schlitten.

Das neunte Kapitel.
Von den Rennthieren, und der Art, wie die Lappen damit umgehen.

Die Rennthiere paaren sich zu Ausgang des Herbstes, und werfen im Frühling. Das stärkste und größte männliche Rennthier verjagt die schwächern und kleinern seines Geschlechts, und leidet nicht, daß sie sich mit den Weibgens einlassen. Viele glauben, daß die trächtigen nicht anders als bey Sturm und Schnee werfen können, und die Norweger nennen die stürmigte Zeit, welche oft einfällt; wenn im Frühling die Saat bestellt ist, die Rennthierkälberzeit. Diese Einbildung ist lächerlich. Die Rennthierkühe müssen eben so gut als andre werfen, wenn die Frucht zeitig ist, und können solche nicht über die von Natur gesetzte Zeit tragen. Einige, die Aldo heißen, werfen alle Jahre, andre (Rodno genannt) ein Jahr ums andre, und etliche sind ganz unfruchtbar. Wenn sie geworfen haben, fallen ihnen bald darauf die Hörner ab. Die Kälber sind, sobald sie auf die Welt kommen, außerordentlich geschwind, und thun es den Müttern in diesem Stücke bald gleich. Die Kuh unterscheidet ihr Kalb

Kalb unter einer Menge von andern durch den Geruch.

Die weißen Rennthierkühe werfen auch wieder weiße Kälber, aber der aschfarbigen ihre Jungen sind anfangs röthlich mit einem schwarzen Streif auf dem Rücken. Gegen den Herbst wird die Farbe immer dunkler, und beynahe ganz schwarz; und die ersten rothen Haare fallen aus. So wie sie auswachsen, bekommen sie nach und nach die Aschfarbe der Mutter, doch werden auch einige weiß mit schwarzen Flekken, und andre ganz weiß. Die aschgrauen Kälber werden zu Ende des Winters, wenn die Haare ausfallen, sprenklicht, und wenn sie sich völlig gehärt haben, immer dunkler und glänzender.

Die Rennthierböcke übertreffen die Kühe an Größe sehr weit. Sie haben meistens so wie die *) Kühe Hörner, oder ein Geweihe, nach Art unsrer Hirsche, doch giebt es auch einige, die nur ein Horn haben, oder denen diese Zierde gar fehlt. Im Frühjahr werfen sie die Hörner ab, und bekommen gleich andre wieder, die anfangs als schwarze rauche Beulen hervorbrechen. Bey zunehmendem Wachsthum wird die Haut grau, und wenn sie gegen den Herbst völlig ausgewachsen, fällt die Haut ab, und die Hörner bleiben glatt.

Jedes Thier ist mit zwey großen Hörnern, die unten viel stärker sind, versehen. Jedes Horn hat oben einen Ast, der einer flachen Hand mit ausgestreckten Fingern gleichet, darüber sind zumal bey den Böcken

noch

*) Jedoch ist dieser ihr Geweihe viel kleiner.

noch mehrere kleine Spitzen oder Enden, und ganz oben endigt sich das Horn wieder mit einer solchen Fläche, die mit etlichen Spitzen versehen ist. An der Wurzel der Hörner wächst ein Ast hervor, der sich niederwärts bis auf die Nase herunter beuget, und auch verschiedene Spitzen hat. Die Lappen pflegen ihn abzuschneiden, damit er dem Viehe beym Fressen nicht hinderlich falle. Bey einigen wilden Rennthieren sind die Hörner so groß, daß sie 18 Pfund wägen. Die vielen Aeste machen, daß die Rennthiere, wenn sie sich unter einander stoßen, ihre Hörner dergestalt in einander verwickeln, daß sie ohne menschliche Hülfe nicht wieder aus einander kommen können. Die Hintertheile sind bey diesen Thieren am fettesten. Man trifft im Herbste unter den wilden Rennthierböcken, ehe sie in die Brunst gehen, einige an, die eine Spanne dick Fett an den Hintertheilen haben.

Die Rennthiere werden im Sommer von einem fliegenden Insect, das ihnen in die Nase kriecht *), erbärmlich geplagt; und sind überhaupt vielen Krankheiten unterworfen. Es reißt zuweilen eine Seuche unter ihnen ein, welche so wütend ist, daß ein Lappe, der viele Rennthiere besessen, oft in kurzer Zeit nur wenige Stücke übrig behält **).

*) Oestrus nasalis. Linn. Faun. Suec. 1782. et eiusd. Amoen. academ. P. IV. 164.

**) Diese Seuche nennen die Lappen Sudda-tacka. Linnaeus beschreibt solche in Amoen. Acad. IV, 166. und nennt sie eine epidemische Cachexiam. Die Rennthiere

Es setzen sich auch im Frühlinge eine Art kurzer dicker Würmer (Gurma) zwischen der Haut und dem Fleisch auf den Rücken der Rennthiere. Die Lappen nehmen solche zum Theil von dem Rücken ihrer Rennthiere so viel möglich weg *). Etliche wirft das Rennthier selbst durch heftiges Schnauben aus der Nase **). Der Wurm (Gurma) durchfrißt die Haut, daher die im Frühlinge geschlachteten Rennthiere lange nicht von dem Werthe sind. Zuweilen trifft man auch einen Wurm unter ihrer Zunge an, welchen die Lappen Saul nennen ***). Bey einigen Rennthieren läuft der Hals, bey andern die Ohren an, und geben einen heßlichen Geruch. Zuweilen schwellen ihnen auch die Füße über den Klauen, und geben,

sterben meistens davon, und weil noch kein Mittel dafür bekannt ist, so tödten die Lappen sie, sobald sie Zeichen dieser Krankheit an ihnen verspüren, um wenigstens das Fell nutzen zu können.

*) Es ist bereits oben erinnert worden, daß einige Lappen des Rennthiers Rücken mit Pech beschmieren, damit das Insekt seine Eyer nicht zwischen die Haare legen kann.

**) Das Insekt, welches sie aus der Nase werfen, ist nicht sowohl der Wurm Gurma, von dem wir jetzt reden, sondern der Oestrus nasalis, dessen kurz zuvor Erwähnung geschehen.

***) Das Insekt (Saul) ist mit dem Oestro nasali (bey den Lappen Trompe gennant) vermuthlich einerley. S. Linn. Amoen. Acad. IV, 164.

geben, wenn sie laufen, einen Schall oder Geknarre von sich *).

Die Rennthiere sind sehr geschwinde, und laufen in kurzer Zeit erstaunlich weit. Sie werden nicht mit Zügeln regiert, sondern drehen sich im Laufen bald auf diese bald auf jene Seite, und machen beständig Krümmungen, wodurch ihr Weg noch verlängert wird, wie man aus der Spur im Schnee sehen kann. Ich habe den ersten Februar in weniger als sechs Stunden vom Aufgang bis zum Untergang der Sonne mit einem Rennthiere acht norwegische Meilen, von der norwegischen Kirche Mazi, welche für die Berglappen auf einem Berge angelegt ist, bis nach Koudekeino zurückgelegt.

Diese Thiere sind aber nicht nur geschickt zum Laufen, sondern auch zum Schwimmen. Sie rennen oft aus eigenem Antriebe hin und wieder, und machen allerley Sprünge, wenn ihnen wohl ist. Die Lappen behaupten, daß es Sturm bedeute, wenn sie solche

---

*) Linnaeus in Amoen. Acad. IV. 165. gedenkt noch anderer Krankheiten der Rennthiere, als: die Paronychia, welche sie hinken macht; Cacoëthes, oder böse Geschwüre, zumal an den Hüften; Anorexia, das Spalten des Euters, wofür er den Saft der Pinguicula vulgaris Flor. Succ. 25. anräth, welchen die norwegischen Bauern auch in ähnlichen Fällen bey ihren Kühen und Schafen gebrauchen. Die Rennthiere bekommen auch kleine Geschwüre am Eiter, und sind dem Schwindel sehr unterworfen. Zu den Insekten, welche die Rennthiere plagen, gehört auch der Tabanus Tarandinus. Linn. Faun. Succ. 1884.

solche Sprünge im Kreise herum machen. Bey heissem Wetter stellen sie sich auf Anhöhen, und schlagen mit den Füßen, um sich abzukühlen.

Die vornehmste Nahrung der Rennthiere ist ein weißes Mooß*), welchen sie begierig aufsuchen, und weswegen sie im Winter allen Schnee von der Erde wegkratzen, um es zu finden. Man trifft daher an den Orten, wo diese Thiere weiden, im Schnee viele von ihnen gemachte Löcher an. Zuweilen entsteht eine Rinde von Eis auf den Feldern, oder der Schnee friert gar zu fest zusammen, daß die Rennthiere mit ihren Klauen das darunter verborgene Mooß nicht herauskratzen können. Für ein solches Unglück fürchten sich die Lappen am meisten, weil sie in Gefahr stehen, diese Thiere, worauf ihre ganze Glückseligkeit, und so zu sagen, ihr Leben beruhet, zu verlieren. Allein die göttliche Vorsehung läßt sie nicht umkommen. Wenn die Rennthiere auf den Bergen und in den Feldern ihrer Nahrung nachgehen, so verirren sie sich zuweilen von der übrigen Heerde, und werden alsdenn gemeiniglich ein Raub der Wölfe.

Die zahmen Rennthiere halten sich beständig unter freyem Himmel auf, und fressen im Sommer Gras, und im Winter Mooß. Die norwegischen Bauern, welche am Flusse Altens, der wegen des Lachsfanges bekannt ist, wohnen, behalten ihre Rennthiere, womit sie statt der Pferde fahren, den ganzen Winter im Stalle, und geben ihnen weißes Mooß,

das

*) Es ist der bereits mehr erwehnte Lichen rangiferinus.

daß sie nicht mit der Sichel abschneiden, sondern mit einem besonders dazu eingerichteten Spaten sammlen. Den Urin von Menschen lieben sie sehr, und lecken solchen begierig auf, wenn sie Spuren davon im Schnee sehen. Sie laufen im Felde umher und suchen Schwämme *), desgleichen eine Art Mäuse, deren Beschreibung im zwölften Kapitel vorkommen wird. Sie fressen nur die Köpfe der Mäuse, und lassen das übrige liegen. So lange Schnee auf dem Felde liegt, lecken sie davon, und trinken kein Wasser; wenn sie eingespannt sind, lecken sie im Laufen dann und wann etwas Schnee auf, um ihren Durst zu löschen.

Die Wölfe stellen den Rennthieren sehr nach; die Lappen hängen deswegen, um sie abzuschrecken, an Stangen allerley zerrissene Kleider auf. Die Wölfe sind niemals mehr zu fürchten als bey dem Schneegestöber und Stürmen, da der Hunger sie wütend macht. Wenn der Lappe alsdenn seine Wohnung an einem Orte, wo es Wölfe giebt, aufgeschlagen hat, so muß er mit der ganzen Familie seine Rennthiere hüten, wenn er sie erhalten will. Das Gesinde kommt wechselsweise aus der Hütte, und schlägt mit Stangen an die Balken des aufgerichteten Schlitten, um die Wölfe durch diesen Schall abzuschrecken. Diese Vorsicht und Bewachung ist um desto nöthiger, weil die Rennthiere sich nicht wehren, und es aus Dummheit recht darnach anfangen, daß sie dem Räuber in die Hände fallen. Denn so

E 5 bald

*) Boletus Bovinus Flor. Suec. 1246.

bald sie den Wolf merken, so nehmen sie die Flucht, anstatt daß sie bey der Hütte in Sicherheit wären: und der sie verfolgende Feind kann sich ihrer desto leichter bemächtigen. Das Gesinde merkt zwar bald aus der Flucht der Rennthiere, daß ein Wolf in der Nähe ist, und suchet ihnen eiligst zu Hülfe zu kommen, allein der Schade ist meistentheils schon geschehen.

Wenn der Wolf die Rennthiere in einiger Entfernung von der Hütte antrifft, und merkt, daß sie dahin ihre Zuflucht nehmen wollen, so sucht er sie davon abzubringen und in den Wald zu jagen, wo ihnen niemand so geschwind zu Hülfe kommen, und er sie desto besser überwältigen kann. Wenn sie gegen den Berg laufen, holt er sie schwerlich ein, aber abwärts desto leichter. Hat er eines ins Bein gebissen, und seine Beute entwischt ihm, so holt er sie schwerlich wieder ein, weil das verwundete Thier alsdenn alle mögliche Geschwindigkeit anwendet. Wenn es angehen will, sucht er das Rennthier an der Kehle zu packen, und zu ersticken. Ich habe einmal gesehen, daß ein Wolf sechs Rennthiere bey einer Hütte erwürgt hatte, er konnte sie aber nicht verzehren, weil er davon verjagt ward. Sie lagen auf dem Schnee da, ohne daß man die geringste Wunde daran sahe, weil er sie bloß erstickt hatte.

Sie verzehren das getödtete Thier nicht an demselben Orte, sondern schleppen es gemeiniglich an einen andern hin, und legen es so, daß der Kopf gegen Morgen und der Schwanz gegen Abend steht. Dieser Umstand ist sonderbar, allein es ist eine bekannte

kannte Sache, daß man fast alle Skelette in dieser Lage antrifft. Die Krähen sind beständige Begleiter der Wölfe, weil sie wissen, daß diese ihnen etwas zu fressen schaffen. Die Lappen muthmaßen daher, wenn sie das Geschrey dieser Vögel hören, daß die Wölfe nicht weit sind.

Einige Rennthiere vertheidigen sich tapfer, und treiben ihren Feind zurück, wovon ich ein merkwürdiges Beyspiel anführen will. Ein Berglappe aus dem Porsangrischen Meerbusen hatte einen Rennthierbock ohne Hörner, welcher des Nachts von zwey Wölfen angefallen wurde, sich aber so tapfer wehrte, daß man bey anbrechendem Tage die Spuren davon im Schnee sahe, und die Wölfe hatten die Flucht genommen. Vermuthlich hatte er sich aber dabey so entkräftet, daß er gestorben war, denn man fand ihn nicht weit von dem Kampfplatze todt auf dem Schnee. So lange das Rennthier angebunden ist, verschont der Wolf es gemeiniglich, reißt es sich aber loß und nimmt die Flucht, so verfolgt und erwürgt er es, wenn er es erhaschen kann. Es ist schwer zu beweisen, daß der Wolf, wie ein gewisser Schriftsteller sagt, nach dem Blute schwangerer Weiber weit begieriger, als nach andern Menschen sey: einige Naturkündiger schreiben dieses den Bären zu.

Von der Art, wie die Lappen mit ihren Rennthieren umgehen, merken wir folgendes an: Ein jeder zeichnet die seinigen am Ohre durch ein gewisses Merkmal, um sie von andern zu unterscheiden, und führt sie, damit sie sich nicht verirren, täglich zweymal ins Holz, und zweymal zum Ausruhen an sein Zelt. Im Winter geschieht es bey der Nacht, welche alsdenn sechzehn Stunden dauert. Es ist aus der Astronomie bekannt, daß die Sonne in diesen Gegenden zur Zeit des kürzesten Tages in sieben Wochen nicht über den Horizont kommt, und nur um Mittag eine Dämmerung von wenigen Stunden verursachet, so daß man von zehn Uhr des Morgens bis ein Uhr bey hellem Wetter zur Noth lesen und seine Geschäffte verrichten kann. Wenn Mondenschein um diese Zeit einfällt, so scheint solcher den ganzen Tag, so wie auch die Sterne beständig schimmern. Nach sieben Wochen erblickt man endlich das so sehnlich gewünschte Licht wieder; der Tag nimmt darauf so geschwind zu, daß es zu Anfangs des Aprils gar nicht mehr recht dunkel wird. Der Verlust des Lichts, welcher sieben Wochen lang gedauert hat, wird nunmehr reichlich ersetzt, und es bleibt wieder eben so lange Tag, doch ist es des Nachts bey weitem nicht so helle, und die Sonne scheint sehr dunkelroth.

Wenn die Rennthiere an das Zelt zur Ruhe geführt werden, lagern sie sich in einem Zirkel umher. Beym Austreiben auf die Weide und ins Holz bedient der Lappe sich einiger Hunde, welche sie so viel möglich zusammen halten müssen. Die Rennthiere laufen unter einander herum, kratzen den Schnee weg, wo sie das weiße Mooß verspüren, und fressen solchen. Die Hirten geben unterdessen fleißig auf sie Acht, es mag gutes oder schlimmes Wetter seyn. Inzwischen geschieht doch oft, daß einige Thiere, wenn die Hirten wegen Sturms oder Schnees hinter

ter den Schneehügeln Schutz suchen, oder in Schlaf fallen, sich von der übrigen Heerde trennen, da sie denn gemeiniglich ein Raub der Wölfe werden. Das Hüten des Viehes gehört für die Kinder und das Gesinde, ich habe aber doch eine Frau gekannt, die weder erwachsene Kinder noch Gesinde hatte, und ihr Vieh selbst hütete, wobey sie ihr säugendes Kind bey allen Sturm und Ungewitter mit sich herum schleppte. Die Hunde jagen das Vieh, nachdem es gefressen, wieder nach den Hütten zurück: sie sind so gut abgerichtet, daß sie dem Wink ihres Herrn, oder seinem mit der Hand gegebenen Zeichen folgen: und die Rennthiere versammlen sich gleich bey Annäherung der Hunde. Wenn sie im Winter bey der Hütte angelangt sind, so untersucht der Hausvater, oder seine Frau, ob die Rennthiere alle vorhanden, und ob sie alle gesund sind. Einige Lappen haben auf sechs hundert Rennthiere, da es schwer hält, genau zu wissen, ob kein Stück fehlt.

Die Lappen hüten ihre Rennthiere nur im Winter so sorgfältig, und bringen sie nach der Weide wieder zu ihren Hütten zurück. Im Sommer laufen sie nebst den geschnittenen Rennthieren, Kühen und Kälbern ohne Aufsicht in den Wäldern und Gebürgen umher. Einigen Rennthierkühen wird das Eiter einige Stunden lang nicht mit Mist beschmiert, damit die Kälber daran saugen können. Nachdem treibet man sie in ein Gehege, welches mit einem von grünen Zweigen geflochtenen Zaun umgeben ist, und nicht weit von der Hütte steht, um ihr Eiter mit Rennthiermiste zu beschmieren. Die Weiber der

Lappen

Lappen tragen zu dem Ende einen damit angefüllten von Birkenbast geflochtenen Kober an ihrem Gürtel. Darauf treibt man sie einige Stunden lang auf die Weide, und die Kühe bleiben vor ihren Kälbern wegen der beschmierten Eiter in Ruhe.

In wenigen Stunden haben die Rennthierkühe bey einer guten Weide ein volles Eiter. Sie werden darauf wieder zurückgetrieben, und innerhalb des Zauns, nach abgewaschenen Eitern, gemolken, und dieses geschiehet täglich mit großer Sorgfalt. Einige Kälber kehren sich an die beschmierten Eiter nicht, man verwehrt ihnen aber das Saugen durch ein ins Maul gestecktes Stück Holz. Die Rennthierkühe lassen sich nicht willig melken, deswegen werfen die Weiber ihnen in der Entfernung von etlichen Schritten einen Strick um die Hörner; sobald sie dieses merken, stehen sie zum Melken ruhig. Ob die Rennthiere gleich nicht einmal so viel Milch geben, als die Ziegen, so fehlt es den Lappen doch weder an Milch noch an Käse, weil sie eine solche Menge unterhalten.

Um zu verhindern, daß die Rennthiere nicht so gut laufen und sich von der Heerde verirren können, hängen sie ihnen große Klöppel um den Hals. Die Rennthiere werden mit einem aus Seehundefell gedrehten Zügel regiert, wovon der Lappe das eine Ende in der Hand hält, und das andere an den Kopf des Rennthiers bindet. Der Lappe geht ein paar Schritte voraus, und das Rennthier folgt ihm auf dem Fuße nach. Beym Fahren regiert man sie mit eben solchen Zügeln.

Wenn

Wenn die Rennthierböcke geschnitten werden sollen, so macht man es nicht wie bey uns, und ritzt den Hodensack auf, um die Geilen heraus zu schneiden, sondern der Lappe nimmt solche ins Maul, und quetscht sie mit den Zähnen. Beym Schlachten bindet er das Rennthier mit einem Stricke an einen Pfahl, und giebt ihm ein paar Stiche mit dem Messer in die Brust. Es läuft darauf noch ein paarmal in einen Kreis herum, und fällt darauf zu Boden. Wenn es eine Viertelstunde gelegen, wird das Fell abgezogen. Das Blut stürzt nach dem Stiche nicht aus dem Leibe heraus, sondern verläuft sich innwendig. Man füllt es nachgehends in den rein gewaschenen Magen des Thieres, und hebt es auf. Das Fell wird darauf zum Trocknen ausgespannt. Die Haut von den Füßen wird zuerst abgezogen, und mit Sägespänen ausgestopft, auf daß sie desto leichter und geschwinder trockne.

Wenn ein Berglappe nichts mehr zu leben hat, so vertraut er seine wenigen ihm noch übrigen Rennthiere einem andern zur Hütung an, begiebt sich mit seiner Familie an die Küste, und sucht sich wie die Seelappen vom Fischfange zu ernähren.

Aus dem bisher Angeführten erhellet, daß die Heerden der Berglappen blos aus zahmen Rennthieren bestehen. Es ist etwas seltnes, daß ein zahmes Rennthier unter die wilden geräth, und mit ihnen wild wird. Zuweilen kommt auch ein wilder Bock unter die zahme Heerde, zumal im Herbste, wenn ihre Brunstzeit ist, die Lappen schießen ihn aber todt, sobald sie es merken. Wenn sich eine zahme Rennthierthierkuh mit einem wilden Bocke gepaart hat, so entsteht eine besondre Gattung daraus, Bævrek genannt, die kleiner als die wilden, und größer als die zahmen ist. Uebrigens sind die wilden Rennthiere allemal von größerer Art als die zahmen.

Das zehnte Kapitel.
Von dem Fuhrwerke der Lappen, und der Art wie sie fahren.

Die wohlhabenden Berglappen fahren alle mit geschnittenen Rennthieren; die armen behelfen sich nur mit den Rennthierkühen. Es kostet viel Mühe, sie zum Fahren abzurichten, weil sie sich sehr widerspenstig bezeigen, hinten ausschlagen, sich auf die Erde werfen, und erst durch viele Prügel auf der Nase mit einem Stock zum Aufstehen gezwungen werden müssen. Einige sind so ungelehrig, daß sie weder Schläge leiden, noch sich im Schlitten gut regieren lassen, sondern im Laufen beständig hin und her oder wellenförmig laufen. Manche lassen sich viel leichter bändigen, und laufen im Fahren meist gerade fort, wie die Spur im Schnee zeiget. Den Zierrath, welchen sie um den Kopf des Rennthiers machen, nennen sie Baggie.

Sie regieren die Rennthiere nicht mit einem doppelten Zügel, dergleichen wir bey unsern Pferden zu gebrauchen pflegen, sondern nur mit einem einfachen.
Dieser

Dieser geht dem Thiere nicht durch das Maul, sondern wird nur mit dem einen Ende an den Kopf gebunden, und den andern hält derjenige, welcher fährt, in der Hand. Statt des Kumtes haben sie einen breiten Kragen von rauchen Rennthierfellen um den Hals, woran unten ein langer Strick von Seehunden oder Ochsenleder befestigt ist, welcher zwischen die Vorder- und Hinterbeine durchgeht, und an dem Vordertheil des Schlittens gebunden wird. Vermittelst dieses Stricks zieht das Rennthier den Schlitten, und damit es sich nicht die Beine wund reibe, so wird der Strick mit rauchem Fell überzogen.

Außer diesen breiten Kragen haben sie zuweilen noch einen andern zur Zierde, welcher von Tuch mit blechernen Streifen beschlagen und mit einem Saum von Tuch eingefaßt ist. Der Lappe bedient sich dieses Kragens nicht immer, und die Armen gar nicht. Er besteht aus einem Stück Tuch, welches unter dem Halse aufgeschnitten ist, aber mit einem Riemen zugebunden werden kann. Es hängt auch ein Glöckgen daran.

Um den Leib hat das Rennthier ein breites Gurt, welches unter dem Leibe von Leder, auf dem Rücken aber unterwärts von haarigtem Fell, und oberwärts von Tuch und mit Blech beschlagen ist. Diese Gurte dienen bloß zur Zierde, und werden nur von einigen Kaufleuten und den vornehmsten Lappen, zumal wenn sie Bräutigams sind, gebraucht. Sie sind aber doch nicht ganz ohne Nutzen, weil der Strick, woran der Schlitten befestigt ist, dadurch gezogen wird, und verhindert, daß das Rennthier nicht so hin und her schwanken, und den Schlitten schleudern kann. Die Lappen fahren auch sehr oft ohne dieses Gurt, in welchem Fall der Strick zwischen den Beinen des Thieres hin und her schlänkert, und der Schlitten folglich auch viel ungewisser fährt. Die Weiber behängen ihre Rennthiere beym Fahren zuweilen mit Schellen. Wir übergehen andre Kleinigkeiten, womit die Rennthiere vor dem Schlitten angeputzt werden, und erinnern nur, daß die Weiber alles was zum Geschirr gehört verfertigen.

Der Strick, womit die schwedischen Berglappen ihre Rennthiere benöthigtenfalls an die Bäume binden, sollen, wenn anders die Nachricht Grund hat, aus dünnen Baumwurzeln geflochten seyn.

Die Gestalt des Schlittens der Berglappen hat viel ähnliches mit dem Hintertheil oder dem Spiegel eines Schiffes. Hinten ist der Sitz, wo sich der Fahrende anlehnen kann. Er ist von Bretern zusammen geschlagen, die vorne, wo das Pferd angespannt wird, spitzig, wie das Vordertheil eines Schiffes zulaufen, und auch ohngefehr wie die Schiffbreter, aber nur mit hölzernen Pflöcken über einander befestiget sind. Auf daß die Breter desto besser an einander passen, und kein Wasser durchlassen, umflechten sie solche, und ziehen sie so fest als möglich zusammen. Der Boden ist über eine Spanne breit, und so lang als der Schlitten. Er läuft vorne krumm wie ein Schnabel in die Höhe. Unten ist er von außen der Länge nach auf beyden Seiten mit Eisen beschlagen. Inwendig wird der

Schlit-

von dem Fuhrwerk der Lappen.

Schlitten durch verschiedene Querhölzer, wie bey den Schiffen üblich ist, befestigt.

Die Lappen haben viererley Arten von Schlitten. Die erste (Gierkerres) ist die gewöhnlichste, von hinten bis an die Vorderspitze oben offen, und so leicht, daß man sie mit der Hand von einem Ort zum andern tragen kann. Sie sind so kurz, daß man im Sitzen hinten mit dem Rücken und vorne mit den Füßen an der Spitze stößt. Zu beyden Seiten berührt der Rand die Hüften. Man darf sich nur ein wenig auf die Seite biegen, so berührt man den Schnee mit dem Ellenbogen, weil sie so wenig von der Erde stehen. Um weicher zu sitzen, wird ein Rennthierfell untergelegt.

Die andre Art (Raido Kierres) dient allerley Sachen von einem Orte zum andern zu fahren, und ist sowohl länger, als breiter und tiefer als jene. Weil sie oben offen sind, so werden sie, wenn man etwas darauf ladet, das nicht von Schnee und Regen verderben soll, mit Fellen zugedeckt, und alsdenn mit einer Schnur, die von den Sehnen der Rennthierfüße zusammengedreht ist, feste zugebunden. Man zieht solche nicht durch Löcher am Rande des Schlittens, sondern durch Handhaben, welche zu dem Ende hin und wieder angemacht sind.

Die dritte Art (Pulke) ist auch zum Tragen gemacht, und auswendig nach Art der Kähne verpicht, und der ersten Art beynahe gleich, ausgenommen, daß die dritte Art oben mit Seehundsfell bis an die Knie desjenigen, der darinn sitzt, bedeckt ist. Den Schooß decken sie mit einer Decke von Tuch zu, da-

F 2   mit

mit sie nicht zu sehr beschneiet werden. Sie schnüren diesen Schlitten auf eben die Art zu, wie die Decke bey der andern Art, so daß man nichts als die obere Hälfte von dem darinn sitzenden siehet. Auf dem Sitze werden ebenfalls, wie bey der ersten Art, Felle gelegt.

Die vierte Art (Lok Kierres) ist auswendig auch verpicht, und dienet ihre Eßwaaren fortzuschaffen. Sie sind mit der ersten und dritten Art einerley, aber etwas grösser, und die Breter so genau zusammengefügt, daß kein Tropfen Wasser durchdringt. Sie haben von dem Vordertheil bis zum Hintertheil ein hölzernes Verdeck wie die Schiffe, nur daß das Verdeck bey diesem platt, und bey den Schiffen etwas rund erhaben in der Mitten ist. Hinten ist ein Schieber angebracht, welcher, so oft man etwas herausnehmen will, auf- und wieder zugeschoben wird. Wenn die Lappen ihre Schlitten nicht gebrauchen, richten sie solche bey ihren Zelten an einer hölzernen Maschine, Bildagak genannt, in die Höhe, oder sie kehren sie über den Schnee um, und heben ihr frisches Rennthierfleisch und andere Eßwaaren darunter auf.

Wenn der Lappe nun in seinem Schlitten fahren will, so zieht er seine Pelzhandschuhe, die rauhe Seite auswendig, an, setzt sich hinein, und bindet das eine Ende des Zügels um den Daumen der rechten Hand, und das andre Ende ist am Kopfe des Rennthieres befestigt, welches unterdessen mit dem auf seiner linken Seite liegenden Zaum ruhig da stehet. Will er abfahren, so schlägt er das
Renn-

Rennthier auf der rechten und linken Seite ein paar mal mit dem Zügel geschwind auf den Rücken, worauf das Thier mit einer erstaunlichen Hurtigkeit anfängt zu laufen, und in kurzer Zeit eine große Strecke Weges zurücklegt. Weil es obgedachtermaßen nicht in gerader Linie fortläuft, sondern rechts und links Bogen macht, so muß es der Lappe gut regieren, um an den bestimmten Ort zu kommen. Soll es rechts laufen, so schlägt er es mit dem Zügel auf die rechte Seite, und umgekehrt auf die andere Seite. Die Bahn eines solchen Schlittens macht eine beständige Schlangenlinie. Will er sehr geschwinde fahren, so setzt er sich nicht wie sonst ordentlich in den Schlitten, sondern kniet darinn. Soll das Thier anhalten, so wirft er den Zügel von der Rechten auf die linke Seite, und läßt ihn auf dem Rücken liegen, worauf es den Augenblick still stehet.

Wenn ein Thier sich nicht gut regieren lassen will, oder sich so unbändig bezeigt, daß einer es nicht allein regieren kann, so bindet der Vorauffahrende den Zügel von diesem an seinen Schlitten, und zieht auf die Art den Nachfolgenden nebst dem daran gespannten Rennthiere mit Gewalt fort.

Weil das Rennthier den Schlitten nur an einem einzigen Stricke zieht, der oben daran befestigt ist, so kann es den Berg abwärts unmöglich so geschwind laufen, daß der Schlitten nicht noch geschwinder fort, und ihm auf die Hinterbeine oder seitwärts vorbey schießen sollte. Diesem Uebel abzuhelfen, wird hinten am Schlitten ein andres Rennthier

thier angebunden, dem ein Strick über die Hörner geht, womit es den gar zu geschwind fortgleitenden Schlitten zurückhält, und dadurch verhindert, daß er dem ziehenden Rennthiere nicht auf die Hinterbeine schießt. Doch thun dieses nicht alle Rennthiere, sondern manche laufen vielmehr dem schnellen Schlitten aus allen Kräften nach. So bald man dieses merkt, werden andere dazu genommen.

Bey wenig steilen Hügeln hat man nicht nöthig, den Schlitten dergestalt aufzuhalten, sondern der darinn Sitzende weiß den Schlitten durch die Bewegung seines Körpers so zu lenken, wie er es für gut befindet. Ist der Weg außerordentlich steil, so pflegen sie das Rennthier hinten anzubinden, und lassen den Schlitten von sich selbst abwärts schießen, wo er hin will.

Mit dem Schlitten, worauf allerhand Sachen geladen werden, (Raido Kierres) fahren sie auf folgende Weise. Der Fuhrmann sitzt auf dem vordersten Schlitten, das Rennthier des Zweyten ist daran gebunden, das von dem dritten an den zweyten Schlitten, und so weiter. Auf die Art regiert eine Person oft fünf, sechs, sieben Schlitten und mehr. Hinter dem letzten Schlitten wird ein freygehendes Rennthier angebunden, welches den ganzen Zug nach obiger Art zurückhalten muß, wenn die Schlitten gar zu schnell von den Anhöhen herunter schießen. Es schneyet selten so viel, daß man mit den Rennthieren nicht sollte durchkommen können. Ich bin selbst zuweilen gefahren, daß der
Schnee

Schnee fast dem Rücken des Rennthiers gleich lag. In diesen Fällen fährt man, wie leicht zu gedenken, sehr langsam.

Das eilfte Kapitel.
Von den Reisen der Lappen.

Die Seelappen verändern ihren Sitz jährlich zweymal, im Frühling und im Herbste. Sie schlagen nicht wie die Berglappen jedesmal eine andre Hütte auf, sondern verlassen ihre Winterwohnung nur auf eine Zeitlang, und kommen alsdenn wieder in die alten zurück. Die Berglappen machen es wie die alten Scythen, oder die heutigen Tartarn und Araber, sie ziehen von einem Orte zum andern, und haben nirgends eine bleibende Stäte. Sie begeben sich im Sommer so nahe als möglich mit ihrer ganzen Familie und Rennthierheerde an die Seeküste, und ziehen sich gegen den Herbst wieder ins Gebürge.

Dieses geschiehet nach und nach, sie rücken ohngefähr täglich eine Meile fort, bis sie gegen die Gränze von dem schwedischen Lapland kommen, welches ohngefähr, nachdem sie weit haben, fünf, sechs oder sieben Meilen von der Küste beträgt. Hier schlägt er seine Winterwohnung auf, jedoch so, daß er sein Zelt bald hier bald da hin im Walde oder auf einem Hügel versetzt, und den Platz oftmals ver-

verändert. Eben so langsame Tagereisen macht er im Frühlinge, um die Seeküste wieder zu erreichen, wo er sich einen Platz zum Aufenthalte für die Seinigen aussucht.

An dem Wege, den er hin und her zieht, errichtet er verschiedene kleine Hütten, worinn er allerley Eßwaaren und Hausgeräthe aufhebt, damit es ihm auf der Reise im Nothfall nicht daran fehle. Auf der Hinreise ins Gebürge im Herbste schlachtet er einige fette Rennthiere, und bewahrt das Fleisch in diesen Hütten, welches er bey seiner Zurückkunft im Frühlinge wieder findet, und mit den Seinigen verzehret.

Wenn der Berglappe im Frühlinge und Herbste, da kein Schnee auf den Feldern liegt, und mit seiner Familie hin und wieder zieht, so geht er zu Fuß, und seine Rennthiere sind theils mit dem Zelte und Zubehör, theils mit seinen übrigen Bedürfnissen beladen. Hat er ein säugendes Kind, so trägt die Mutter es in der im achten Kapitel beschriebenen Wiege auf dem Rücken. Die Rennthierheerde wird von ihren dazu bestellten Hirten getrieben.

Ist er aber im Winter, wenn alles voll Schnee liegt, genöthigt, eine Reise zu thun; so bricht er erst sein Zelt ab, und bringt die Balken, woraus es besteht, den Ueberzug, womit es überzogen wird, die Breter, die Steine zum Feuerheerde an den zur neuen Wohnung bestimmten Ort, damit er diese nothwendige Stücke gleich bey der Hand habe. Die Aeste hingegen, welche auf dem Fußboden gelegt

wer-

werden, läßt er an dem alten Orte, und hauet sich jedesmal frische *).

Das ganze Zelt wird mit allem Zubehör auf einen einzigen Schlitten gepackt, und von einem nicht starken Rennthier fortgeschleppt, woraus man leicht schließen kann, daß es von keinem großen Umfange und auch nicht schwer seyn müsse. Vor dem Antritt der Reise legt die Mutter ihr Kind in die hölzerne Wiege, und deckt es mit wollenen Decken zu, jedoch so, daß vor dem Munde eine kleine Oefnung zum Athemholen bleibt. Das übrige Geräthe liegt auf andern Schlitten. Der Hausvater fährt voran, die Mutter folgt, und regiert den Schlitten mit dem Kinde; will dieses nicht schweigen, so hält sie still, kniet bey dem Schlitten nieder, und giebt ihm die Brust durch gedachte Oefnung vor dem Munde des Kindes, ohne sich aus dem Schnee und der heftigsten Kälte etwas zu machen. Die erwachsenen Kinder und das Gesinde sorgen für die Heerde von Rennthieren, und treiben solche an den bestimmten Ort.

Es ist zum Erstaunen, und für einen, der es nicht gesehen, kaum glaublich, wie die Lappen bey ihren Winterreisen über Gebürge, fürchterliche und unwegsame Oerter, zu einer Zeit, da alles mit Schnee bedeckt ist, da man weder Stein noch Erde, noch irgend eine Spur menschlicher Fußtapfen sieht, da man

---

*) Er gebraucht hauptsächlich die Betula nana flor. Suec. 860. dazu. Dieser Baum und die lappische Weide (Salix Lapponum Fl. Suec. 893.) sind das gewöhnliche Feuerholz dieses Volks.

man für Schneegestöber die Augen nicht aufschlagen kann, sich nicht verirren, sondern den vorgesetzten Ort gewiß erreichen. Ich bin selbst oft bey einem solchen Schnee gereiset, so, daß ich wegen des Dustes, und des Windes, welcher die Flocken umher jagte, kaum das Rennthier vor meinem Schlitten erkennen konnte, und mich als ein Blinder der göttlichen Vorsorge, und dem Lappen, der mich fuhr, überlassen muste.

Man weiß aber aus der Erfahrung, daß weder die ungeheure Menge des Schnees, noch die anhaltende lange Finsterniß der Nacht die Reisenden hindert, sondern daß sie, ohne sich zu verirren, allemal an den bestimmten Ort glücklich anlangen. Sie hängen den Rennthieren Schellen an, damit die Schlitten sich einander hören, ob sie sich gleich nicht sehen. Wenn der Wind beständig aus einer Gegend bläset, so richten sie sich darnach, und fahren z. E. wenn sie gegen Süden wollen, und der Südwind bläset, demselben gerade entgegen; bläset der Ostwind, so behalten sie solchen beständig zur Linken, oder der Westwind, so behalten sie solchen auf der rechten Seite. Sie wissen sich auch gut nach den Sternen zu richten, wenn sie solche sehen können. Ob sie gleich keine Astronome sind, so kennen sie doch viele Sterne nach ihrer Lage, und geben einigen sogar eigne Namen. Die Plejaden heißen z. E. auf Lappisch die Versammlung der Jungfern, die Fische im Thierkreise heißen der Fischer. Der Morgenstern hat auch seinen besondern Namen; ein andrer Stern heißt das Rennthier, u. s. w.

Man

Man muß es allerdings der göttlichen Vorsehung zuschreiben, welche die Lappen bey dem entsetzlichsten Wetter, wo man, wie bey einer finstern Nacht, nicht aus den Augen sehen kann, bey den unwegsamen und mit Schnee bedeckten Wegen, erhält, und für alle Gefahr bewahret. Diese ist augenscheinlich; es giebt viele jähe Abgründe und steile Felsen, welche den Reisenden, welche nur etwas von dem rechten Wege kommen, nothwendig das Leben kosten. Wir haben noch vor kurzer Zeit ein trauriges Beyspiel davon gehabt, indem ein gewisser Siver Henricksen, der zu meiner Zeit Kinderlehrer der Lappen im porsanger Meerbusen war, im Fahren ein wenig vom rechten Wege ablenkte, und mit der Brust gegen einen Baum stieß, woran er drey Tage darauf sterben mußte.

Der Lappe führt auf allen seinen Winterreisen ein Feuerzeug, nämlich einen Stahl, Feuerstein, Zunder und Schwefel bey sich, welches er in einem kleinen Sack im Busen trägt, damit er, so oft es ihm beliebig ist, Feuer machen, und seine Pfeife anzünden kann. Man ist zuweilen genöthigt, wie ich mehrmalen erfahren habe, wegen des weiten Weges, oder des tiefen Schnees die ganze Nacht unter freyem Himmel zuzubringen. In diesem Fall schlägt der Lappe ein kleines Zelt, welches er im Schlitten hat, im Schnee auf, macht Feuer, und pflegt seinen Leib so gut er kann. Wenn sie im Winter dem Gottesdienste beywohnen, oder sonst Geschäfte zu verrichten haben, so binden sie unterdessen das Rennthier mit dem Schlitten an einem nahen Baum an.

Bey

Bey den Reisen der Seelappen ist nicht viel zu bemerken. Sie führen ebenfalls ihr Feuerzeug bey sich, um so oft sie wollen, Feuer machen und sich ihr Essen kochen, oder eine Pfeiffe anzünden zu können. Wenn sie Fische gefangen, länden sie gleich an, machen zwischen zwey Steinen, welche sie zu dem Ende bey sich führen, Feuer, hängen einen Kessel an einer hölzernen Stange, die auf den beyden Steinen ruht, und sieden ihren Fisch gleich auf der Stelle. Dieselbe Gewohnheit beobachten sie, wenn sie Fischottern und andre wilde Thiere fangen.

Man siehet aus dem bisher erzählten zur Gnüge, wie unruhig, hart und elend die Lebensart dieses Volks ist. Sie werden aber von Jugend auf daran gewöhnt, und haben eine außerordentliche Liebe für ihr Vaterland; ja sie ziehen es weit glücklichern Umständen vor. Folgende Geschichte mag zum Beweise dienen. Als sich König Christian VI. auf der Reise durch Norwegen im Jahr 1733. zu Aalesund aufhielte, mußte ich ihm meine Aufwartung machen, und von dem Zustande der Mißion bey den Lappen, von der Handlung, und manchen andern Finmarken betreffenden Dingen Bericht erstatten. Nach vielen an mich gethanen Fragen, erhielt ich von Ihro Majestät Befehl, einen jungen Lappen bey erster Gelegenheit nach Hofe zu schicken. Ich bemühete mich dieses baldigst auszuführen, bekam aber zu meinem Erstaunen bey allen Lappen abschlägige Antwort. Keiner wollte dieses gnädige Anerbieten annehmen, bis sich endlich ein junger Mann, Niels Pedersen Korsnäs, wiewohl ungerne, dazu bereden ließ, nach

Kopen=

Kopenhagen zu reisen. Er war von mittelmäßiger Statur und Ansehen. Ich würde einen viel schönern Kerl dazu gebracht haben, wenn nicht seine schwangere Mutter mich so inständig gebeten hätte, ihr doch nicht ihre einzige Freude zu nehmen.

Gedachter Pedersen wurde bey seiner Ankunft in Kopenhagen vom Könige sehr gnädig empfangen, und wohl gehalten. Er behielt zwar seine lappische Tracht, sie ward aber von weit besserm Zeuge gemacht; seine lappische Mütze bestand aus schwarzer Seide, worauf man den Namen C. VI. von Silber sahe. Die Freude währte aber nicht lange. Er kam gegen den Herbst an, erkrankte zu Ende des Jahres, und starb nicht lange darauf. Die Ursache des Todes ist ohne Zweifel in der Veränderung der Luft, und der Nahrungsmittel zu suchen. Zu Hause war er gewohnt, bloßes Wasser, Rennthiermilch und andre simple und harte Speisen zu sich zu nehmen, jetzt bekam er Wein, und allerley Leckerbissen; eine solche plötzliche und gar zu große Veränderung konnte seine Natur nicht ausstehen. Er ward anständig begraben, und seine Verwandten erhielten die schönen Kleider zum Andenken, wie gut man ihn gehalten hatte.

Als ich damals bey dem Könige zum Gehör geführt wurde, hatte ich unter meinen Leuten einen jungen Lappen, welcher dem Admiral Rosenpalm so wohl gefiel, daß er ihn mit nach Kopenhagen nahm, und zum Ruderknechte auf seiner Schaluppe machte. Weil er einen guten Verstand bey ihm bemerkte, ließ er ihn schreiben und rechnen lehren, und

schickte

schickte ihn nach Indien, um unter der Aufsicht eines guten Steuermanns die Schiffahrt zu erlernen. Er starb aber auch nach der Zurückkunft in Kopenhagen.

Das zwölfte Kapitel.
Von den vierfüßigen wilden Thieren und Vögeln in Finmarken, und der Art, wie sie in diesen Gegenden gefangen werden.

Es haben bereits andere Naturkündiger die Natur und Eigenschaften der wilden Thiere und Vögel dieser Gegenden beschrieben, so daß es überflüßig wäre, dasjenige zu wiederholen, was bereits von ihnen gesagt worden. Wir wollen deswegen hier nur von der Art und den Instrumenten, sie zu fangen, handeln, und einige Anmerkungen über die Lebensart derselben, und andre dahin gehörige Dinge machen.

Die meisten vierfüßigen wilden Thiere, die man im übrigen Norwegen antrifft, finden sich auch in Finmarken, und die Lappen wissen solche gut zu nutzen, wiewohl die Berglappen wegen ihrer zahlreichen Rennthierheerden nicht viel Zeit zur Jagd haben. Die Besorgung dieser Thiere beschäfftigt sie genug, und sie sind übrigens mit dem, was sie brauchen, hinlänglich versehen, folglich können sie sich der mühsamen Lebensart beym Jagen überheben.

Es

Es hält sich eine erstaunliche Anzahl von wilden Rennthieren in Finmarken auf, welche durchgängig viel größer und stärker sind, als die zahmen. Wenn der Lappe im Sommer und Herbst auf die Jagd dieser Thiere geht, so führt er einen Spürhund am Stricke bey sich, welcher sie aufspüret, und folgt dem Hunde nach, bis er das Thier zu Gesichte bekommt. Damit der Hund beym Anblick des Rennthiers nicht belle, wird ihm ein Maulkorb umgemacht. Wird das Thier auf den ersten Schuß nur verwundet, so läßt der Jäger den Hund auf das Thier los, welches zuweilen auf der Flucht stille steht, und sich mit seinen Hörnern wehrt. Diesen Augenblick nimmt der Lappe wahr, um ihm einen neuen Schuß beyzubringen.

Zur Herbstzeit, wenn die Rennthiere sich paaren, treibt der Lappe einige zahme Rennthiere an einen Ort, wo er weiß, daß es viel wilde giebt, bindet solche theils an, theils läßt er sie frey umher laufen, und stellt sich auf den Anstand. Die wilden versammlen sich darauf bald zu den zahmen, und der Lappe kann solche mit leichter Mühe schießen. Zuweilen finden sich zwey Böcke zugleich ein, die mit einander über die Kuh einen Zank anfangen; und während der Zeit wird gemeiniglich einer von ihnen erschossen.

Wenn der Lappe im Winter auf die Jagd geht, so folgt er der Spur des Rennthieres, bis er es zu Gesichte bekommt, bindet darauf sein Rennthier mit dem Schlitten an den nächsten Baum, und verfolgt das andre zu Fuß. An einigen Orten werden

den die Rennthiere auf folgende Art von den Lappen gefangen. Sobald der Schnee so tief liegt, daß die Rennthiere nicht geschwinde darinn fortkommen können, oder wenn die Oberfläche etwas gefroren ist, und zwar Menschen mit langen hölzernen Schlittschuhen, aber nicht die Rennthiere trägt, so gehen die Lappen mit solchen Schuhen auf die Jagd. Die Rennthiere, deren Füße alsdenn alle Augenblick durchbrechen oder gleiten, können nicht gut fort, sondern werden leichtlich von dem geschwinder auf seinen hölzernen Schlittschuhen laufenden Lappen eingeholt, und mit einem Jagdspieße erstochen.

Man leget auch an Orten, wo viele wilde Rennthiere umherstreifen, Fallstricke von Rennthiersehnen, zwischen gewissen Oefnungen, die einer Thüre gleichen, und wenn das Thier durchlaufen will, wird es gefangen. Vor diesem wurden die Rennthiere hin und wieder durch folgende List gefangen. Man machte zwey lange hohe Zäune, die vorne weit aus einander stunden, und allmählig zusammenliefen, so daß hinten nur eine schmale Oefnung, wie eine Thüre blieb. Die wilden Thiere wurden darauf in den Zaun, wo er weit von einander stund, hineingetrieben, und kamen endlich, indem sie den nachsetzenden Jägern zu entfliehen suchten, immer näher zusammen. An der schmalen Oefnung fanden sie eine Vertiefung, in die sie aus Angst hinabsprangen, und weil solche ebenfalls mit einem Zaun ringsum umgeben war, fielen sie den Jägern ohne weitere Rettung in die Hände.

Auf

Auf diese Art fiengen die Varanger ehemals die wilden Rennthiere, und mußten deswegen jährlich 9 Rennthierfelle, oder in Ermangelung derselben eben soviel Fuchsbälge an den Amtmann zu Vardoes-Huus liefern. Man pflegte ehemals auch die wilden Rennthiere in einen See oder Fluß zu jagen, und gegen über stunden andre Jäger, welche sie im Durchschwimmen mit Pfeilen erlegten. Ich habe nie weder gesehen noch gehört, daß die Weiber der Lappen auf die Jagd gehen, wie ein gewisser Verfasser vorgiebt.

Man trifft in Finmarken weder Hirsche noch Elendsthiere an *). Ein gewisser Schriftsteller giebt vor, daß die Elendsthiere viel kleiner sind als die Rennthiere. Ein einziges ausgewachsenes von jenen ist so stark am Leibe, als drey große Rennthiere.

Hingegen giebt es eine Menge Haasen, welche im Winter weiß und im Sommer grau, wie an andern Orten, sind. Gemeiniglich schießt man sie, wie die übrigen wilden Thiere, doch fängt man sie auch auf verschiedene Weise. An den Orten, wo sich viele Haasen aufhalten, wird eine Art von Netzen, die aus Stäben und Stricken bestehen, an der Erde aufgespannt, worinn sich die Haasen, wenn sie im Gebüsche herumstreifen, verwickeln. Sie werden

---

*) Jedoch sieht man sie an einigen Orten dieses Stifts. Das Elendthier hält sich eigentlich im südlichen Norwegen auf, und kommt sehr selten hieher. Die Hirsche halten sich eher in dieser Gegend auf.

den auch mit einem eisernen unten beschriebenen Instrumente gefangen. Die Russen bezahlen ein Haasenfell mit 8 dänischen Schillingen (oder ohngefähr 2 guten Groschen). Die Schweden machen Decken daraus.

Es giebt in Finmarken, so wie in ganz Norwegen, Bären. Sie können den Rennthieren nichts anhaben, weil solche zu geschwinde sind, hingegen richten sie unter den Kühen, Ziegen und Schaafen desto mehr Unheil an. Man sagt, jedoch weiß ich es nicht gewiß, daß die Indiagrischen Lappen im Schwedischen Lappland ihre Todten auf kleinen in der See liegenden Inseln begraben, um solche nicht von den Bären auffressen zu lassen. Diese Thiere fressen eine Art blauer Beeren *), deren es hier eine große Menge giebt, sehr gerne, nähren sich aber auch übrigens vom Grase **). Die Lappen schießen sie
mit

---

*) Vaccinium Myrtillus Fl. Suec. II. 333.

**) Insonderheit frißt der Bär das Sonchum Alpinum (Flor. Suec. 659) gerne, und zwar beißt er nur die Spitze oben ab, so daß man dieses als ein gewisses Zeichen, daß Bäre in der Gegend sind, ansieht, zumal an den Seiten der Berge, wo sonst kein Vieh hinkommt. Das Rindvieh liebt diese Pflanze auch sehr, und läuft von weiten so begierig darnach, als wenn es Boletum Bouinum (Flor. Suec. II. 1246.) wäre. Die Lappen saugen selbst den Saft aus dem Stengel dieses Sonchi, weil er ihnen wohl schmeckt, ob er gleich der Angelica Archangelica (Fl. Suec. II. 245.) welche der Bär ebenfalls aufsucht, weichen muß. Eine andere

mit gezogenen Büchsen, denn andre Arten von Flinten haben sie nicht. Wenn der Bär nicht auf den ersten Schuß getödtet wird, so geht er auf seinen Feind loß, und sucht sich an ihm zu rächen.

Sie werden aber auch auf andre Arten gefangen. Es ist in Norden eine bekannte Sache, daß der Bär den Winter durch in seiner Höle liegt, und sich mit einem milchartigen Safte erhält, den er aus seinen Vorderpfoten unter vielem Brummen sauget. Es geschieht zuweilen, daß die Lappen, wenn sie im Walde jagen, auf eine solche Höle durch ihren Spürhund gebracht werden, welcher dabey stille steht, und anfängt zu bellen. Wenn der Lappe solches merkt, so stellet er seinen Bogen (es giebt noch einige Gegenden, wo die Lappen sich des Bogens bedienen,) vor der Oefnung der Höle. Der Bär liegt indessen ganz ruhig. Er haut darauf fichtene Zweige, oder andre ab, zieht seinen Bogen aus der Höle, verstopft solche mit jenen, doch so, daß der Bär den Kopf durch ein Loch stecken kann, und stellt sich mit einer Axt vor dem Loche. Nunmehr hetzt und reizt er den Bären so lange, bis solcher ganz wütend hervorkommt, und den Kopf, um seinen Feind zu suchen, heraussteckt, da der Lappe ihm einen Schlag mit der Axt versetzt. Fällt der Schlag oben auf den Kopf, so thut er dem Bären nichts, fällt er aber niedriger zwischen den Augen, so spaltet er den Kopf des Bären.

An-

dere vom Bären geliebte Pflanze ist die Campanula Latifolia (Fl. Suec. II. 188.

An andern Orten stellen die Lappen den Bären auf folgende Art nach. Wenn der Bär ein anderes Thier erlegt, und auf eine Zeitlang verlassen hat, oder davon verjagt worden, so machen sie einen Zaun darum, der aber zwey einander gegen über stehende Eingänge hat. Auf den Seiten der Eingänge werden einige gespannte, und mit Pfeilen versehene Bogen gestellt, ohngefähr in der Höhe, daß sie das Herz des Bären treffen, wenn er in den Zaun hinein gehen will. An der Erde liegt ein Strick, so bald der Bär daran stößt, fliegen die Pfeile als eben so viel Selbstschüsse auf ihn los, und tödten ihn unfehlbar, wenn sie richtig gestellt sind. Der gedoppelte Eingang ist theils deswegen, damit der Bär wählen kann, welchen er will, theils damit er, wenn es in der einen Thür fehlt, doch wenigstens in der andern gefangen wird. Sie pflegen dergleichen Selbstschüsse mit Bogen auch auf beyden Seiten in den engen Fußsteigen, wo oft Bäre paßiren, anzulegen. Zu der Bären und Rennthierjagd werden Hunde gebraucht. Das Bärenfett wird in einem Darme von diesen Thieren aufgehoben; so oft sie heftige Schmerzen an irgend einem Theile des Leibes haben, beschmieren sie sich damit, und beobachten den Unterschied, daß die Männer sich mit dem Fett eines Bären, die Weiber aber mit dem Fett einer Bärinn schmieren.

In Finmarken giebt es keine Luchse *), aber eine

---

*) Auf Norwegisch Goupe genannt. Man hat zweyerley Arten Luchse in Norwegen; Ulve Goupe, (Felis Lynx.

von wilden Thieren u. Vögeln in Finmarken.

eine desto größere Anzahl Wölfe, wovon einige braungelb, andre weißlich sind. Die meisten werden geschossen, doch fängt man sie auch mit einem eisernen Instrumente, welches bald beschrieben werden soll. Die besten von diesen Fallen klemmen, wenn auch nur ein Fuß dazwischen kommt, solchen so fest, daß der Wolf sich auf keine Weise davon losmachen kann. Ein gewisser Berglappe fieng mit einer solchen Falle oft Wölfe, welche mit dem darinn geklemmten Fuß so geschwind liefen, daß er sie kaum mit seinem Schlitten verfolgen konnten, gleichwohl hieng die Falle so fest, daß der Wolf sich nicht davon losriß. Es ist bereits oben im neunten Kapitel von den Wölfen verschiedenes vorgekommen. Die Felle werden in hölzernen Rahmen ausgespannt.

An Füchsen fehlt es in Finmarken auch nicht. Sie sind meistens roth *), einige aber ganz schwarz, andere haben nur ein schwarzes Kreuz **), noch andre

---

Lynx. Faun. Suec. 10.) und Katte goupe, Felis cauda truncata corpore albo maculato. (Faun. Suec. 11.) die letztere Art ist klein, und sehr selten, daher ihr Fell sehr theuer bezahlt wird. Einige nennen noch eine dritte Art, Räve - goupe, so viel ich aber aus der Vergleichung der Felle urtheilen können, ist es nur eine Varietät der Felis - linx. S. Ströms Sondm. Beskr. I. 151.

*) Canis vulpes α) fulvus Faun. Suec. 7. Es findet sich aber auch in diesem Stifte, und zumal in Nordland die Gattung, welche Linnaeus am angeführten Orte, lit. γ) vulpes ferrugineus, nennt.

**) Vulpes cruciatus Linn. l. c. varietas β)

dre sind schwarz, und die Spitzen der Haare auf dem Rücken sind silberfarb *). Die letztern sind die schönsten, und mußten sonst vermöge eines Befehls von 1652 alle an den König geliefert werden, heutiges Tages dürfen sie ungehindert nach Rußland verhandelt werden, wo die vornehmen Herren solche tragen. Die gemeinen rußischen Weiber brauchen die rothen Fuchspelze, ihren Kopfputz damit zu besetzen. Außer den bisher erzählten Arten giebt es auch weiße Füchse mit schwarzen Ohren und Füßen, sie sind aber sehr selten: noch eine andre Art ist auch weiß, aber viel kleiner, und deren Felle sind die allerwohlfeilsten **).

G 3 Die

*) Die beyden letzten Arten, nämlich die ganz schwarzen und silberfarbenen Füchse, (pilis apice argenteis) deren Felle ich gesehen, werden auch in Nordland gefangen, doch die schwarzen nur selten. Die silberfarbnen sind auch oft mit einem Kreuze gezeichnet.

**) Diese Art heißt Melrack, und ist der Canis Lagopus Linnaei Faun. Suec. 8. nämlich eine weiße Varietät davon. Sie sind nur im Winter weiß und im Sommer grau, wie ich selbst zu Bodoen in Nordland im Sommer des Jahrs 1762 bemerkt habe. Dieser Veränderung der Farbe wegen glaube ich, daß der von dem Verfasser erwähnte weiße Fuchs mit schwarzen Füßen und Ohren mit dem Canis Lagopus einerley sey. Ein Fell von dem letztern kostet sechs bis sieben Groschen. Es giebt auch eine bläuliche Art von Hunden in Finmarken, welche viel ähnliches mit den Hunden haben, und Blao-Raev, d. i. blaue Füchse, heißen;

Lin-

Die Füchse nehren sich von allerley Vögeln, die sie durch List fangen, von Schaafen, Mäusen *), Muscheln, die sie am Ufer finden, und dergleichen. Der Lappe geht im Winter ihrer Spur auf der Jagd nach, bis er ihn entweder im Felde schlafend, oder in seinem Lager, wo er sich verbirgt, antrifft. Er lauret, bis er aus seinem Lager herauskommt, und schießt ihn alsdenn. Zuweilen vergräbt er auch Fleisch an einigen Orten unter dem Schnee, welchem die Füchse, so bald sie den Geruch spüren, begierig nachgehen, und von den versteckten Jägern alsdenn mit leichter Mühe erschossen werden. Diese Jagd geschieht beym Mondenschein oder beym Nordlicht, welches, wie bekannt, in diesen Gegenden so stark ist, daß es den Mondenschein ersetzt.

Die Füchse werden auch im Lauf geschossen, meistens aber mit einer Falle gefangen, die, wenn sie nicht aufgestellt ist, einen halben Cirkul, gestellt aber einen ganzen Cirkul ausmacht, und für den Rost, welchen der schlaue Fuchs sonst riechet, mit Pech, Schmiere, oder Oel bestrichen wird. Sie wird im Schnee, am Ufer im Sande, oder sonst aufgestellt; und eine Lockspeise darunter gelegt. Der Fuchs geht

---

Linnaeus hält diese für eine Varietät des Canis Lagopus, und er kann auch, so viel sich aus den Fellen urtheilen läßt, nicht sehr davon unterschieden seyn. Diese blaue Gattung kommt selten vor.

*) Insonderheit frißt der Canis Lagopus die Art von Mäusen, welche beym Linnaeus Mus Lemnus heißt. Faun. Suec. 29.

geht solcher begierig nach, und indem er sie aus dem Sande oder Schnee mit dem Fuße kratzen will, schnappt die zugleich berührte Falle zu, und hält ihn entweder bey dem Fuß oder beym Halse fest. Wenn die Falle nur einen Fuß ergreift, und der Fuchs hat vor den Jägern Zeit genug, so beißt er sich solchen ab, um ihnen nicht in die Hände zu fallen, und nimmt die Flucht auf drey Beinen. Diese Falle wird durch ganz Norwegen gebraucht.

Sie bedienen sich aber auch noch eines andern Instruments, Ritta genannt, zum Fuchsfang, welches aus einem länglichen niedrigen Kasten besteht, an dessen vordern Oefnung eine schießende Klappe angebracht ist, die mit einem Strick aufgezogen wird. An dem einen Ende ist hinten in diesem Kasten die Lockspeise, und indem der Fuchs um solche zu erhaschen, hineinkriecht, und daran beißt, so fällt, wie bey den gewöhnlichen Mäusefallen die Klappe nieder, und der Fuchs wird erschlagen. Weil aber die Hinterbeine des Fuchses oft außer der Falle bleiben, so kommt der Wolf zuweilen darüber, und verzehrt sie, wodurch das Fell, welches der Jäger haben wollte, zerrissen, und die Hoffnung des Fanges vereitelt wird. Die Schweden sollen auf eine ähnliche Art die Bären fangen, nur mit dem Unterschiede, daß die Maschine nach Proportion ihrer Kräfte in allen größer und stärker, und die niederschießende Klappe mit großen Steinen beschwehrt seyn muß, um den Bären niederzudrücken.

Man tödtet die Füchse auch mit vergifteten Kuchen, welche die Lappen in ihrer Sprache Sæljok nennen

nennen *). Der Fuchs macht sich keinen geraden Weg zu seiner Höle, sondern einen schlangenförmigen, damit niemand mit einem Spieß oder anderm Instrument hineinstoßen könne. Die Höle selbst und der Weg zu derselben können ohne viele Erde wegzuräumen nicht gemacht werden, gleichwohl muß man sich wundern, daß keine Klumpen Erde in einer solchen ziemlich geräumigen Höle anzutreffen sind, sondern daß alles ganz glatt aussieht. Wenn der Lappe einen in seinem Loche verborgenen Fuchs fangen will, so stopft er es zu, und sucht über dem unter der Erde befindlichen Wege zur Höle nachzuspüren, bis er endlich auf den Ort kommt, wo der Fuchs steckt, da er ihn alsdann herauszieht, und todtschlägt. Zuweilen, wiewohl selten, finden sich zwey Füchse in einem Loche beysammen. Die Fuchs-

*) Jenseits der Gebürge Söndenfields, und an einigen andern Orten, tödtet man die Wölfe im Winter auf eine ähnliche Art. Man füllet das Fell von einem Schaafe oder Kalbe, welches zuvor wohl mit Pöckel eingesprenget worden, mit klein gehacktem Fleische, und mengt Wolfsmooß (Lichen vulpinus Flor. Suec. 1129) pulverisirt und in Wasser eingeweicht, ferner den Saamen Cocognidi oder baccæ Daphnes mezerei, und ein paar Händevoll gestoßenes Glas darunter. Man nähet die Haut zusammen, läßt alles vom Froste steif werden, und setzt das ausgestopfte Schaaf oder Kalb in der Figur, als wenn es lebendig da stünde, an einen Ort hin, wo man vermuthet, daß sich Wölfe aufhalten.

felle werden auf eben die Art, wie die von den Wölfen, in Rähmen gespannt.

Man trifft in Finmarken drey Gattungen von Mardern an. Der Steinmarder führt den Namen, weil er sich zwischen den Felsen aufhält. Er hat eine schwärzliche Farbe, kurze Haare, einen dunkelbraunen Schwanz, und aschgraue Flecken. Der Birkenmarder hält sich in den Birkenwäldern auf, ist von dunkelbrauner Farbe, und gemeiniglich mit einem weißen Flecken unter dem Halse gezeichnet. Der Kiefernmarder hält sich unter den Kiefern auf, ist von blasser Erdfarbe, mit einem dunkelbraunen Schwanze und weißlichen Flecken unter dem Halse versehen *). Sie werden mit der oben beschriebenen Falle gefangen.

Der Vielfraß **) wird in Finmarken nur selten gefunden. Er hat sehr scharfe Zähne und Klauen. Die Lappen, welche dieses Thier genau kennen, versichern, daß der Vielfraß zwar klein, und mit keinem Rennthier zu vergleichen sey, und gleichwohl ein großes Rennthier umbringen könne. Er fängt solches auf eine listige Weise an. Er lauert auf den Bäumen in solchen Wäldern, wo sich viele Rennthiere aufhalten, bis eines darunter weggeht,

---

*) Linnaeus giebt von dem Marder (Mustela Martis Faun. Suec. 15.) zweyerley Gattungen an, nämlich die Mustela Martis fagorum und abietum.

**) Die Beschreibung der Mustela Gulo, oder des Vielfraßes, findet man beym Linnaeus Faun. Suec. 14. und eine Zeichnung in den Act. Nidros. III.

geht, springt alsdenn auf den Nacken desselben herab, und durchbeißt seine Haut mit solcher Gewalt, daß das Rennthier in kurzer Zeit todt zu Boden fällt.

Das Fell des Vielfraßes ist wegen des weißen Streifens auf dem Rücken, welchen man insgemein den Spiegel nennt, sehr kostbar. Die Schweden machen Decken und Besetzungen von Kleidern davon *). Aus dem an den Füßen befindlichen Fell machen die Lappen Handschuhe, die nach ihrer Mode mit zinnernen Faden brodirt sind. Man sagt, der Vielfraß sey so unersättlich, daß er ein Aas nicht eher verläßt, als bis es ganz verzehrt ist. Wenn er es nicht auf einmal verschlingen kann, soll er sich durch zwey nahe an einander stehende Bäume mit Gewalt durchpressen, um das gefressene wieder von sich zu geben, und wenn er sich auf die Art ausgeleeret hat, das übrige zu verzehren **). Der Vielfraß pflegt auch die oben beschriebenen kleinen Magazine, welche die Lappen sich in den Wäldern anlegen, aufzusuchen, die Thüren oder Dächer durchzunagen,

---

*) Ein Fell, wie die Männer in Dännemark zu Muffen gebrauchen, kostet 4 bis 7 Thaler.

**) Der Verfasser berichtet, was man ihm erzählt hat, und was ich selbst oft gehört habe. Die ganze Sache ist eine Fabel, und kommt vielleicht daher, daß man einen Vielfraß zwischen zwey nahen Bäumen gesehen, und daß es sich an einem gerieben hat. Die Fabel ist schon sehr alt. S. die Act. Nidros. am angeführten Orte.

nagen, und wenn er einmal durchgedrungen ist, allen Vorrath an Fleisch und andern Eßwaaren aufzuzehren.

Der Kastor oder Biber findet sich auch hin und wieder in Finmarken, jedoch am häufigsten in Indiagern, welches eigentlich zum schwedischen Lapland gehört, an dem Ufer eines großen Sees, der zwölf Meilen im Umkreise haben soll. Man sagt, dieser See sey von einer beynahe unergründlichen Tiefe, und mit vielen Inseln besetzt *). Der Biber hat dunkelgelbe röthlich scheinende Zähne, die meist viereckig und krumm gebogen sind.**). Sein Schwanz, womit er sich seine Wohnung bauen soll, ist breit und schuppig ***). Die Haare werden zu einem ziem-

*) Der Castor Fiber (Linnaei Fauna Suec. 27.) hält sich auch in verschiedenen Gegenden von Nordland und andern Orten auf, und wählt seine Wohnung an Seen und Flüssen.

**) Es ist dieses nur von zwey Vorderzähnen zu verstehen, welche krumm gebogen sind.

***) Der Schwanz ist unten platt und abgerundet, inwendig besteht er aus Speck, das mit einer Haut, und auswärts mit Schuppen überzogen ist. Der Biber, welchen Thom. Bartholinus gesehen, muß nur oben Schuppen gehabt haben und nicht unten, weil er ihn auf die Art beschreibt Epist. Med. Cent. I. Ep. 9. Ich habe nie gehört, daß der Biber mit dem Schwanze sein Haus baue, es ist wahrscheinlicher, wie einige vorgeben, daß er es also einzurichten wisse, damit er den Schwanz so oft ins Wasser stecken kann, als er Lust dazu bekommt.

ziemlich hohen Preise an die Russen verkauft. Sie nehmen auch die Felle zum Unterfutter der Kleider. Der Amtmann in Finmarken mußte zu Anfang des vorigen Jahrhunderts unter Christian IV. alle Kastorfelle für königliche Rechnung aufkaufen.

Der medicinische Nutzen des Bibergeils ist jedermann bekannt. Man gebraucht es auch innerlich für das Vieh in gewissen Krankheiten. Die Wallfische können den Geruch nicht vertragen, und fliehen dafür, weswegen die Fischer, wenn sie sich etwas von Wallfischen zu befürchten haben, sich damit versehen. Es liegt dem Biber in der Natur, seine Wohnung am Ufer einer See oder eines Flusses zu wählen. Sie fällen die Birken, welche sie dazu gebrauchen, mit ihren Zähnen. Ein Biber verrichtet, wie erzählt wird, die Stelle eines Schlittens, indem er sich auf den Rücken wirft. Die andern legen das Holz zwischen seine aufwärts stehenden Beine, und ziehen ihn mit den Zähnen an den Ort hin, wo die Wohnung errichtet werden soll. Auf diese Weise wird ein Stück Holz nach dem andern hingeschafft. Den Biber, welcher sich zum Schlitten gebrauchen lassen, erkennt man an dem Rücken, welcher ganz kahl von Haaren ist *). An dem Ufer, wo

---

*) Es ist nicht zu läugnen, daß es viele Biber giebt, die einen kahlen Rücken haben, die Ursache ist aber hauptsächlich den engen Gängen unter der Erde zuzuschreiben, denn indem er sich durch solche arbeitet, reibt er sich die Haare vom Rücken. Man sehe die Allgem. Gesch. der Länder und Völker von Amerika 2. Th. S. 495.

wo sie ihre Wohnung aufschlagen, legen sie erst einen Birkenstamm mit der Rinde auf dem Grunde, und bauen ihr Haus so künstlich darüber, daß man die Geschicklichkeit eines unvernünftigen Thieres nicht genug bewundern kann. Das Haus ist rund, und oben gewölbt, und hat überhaupt viel ähnliches mit der Hütte eines Lappen.

Der Boden oder ihr Lager ist mit Zweigen bedeckt, aber etwas vom Grunde abgesondert, und der Zwischenraum mit Wasser, welches aus dem Flusse oder See dahin geleitet ist. In diesem Zwischenraum liegt der Birkenstamm, dessen Rinde den Bibern zur Nahrung dient. Wenn mehrere Biber zusammen in einem Hause wohnen, so machen sie gleichsam ein zweytes Stockwerk von Zweigen über dem ersten. Das Dach besteht aus dicht an einander gelegten oder geflochtenen Zweigen, und ragt hoch über dem Wasser hervor. Man sieht an der Wohnung des Bibers gleichsam alle Theile eines Hauses, zu dessen Bau die göttliche Weisheit ein wildes Thier geschickt gemacht hat. Ein darinn befindliches Loch dient dem Biber zum Ein= und Ausgang. Wenn die Biber ihr Haus verlassen, so legen die Jäger eine Fallthüre vor dem Loche an, welche, wenn der Biber wieder hineingeht, zufällt, so daß er nicht wieder heraus kann, und leichtlich gefangen wird. Was hier

495. Aus dem Mangel der Haare auf dem Rücken kann man nicht schließen, daß ein Biber sich so geduldig werde zum Schlitten gebrauchen lassen, andrer Umstände, die es unglaublich machen zu geschweigen.

hier von den Bibern gesagt worden, habe ich aus den Erzählungen solcher Lappen, bey denen diese Thiere anzutreffen sind, aufgezeichnet, denn in der ganzen Gegend, wo ich das Amt eines Mißionars verwaltet, giebt es keine Biber *).

Mit Fischottern ist Finmarken reichlich versehen, welche nach ihrem verschiedenen Alter und Geschlecht auch besondre Namen bey den Lappen haben. Die Fischottern, welche sich in den Landseen aufhalten, sind schöner und haben glänzendere Haare, als die

---

*) Man kann die Acta Stockholm. von den Bibern nachsehen. In der Gegend von Röraas giebt es auch weiße Biber, wovon einer in der Dreßdner Naturalienkammer aufgehoben wird. S. Keyßlers Reisen S. 1070. Rzackzinsky führt ebenfalls ein paar weiße Biber in seiner Naturgeschichte von Pohlen an. Man trifft auch unter andern vierfüßigen Thieren und Vögeln, deren Farbe eigentlich nicht weiß ist, zuweilen weiße an. Ein Bürger zu Drontheim besaß vor einigen Jahren ein ganz weißes Eichhorn mit rothen Augen, welches die Bauern, als es auf ein Stück Holz geschwommen, gefangen. Zuweilen trifft man, wiewohl noch seltner als in Teutschland, weiße Mäuse an. Im Jahr 1762. sahe man zu Bebstaaden eine weiße Elster mit einigen schwarzen Federn auf der Brust. Ich habe aus Christiansund und Oure ein paar sogenannte weiße Krähen bekommen; sie fallen eigentlich etwas ins graue, haben aber keine weiße Flecken. Ich finde auch in Schriften, daß es weiße Raben, Lerchen und Sperlinge giebt.

die im salzigen Seewasser leben *). Die Ottern können zahm gemacht, und wie Hunde und Katzen abgerichtet werden. Sie sind ihren Herren sehr nützlich, indem sie ihnen Fische aus dem Meere bringen, und sich nach verrichteter Sache wieder nach Hause begeben. Die Otter ist zwar nur ein kleines Thier, sie fängt aber doch Kabeljaue, und andre große Fische, zieht sie ans Ufer und verzehrt sie daselbst. Wenn sie frißt, schließt sie die Augen zu, und öfnet solche nur selten. Der Jäger giebt darauf Acht, nähert sich, wenn sie die Augen zuschließt, und stehet still, wenn sie solche öfnet, bis er nahe genug zum Schuß ist.

Die Lappen führen auf ihren Seereisen allemal eine Büchse bey sich, und fahren, wenn sie Zeit haben, nie den nächsten Weg, sondern längst allen Krümmungen der Küste, um die Thiere, welche sich darinn aufhalten, insonderheit die Ottern, deren gemeinig-

---

*) Es giebt in diesem Stifte drey Gattungen von Fischottern, (Viverra Lutra, Faun. Suec. 12.) nämlich 1) die Seeotter (Hav-Otter) mit starken dicken Haaren, und von brauner Farbe. Sie sind die größten, und ihr Fell wird gemeiniglich mit einem Thaler bezahlt. 2) Die Meerbusenotter (Fiord-Otter,) ist schwärzer glänzender und kleiner; das Fell gilt anderthalb bis zwey Thaler. 3) Die Flußotter hat eine weiße Brust, ist übrigens aber kohlschwarz, und ihr Fell wird mit dritthalb Thaler und mehr bezahlt. Die weißen Ottern sind sehr selten; doch hat mir der Prediger zu Fessen, Matthias Bruun, versichert, daß er dergleichen gesehen habe.

meiniglich einige angetroffen werden, zu fangen. Die Ottern bringen ihre Zeit theils in dem Wasser zu, um sich ihre Nahrung zu suchen, theils ruhen sie auf dem Lande in Hölen aus, die sie nicht selbst machen wie die Füchse, sondern die von Natur aus großen über einander liegenden Steinen entstanden sind. Wenn die Jäger ein solches Loch finden, machen sie eine Falle von Brettern, die mit Stacheln versehen sind, in welche die Otter, wenn sie wieder in ihr gewöhnliches Lager hinein oder heraus will, hineinfällt. Man fängt sie aber auch mit dem oben beschriebenen Fangeisen. Das Otterfell wird auf zwey zu dieser Absicht eingerichteten Bretten ausgespannt. Die Russen besetzen ihre Kleider auch mit Otterfellen, sie verkaufen sie aber auch theuer an die Tartarn, welche ihnen zwey bis drey Thaler für ein Fell geben müssen, das sie nur mit einem bezahlt haben.

Die See von Finmarken ernährt eine unglaubliche Menge von Seehunden. Einige sind von größerer Art, und haben weiße Flecken *). Einige ebens

---

*) Ich besitze zwey von dieser Gattung in meinem Kabinett, welche $2\frac{2}{3}$ seeländische Ellen lang, und über $1\frac{1}{2}$ Ellen dicke sind. Sie haben einen großen Kopf und breites Maul. Das Fell ist oberwärts schwarz, mit braunen Flecken, und unterwärts bräunlich, wie auch auf den Seiten, nur mit dem Unterschiede, daß diese schwarze Flecken haben. Diese Varietät von einem jungen Seehunde ist vermuthlich dieselbe, welche im Speculo Regali Flekkuselr heißt.

ebenfalls von der großen Art sind weiß *), andere kleinere haben schwarze Flecken **). Einige sind weiß mit großen schwarzen Flecken, auf Lappisch Daelja ***), andere haben kleinere schwarze Flecken, und heißen Oaido †); noch andre von kleinerer Art

*) Die zwey, welche ich von dieser Art habe, sind weißgelblich ohne Flecken, über $1\frac{1}{5}$ Ellen lang, und $1\frac{1}{12}$ Elle breit.

**) Die Gattung, welche der Verfasser aus meiner Sammlung angeführt hat, und mit dieser hier beschriebenen dritten Art einerley seyn soll, ist etwas kleiner als die erste Art, aber ihr übrigens an Farbe und Gestalt gleich. Vielleicht ist diese Varietät von einem jungen Seehunde, diejenige, welche im Speculo regali Havselr heißt.

***) Dieses scheint die Art zu seyn, welche im Speculo Regali Suartside und Latrselr heißt.

†) Die Gattung in meiner Sammlung, welche der Verfasser dafür ausgiebt, ist fast zwey Ellen lang, und $1\frac{1}{5}$ dick. Oben hat diese Art eine Farbe, wie eine Maus, unten eine schmutzige weiße Farbe, und an den Seiten ist sie etwas fleckig. Ich habe sie aus Nordland unter dem Namen Klapmütze bekommen, und Andreas Bussaeus hält sie in einer geschriebenen Nachricht von Grönland für die, welche im Speculo Reg. Blodruselr heißt. Aus dem ausgestopften Fell kann ich mir keinen Begriff von der Decke oder Haut über die Augen machen, womit die Natur dieses Thier versehen haben soll. Ich glaube, daß diese Decke nichts anders ist, als die fleischigte Haut, welche in dem grossen

Art mit einer langen krummen Schnauze, Fadne Viudne *), was dergleichen Gattungen mehr sind, die besondre Farben und Nahmen haben **).

sen Augenwinkel verborgen ist, und die der Seehund mit andern Amphibien und den Eulen gemein hat. Man sehe Hallens Nat. Gesch. 1. 3. 658.

*) Dieser lappische Name bedeutet so viel, als eine Schnauze, die einem Seehundemagen ähnlich sieht. Vermöge solcher Benennung beschreiben die Lappen diesen Seehund, als ein Thier mit einem runden Kopf und langer Schnauze, so daß beyde zusammen bald wie eine Flasche aussehen, welche Beschreibung mehr sonderbar als genau zu seyn scheinet. Uebrigens ist kein Zweifel, daß es eine Varietät von Seehunden gebe, die mit dieser Beschreibung einige Aehnlichkeit hat. Unser Verfasser beschreibt in seinem lappisch-dänischen Lexicon diese Art, als wenn die Schnauze etwas ähnliches mit einem Elephantenrüsel hätte.

**) Dahin gehört 1) der Seehund der Lappen, welchen die Norweger Hauskar-gubbo nennen. Ich habe einen solchen aus Tranoen in Nordland bekommen, der eine Elle lang, und nach Proportion der Länge dicker, und von keiner so konischen Form, als andre Gattungen, ist. Die Farbe ist grau mit einigen Flecken. 2) Felis marina, bey den Norwegern Hav katte, oder Säla kong, ist die kleinste Art von allen Seehunden, und kaum eine Elle lang. Wenn sie gleich nicht so viel Fett hat, so ist das Fleisch gesalzen doch eine angenehme Speise nicht nur für die Lappen, sondern auch für andere wohlhabende Leute, insonderheit in Finmarken. 3) Die Art, welche die Norweger Hav-Ert-

nen-

Außer den jetztbeschriebenen Arten von Seehunden findet man hin und wieder in der finmarkischen See Seepferde, oder Wallroße *). Das Seepferd hat breite Nasenlöcher, eine dicke Zunge, und große krumme Zähne, worunter insonderheit ein paar weit vorstehen. Es soll sich zuweilen damit an Steine, die nicht weit vom Ufer im Meer stecken, hängen. Die Russen machen aus diesen Zähnen kleine Kugeln, und andre Instrumente, welche fast weißer aussehen, als Helfenbein, ob sie gleich lange so theuer nicht sind. Die Füße des Seepferdes sind mit einer sehr dicken Haut umgeben, und haben gleichsam fünf Zähen **). Die Seepferde in Finmarken haben kurze Haare, aber doch Mähnen am Halse. Sie sind aschgrau, die Grönländischen und Isländischen hingegen wachsgelb. Das Meerpferd wehrt sich tapfer, wenn es angegriffen wird.

Die nennen, hat ein Fell, das fast so groß als eine Ochsenhaut, und auf dem Rücken braun ist. Wenn sie Ohren hätten, (worauf ich bey Besehung der Haut nicht Acht gab) so könnte man sie für ein Fell von einem Seebären (S. Acta Petropol. T. 11.) welchen Linnaeus in Syst. Nat. Phoca ursina nennt, halten.

*) Auf Norwegisch Hval-Ros, auf Lappisch Morsh. Linnaeus Syst. Nat. Phoca Rosmarus.

**) Aus dem Fell der Seehunde, Havert genannt, und der Seepferde machte man ehemals in Norwegen Stricke, und insonderheit Ankertaue, welche so stark waren, daß nach Arngrimm Jonsens Bericht sechzig Männer nicht im Stande waren, solche zu zerreißen.

Die Lappen schießen die Seehunde mehrentheils mit Kugelbüchsen, doch schlagen sie solche auch mit Keulen auf den Kopf oder der Schnauze tod, welches zumal im Winter, da sie sich paaren, geschieht. Ihre Jungen, die anfangs weiß sind, aber nach und nach die Farbe der Alten annehmen, kommen auf dieser Jagd am schlechtesten weg, weil sie zu schwach sind, um die Flucht zu nehmen. Die Mütter suchen ihre Jungen zu beschützen, und wehren sich so viel möglich: sie thun auch nicht selten den Jägern schaden. Bey stiller See sieht man die Seehunde schlafen, so daß der Kopf und der Hintertheil unter dem Wasser steckt, der Rücken aber über dem Wasser hervorragt: bey welcher Gelegenheit die Lappen sie am leichtesten schießen können.

Die Seehunde gehören unter die Amphibien, indem sie sich bald im Wasser aufhalten, bald auf dem Lande und den Felsen liegen. In ihrer gewöhnlichen Lage auf dem Rücken mit einem ausgestreckten Vorderpfoten sehen sie von weiten beynahe wie ein Mensch aus, der eine Hand ausstreckt, als wenn er jemand zu sich rufen wollte. Wenn mehrere auf einen Fels wollen, so verursachen sie, indem sie hinanschwimmen, eine große Bewegung im Wasser. Ein jeder will dem andern zuvor, so daß man ihr Geschrey und das Geräusche des Wassers von weitem hört. Die sich des Felsens bemächtigen, müssen sich gegen die andern, welche sich noch im Meer befinden, wehren, damit sie nicht wieder vertrieben werden. Wenn der eine auf dem Felsen mit einem kleinen Feind zu thun hat, so behauptet er seinen

Platz, aber einem größern muß er zuletzt weichen. Sie verwunden sich bey diesem Kampfe aufs heftigste, und machen zu gleicher Zeit ein erbärmliches Geheule.

Man fängt die Seehunde auch auf folgende Weise. Diese Thiere steigen bey der Fluth auf die Felsen, und bleiben bis zur wiederkommenden Fluth darauf, indessen legen die Lappen ein großes Stücke Holz mit spitzigen Eisen versehen unten am Felsen, und erheben alsdenn ein großes Geschrey. Der in Furcht gejagte Seehund wird dadurch bewogen, sich eiligst ins Meer zu stürzen; und bleibt in den eisernen Spitzen hängen. Das Fell davon wird auf eben die Art ausgespannt, als die Lachse geräuchert werden, ausgenommen, daß die Stäbe länger und stärker seyn müssen.

Eichhörner werden hin und wieder in Finmarken angetroffen. Einige sind im Winter grau, sonst sind sie im Sommer durchgängig von dunkelrother Farbe. Sie springen in den Wäldern mit bewundernswürdiger Fertigkeit von einem Baum auf den andern. Wenn sie über einen Fluß oder ein Wasser wollen, setzen sie sich auf ein Stück Holz, richten den Schwanz statt des Seegels in die Höhe, und lassen sich durch den Wind dahin treiben.

Sonst waren bey den Lappen zweyerley Arten von Bogen üblich. Der eine hieß Gietdaugie, der Handbogen, weil er mit der bloßen Hand gespannt wurde, und nur aus einem Bogen mit der Sehne bestund. Der Pfeil war ziemlich lang, und hatte eine sehr scharfe Spitze von Bein oder Eisen.

Die

von wilden Thieren u. Vögeln in Finmarken. 119

Die andre Art hieß Iuolge-Daugie, oder der Fußbogen, welcher außer dem Bogen und der Sehne mit einem hölzernen Schaft und einem Haken, um die gespannte Sehne zu halten, versehen war. Die Bolzen zu diesem Bogen hatten keine eiserne Spitze. Sie wurden mit Hülfe der Füße gespannt, daher sie auch den Namen bekommen. Nach Erfindung des Schießgewehres sind die Bogen meistens abgekommen; die indiagrischen Lappen in Schweden bedienen sich der letztern Art der Bogen noch, weil es bey ihnen eine Menge Eichhörner giebt, deren Fell durch die Kugeln zu sehr zerrissen wird. Ein Tommer oder Paket mit 40 Eichhörnerfellen verkaufen die Lappen um einen Thaler *).

Die Anzahl der Bergwiesel oder der Hermeline ist erstaunlich groß. Die Wieseln sind im Winter grau, die Spitzen der Schwänze sind aber außerordentlich schwarz, außer wenigen, die auch weiße Schwänze haben, und bey den Lappen Seibusch heißen **). Man findet am Hintern dieser Thiere

H 4 nach

---

*) Es giebt zwey Arten von Eichhörnern in Norwegen: Das gemeine Eichhorn, (Sciurus vulgaris Faun. Suec. 37.) mit dessen Fell die Kleider gefüttert werden, und das fliegende Eichhorn, (Sciurus volans. Faun. Suec. 38.) welches aber sowohl in Finmarken als im schwedischen Lappland sehr selten angetroffen wird.

**) Sie sind auch viel kleiner als die Mustela Ermines. Linnaeus nennt sie in der Faun. Suec. 18. Mustelas nivales caudae spice vix pilis ullis nigris. Die Norweger und Schweden Sne Myssr.

nach abgezogener Haut ein paar kleine Säcke, die einen unleidlichen Gestank von sich geben *). Sie fressen sehr gerne Eyer. Man erzählt, daß die Wiesel, wenn man einen Fisch oder sonst etwas, das sie gerne fressen an einen Knaul Zwirn bindet, die Beute davon tragen, aber den Knaul wieder zurückbringen. Ich habe es von Leuten gehört, die es gesehen haben wollen.

Plinius nennt die Bergwiesel mus hybernus, und der Norweger Royse-Katt, eine auf Felsen lebende Katze, weil sie eben so gut Mäuse fängt, als die Hauskatzen **). Die Lappen fangen sie in einer Falle, die aus einem gespaltenen birkenen Klotze besteht, wovon das eine Stück durch einen Stiel aufgestellt wird, und auf die Wiesel, wenn sie der

Lock-

*) An jeder Seite des Mastdarms sitzt ein kleiner Sack oder Blase von der Größe einer Erbse, die mit einer stinkenden Feuchtigkeit angefüllt ist. Ein Muskel zieht den Sphincter ani und diese Säcke zugleich zusammen, wodurch das Thier die stinkende Feuchtigkeit von sich sprützet. Man trifft diese Säcke bey allen fleischfressenden Thieren an, desgleichen auch bey den Kaninchen, Haasen, und nach dem Tyson auch bey den Schlangen. Rau Syn. method. animal. Quadrup. p. 197.

**) Sie fressen auch Maulwürfe und Vögel, wie ich selbst zu meinem Schaden erfahren habe, denn eine Hermeline, die sich losgerissen hatte, fraß mir zwey Vögel, ehe ich ihnen zu Hülfe kommen konnte. Sie fallen auch die Katzen an, weil sie weit geschwinder, als diese Thiere sind, springen ihnen in den Nacken, und beißen sie tod.

Lockspeise nachgeht, und in das Loch in der Falle hineinkriecht, herabfällt, und solche erschlägt. Die Maschine steht auf einem Fuß über der Erde, damit die Waldmäuse *) nicht hineinkriechen. Vor der Falle liegt ein Klotz ohngefähr von eben der Höhe als der Fuß, auf diesen kriecht die Wiesel, wenn sie die Lockspeise riecht. Wenn das Thier gefangen ist, läßt es aus Angst den Urin, welcher das weiße Fell gelb färbt.

Man trifft in Finmarken auch eine Art von Bergmäusen an, welche sie Godde sæppan, die Norweger Leming nennen (latein. Mus Lemmus). Sie stecken unter den Felsen, und in kleinen Löchern **), wo sie ihre Nester machen. Die jungen sind anfangs blind, und mit einer fleckigen Haut versehen. Diese Art Mäuse fallen aus der Luft herab, wie ich aus eigner Erfahrung weiß ***). Sie sind nicht

---

*) Mus sylvaticus, Linn. Faun. Suec. 36.

**) Man hat auch Nester von diesen Mäusen in den Höfen unter den Balken gefunden, und zwar zu Kastnes an der Seeküste im Jahr 1761. Sie haben gemeiniglich sechs bis sieben Junge.

***) Ich habe selbst eine dergleichen Maus aus der Luft herabfallen sehen. Im Jahr 1759. fiel ein Echinus esculentus oder Meerigel auf einen Felsen herab, als ich aber nachsahe, flog eine Krähe darüber weg, welche ihre Beute vermuthlich auf den Fels warf, um sie zu tödten. Auf eine ähnliche Art ist die ganze Sache von dem Fallen der Mäuse aus der Luft zu erklären. Es ist bekannt, daß diese Lemings, wenn sie im Wasser

Das zwölfte Kapitel,

nicht furchtsam, sondern kehren sich um, wenn man sie mit dem Stocke verfolgt, um solchen zu beißen. Wenn

ser schwimmen, sich an die Kähne machen, und hinanzukriechen versuchen, aber gemeiniglich wieder zurück ins Wasser fallen. Wer nicht Acht darauf giebt, könnte auch glauben, daß diese vom Himmel gefallen wären. Einige wollen eine große Menge Mäuse auf einmal fallen gesehen haben, und dieses kann wahr seyn, wenn man die Anzahl nicht gar zu groß macht. Denn da sie haufenweise kommen, so werden sie auch von ganzen Schaaren von Krähen und Raben verfolgt, und können diese nicht viele Mäuse zugleich aus der Luft herabwerfen? Man sieht die Vögel sich oft um ihre Beute zanken, und sie müssen auch die Mäuse zuweilen aus Noth fallen laffen, weil die lebendigen Mäuse zappeln, und sich ihnen entreissen. Die Krähen haben insonderheit viel zu thun, wenn sie einen lebenden Leming behalten, oder auch nur fangen wollen. Diese widersetzt sich, jagt die Krähe oft fort, und läßt sich nicht anders, als im Nacken von oben anpacken. Die Seemeven, die Raben und Uhuhen können sie hingegen desto besser überwältigen. Man wendet zwar gegen die hier angegebene Ursache von dem Falle der Mäuse aus der Luft ein, daß sie auch zuweilen bey der Nacht, wenn die Vögel sämmtlich schlafen, ins Wasser herabfallen. Auch diese Einwendung ist schwach, wenn man bedenkt, daß der Uhu, einer der Hauptfeinde dieser Lemings, bey der Nacht auf seine Beute ausgeht, und daß es daher höchst wahrscheinlich ist, daß die Mäuse, welche bey der Nacht ins Wasser fallen, solche sind, welche die Uhuhen oder Nachteulen gefangen gehabt, und nicht fest halten können, oder mit Fleiß fallen laffen.

Wenn sie aus der Luft herabfallen, so halten die Lappen es für ein Zeichen, daß es im folgenden Jahre einen guten Fuchsfang geben werde. Denn weil die Füchse solche gerne fressen, so kommen sie in einem Jahre, da viel Mäuse aus der Luft herabgefallen, an die Seeküste herab, wenn sie auf den Bergen im vorhergehenden Jahre alle Mäuse verzehret haben, und keine mehr finden. Die Lappen versäumen diese Gelegenheit nicht, sondern suchen die Füchse auf alle mögliche Art wegzufangen. Diese Art von Mäusen hat nicht nur an den Füchsen, sondern auch an den Raben und Krähen große Feinde. Man trifft zuweilen in Finmarken unzählige Haufen beysammen an, welche einen ganzen Zug ausmachen. Wenn ihnen auf ihrem Zuge ein See oder ein Fluß vorkommt, schwimmen sie durch, welches ich aber nie gesehen, sondern nur gehört habe.

Dieses mag nach meiner Absicht noch von den wilden vierfüßigen Thieren in Finmarken, und der Art sie zu fangen, genug gesagt seyn *). Ich will nur

---

*) Wir merken von den vierfüßigen Thieren noch folgendes an. Man trifft außer den angeführten Mäusen (Mures sylvaticos, Faun. Suec. 36.) auch Mures musculos (Faun. Suec. 34.) und Ratzen an. Ich habe solche bey dem Fluß Tana in Ostfinmarken gesehen, da sie aus der Hütte eines Lappen ins Wasser gejagt wurden. Ich besitze ein ausgestopftes Fell, einer damals getödteten Ratze, welcher der Schwanz beym Ausstopfen aus Unvorsichtigkeit abgeschnitten ist. Ich zweifle aber, ob diese Ratze des Linnaeus sein Mus amphibius ist, (Faun. Suec. 32.) weil sie zwischen den Zähen der Klauen

nur noch hinzusetzen, daß es in diesen Gegenden nichts seltenes ist, daß die Schaafe zweymal im Jahre Zwillinge werfen, und die Ziegen wohl gar drey Junge auf einmal. Die Böcke, welche sich sonst um Bartholomäus paaren, thun dieses hier um Michaelis.

Die Klauen keine Haut hat. Der Mus amphibius ist nach dem Linnaeus nicht bekannt genug, um ihm von dem mure terrestri, (Faun. Suec. 31.) und der Ratze zu unterscheiden. Mein ausgestopftes Fell ist wegen der vier Zähen an den Klauen, und der Größe, welche einer Ratze gleich kommt, für kein Mus terrestris anzusehen. Zu Senjen und Tromsoen in dem äußersten Nordland giebt es auch Ratzen. Der Sorex araneus ((Faun. Suec. 24.) Norwegisch Nebbe-Muus, und Dänisch Angelmus, wird in Nordland und Finmarken gefunden. Der Verfasser gedenkt in seinem dänischen und lappischen Wörterbuche S. 349. einer Art Mäuse mit einer langen Schnautze, welche die Lappen Vandes oder Ziebach nennen, und der Sorex araneus ist. Ich habe selbst gehört, daß ihnen dieser Name beygelegt wird. Was die übrigen vierfüßigen Thiere betrifft, welche in Norwegen anzutreffen sind, und hier nicht erwähnt worden, so verweisen wir die Leser auf Pontoppidans natürliche Historie von Norwegen, und Ströms Beschreibung von Sundmör. Ich erinnere nur noch folgendes: Der Bär, Ursus meles, (Faun. Suec. 20.) hält sich im Stift Aggerhus auf, woher ich auch sein Fell erhalten. Nach dem Pontoppidan trifft man ihn auch um Bergen an. Den Erinaceus Europaeus (Faun. Suec. 22.) habe ich nicht zu Drontheim, sondern häufig im Stift Aggerhus gefunden. Von den Wallfischn und Schalthieren wird künftig unten gehandelt.

Die meisten wilden Vögel, welche sich in Norwegen aufhalten, trifft man auch in Finmarken an. Einige sind Zugvögel, andere bleiben beständig da. Zu den letztern gehören der Adler *), der Falke, der Habicht,

*) Es giebt insonderheit zweyerley Gattungen von Adler in Finmarken. Erstlich der Landörn, Dänisch Gaaseörn. Falso ossifraga corpore e fusco et ferrugineo maculato, cera flava, pedibus luteis, ad medias tibias lanatis rectricibus extrorsum nigris. Brunnich. Ornithol. p. 3. n. 13. giebt eine vollständige Beschreibung davon. Es ist zwar nicht zu läugnen, daß er viel ähnliches mit dem Chrysaetos einiger Naturkündiger, als des Willugby, Klein und Hallen, welcher ihn Steinadler nennt, habe; er kömmt auch in Ansehung der Größe damit überein; aber die Beschreibung jener Schriftsteller stimmt doch mit der unsrigen nicht völlig überein. Die Hauptschwierigkeit machen die Füße, denn wenn die Füße des Falconis Chrysaeti ganz rauch wären, so würde ich ihn mit dem falcone ossifraga für einerley halten. Den jetzt beschriebenen Adler habe ich 1760. lebendig gesehen, und besitze ihn jetzt ausgestopft. Ich habe übrigens noch ein paar andre genau untersuchet, und darnach obige Beschreibung gemacht, auch nachfolgendes daran bemerkt. Der eine wog 11. der andere 9. Pfund, der Augapfel war gelb und der Stern schwarz, der Schnabel gelb; die Schwanzfedern von außen schwarz, und unten schmutzig weiß mit schwarzen Flecken. Beyde waren weiblichen Geschlechts. Aus dieser und der obigen Beschreibung des Falconis ossifragae scheint es mir deutlich zu seyn, daß solcher eher für eine Varietät der Albicilla des Linnaeus, als für den Chrysaetos, oder gar für eine neue Art,

Habicht, der Uhu, der Rabe, die Krähe, das Berghuhn, der Taucher, der Seerabe, gewisse Vögel, die auf Norwegisch Aederfuglen genennt werden, und andre mehr, die sich sowohl hier als andrer Orten für beständ=

Art, die in dem System des Linnaeus fehlt, zu achten sey. Die andre Gattung von Adlern ist Falco Albicilla (Faun. Suec. 56.) Brunn. Ornith. p. 3. n. 12. Pygargus, Hinnularia, Norwegisch Fisk-örn. Ich habe noch zwey Arten von Adlern, die ich nicht weiß, in welche Klasse ich sie bringen soll. Die eine ist kleiner, als die Ossifraga, aber größer als eine Gans, und heißt auf Norwegisch Landörn oder Fjeld-glür. Sie hat eine bräunlich graue Farbe, ist am Halse und Kopf blasser, und gehört vermuthlich zu der Gattung, die Albicilla heißt. Die andre ist größer als die jetzt beschriebene, aber kleiner als die Ossifraga. Ich habe sie aus der Stadt Molde bekommen, und sie mag 13. Pfund gewogen haben. Diese Art trifft man im Winter um Drontheim am häufigsten an, und heißt Slag-örn, jedoch auch zuweilen Fjeld-örn. Seine Hauptfarbe ist braun, doch wechselt sie ab, und fällt zumal im Winter sehr ins Weiße. Man nennt noch andre Arten von Adlern in Norwegen, als 1) Fiske-Gjoe, welches vermuthlich der Haliaetus aus des Linnaei Natursystem ist. Ich habe von seinem linken breiten Fuß, nach Art der Wasservögel gehört, ihn aber nicht gesehen. Es gehört mehr Beweiß dazu, um zu glauben, daß nur ein Fuß so beschaffen seyn sollte. 2) Mundgotts-Fugl, welchen der Verfasser zur Albicilla rechnet. 3) Klexe, welche Art mir unbekannt ist. Sie soll viel ähnliches mit dem Falken Skiorvinge haben, wiewohl andre diesen Namen den Falken überhaupt geben.

beständig aufhalten. Andre sind Zugvögel, die im Sommer kommen und im Winter wieder fortziehen, und ihre Zeit so genau beobachten, als wenn sie den Kalender verstünden. Dahin gehören die wilden Gänse, Seehähne (colymbi), Amseln (merulae), Schnepfen, die im Norwegischen sogenannten Bruuskoppen u. s. w. Diese Vögel thun ihren Zug nicht nur in Finmarken, sondern in ganz Norwegen.

Ueberhaupt ist Finmarken mit Wasser- und andern Landvögeln reichlich versehen. Es giebt zuweilen auch weiße Falken, welche von eben der Größe, als die gemeinen grauen sind; sie haben eine weiße Brust und weiße Flügel, der Rücken ist aber grau, und der Schnabel nebst den Füßen gelb. Sie nisten in hohen unzugänglichen Ritzen der Felsen *). Die gemeinen grauen Falken sind in dieser Gegend viel häufiger, und weil sie sehr gelehrig und zur Jagd abzurichten, so haben sich sonst Ausländer gefunden, welche dem Könige den Falkenfang abgepachtet.

Man sagt, es gäbe in den wüsten Gegenden von Finmarken weiße Eulen, die etwas größer als die gemeinen sind, weiße Federn mit schwarzen Flecken, einen kurzen Vorkopf, breiten Schnabel, blitzende Augen, und rauche Füße haben. Sie brüten ihre Jungen im hohen Felsen aus **).

Skaitte,

---

*) Er heißt Falco Islandus in des Brunniche Ornith. Bor. p. 2.

**) Dieses ist die bereits oben angeführte Strix nyctea. (Faun. Suec. 76.) Norwegisch Lemens-Grüs. Ich besitze eine, welche vor Fasten im Jahr 1762. zu Snefiorden

Das zwölfte Kapitel,

Skaitte, eine Art Meeve, hat viel ähnliches mit dem Seevogel Kive, welcher unten vorkommt, und hält sich in den Gebürgen von Finmarken auf, wo er die von andern Vögeln gelegten Eyer aufsucht, und aussauget.

Von Krähen giebt es hier sowohl als in ganz Norwegen eine unglaubliche Menge, aber nirgends mehr als an der Küste, wo man sie haufenweise sitzen und fliegen siehet. Die in diesen Gegenden herrschende Kälte macht sie so kirre, daß sie sich um die Häuser versammlen, und dreist in die Höfe fliegen. Wenn die Schüsseln und Teller gewaschen, und das Wasser auf den Schnee hingegossen wird, so stürzen sie begierig auf den Fleck, und suchen, ob sie einige Brosamen finden. Wenn die Wäsche, welche im Sommer auf den Wiesen zum Bleichen liegt, nicht gehütet wird, so fallen sie aus Hunger darauf, und zerreißen sie mit ihren Schnäbeln. In andern Gegenden von Norwegen sind sie nicht so arg und gefräßig als hier.

Die Raben sind nicht weniger zahlreich. Ihre Gefräßigkeit ist bekannt, sie stehlen die Fische, welche

fiorden geschossen ward, als sie mit andern in Verfolgung der Lemings oder Bergmäuse begriffen war. Ihr Geschrey hat etwas ähnliches mit dem Grunzen der Schweine. Der gemeine Mann hält diese Stryx nyctea aus Einfalt für ein Gespenst. Eben dieses glauben sie auch von der Stryx bubo, (Faun. Suec. 69.) welche die Norweger Berg-Ule nennen, die aber auch wegen ihres Geheules Ropern heißt.

che die Einwohner zum Dörren aufhängen, wie auch die Hasel= oder Berghühner in den Schlingen *).

Die Elster **) trifft man auch zwar in Finmarken an, aber nicht weiter, als bis ins Kirchspiel Altens und Hammerfest in West=Finmarken. Wenn sich sonst eine in der Insel Wardoe in Ost=Finmarken bey der Kirche oder bey dem Amthause sehen ließ, so glaubte man, der Prediger oder der Amtmann würden sterben, oder eine neue Beförderung bekommen.

Man trifft in Finmarken und andern Gegenden auch Auerhähne ***) in den Wäldern an. Sie sind so groß wie die Adler, aschgrau mit schwarzen und weißen Flecken auf der Brust und unter dem Bauche, haben eine rauhe Stimme. Sie breiten den Schwanz nach Art der Kalekutischen Hühner

aus.

---

*) Ich habe von Hrn. Schytte, Predigern zu Hammeroen gehört, daß die Raben und Krähen in Nordland den Schaafen und Lämmern vielen Schaden thun. Wenn diese im Frühjahr aus den Ställen kommen, so hacken die vom Winter her ausgehungerten Krähen ihnen die Augen aus, und beißen sie in den Bauch.

**) Norwegisch Skiuur oder Skioor, Coruus, Pica. (Faun. Succ. 92.) Er heißt auch Tunfugl im Dänischen, weil er sich gern in der Nachbarschaft der Häuser aufhält.

***) Vrogallus maior, (Faun. Succ. 200.) das Männchen heißt auf Norwegisch Tiuur, oder Todder, Lappisch Ziufzhia.

J

aus. Die Hühner sind kleiner, braungelb und sprenklicht. Das Fleisch dieser großen Auerhähne gleicht dem gemeinen *) an Farbe und Geschmack vollkommen.

Ein schöner großer Vogel, dessen Hals und Füße fast eine Elle lang sind, und bey den Lappen Guorga **) heißt, wird in Finmarken sehr selten gefunden.

Weiße Haselhühner ***) giebt es in Finmarken eine große Menge. Sie sind im Sommer grau, und im Winter weiß. Sie lassen sich im Winter dergestalt beschneien, daß man sie im Vorbeygehen nicht eher sieht, als bis sie auffliegen. Man hat zwey Arten, die Skov Ryper halten sich in den Wäldern

---

*) Tetrao Tetrix. Faun. Suec. 202.

**) Unter allen Finmarkischen Vögeln kann dieses wohl kein anderer seyn, als der Reiher, Ardea Cinerea Linn. Faun. Suec. 165. Norwegisch Heire, welcher sich in Romsdalen und Nordmör aufhält. Ich glaube schwerlich, daß es der Kranich oder Storch ist, obgleich einige sagen, daß man den ersten zuweilen in Nordland gesehen, und daß die Insel Trancen den Namen davon bekommen. Uebrigens verirrt sich vielleicht zuweilen ein oder der andre Vogel gegen Norden, der sonst so weit nicht hinauf kommt. Vor ein paar Jahren wurden zu Smolen in Nordmör zwey Trappen (Otides Tetraces Faun. Suec. 196.) gefangen, die der Sturm vermuthlich dahin verschlagen hatte. Sie waren so schwach, daß man sie mit Händen greifen konnte.

***) Tetrao Lagopus. Faun. Suec. 203.

Wäldern und Ebenen auf, die Field-Ryper aber auf den höchsten Bergen. Die letztern sind kleiner, und haben auch eine ganz andre Stimme. Sie werden auf folgende Weise gefangen: Man macht ein Gehaue oder eine Art von Birkenzaun im Felde, und läßt hin und wieder Löcher darinn, auf daß die Haselhühner durchkriechen können. Wenn sie nun von ohngefähr auf diesen Zaun fallen, um die Knospen abzubeißen, darauf herumhüpfen, und durch die Löcher wollen, so bleiben sie in den darinn befindlichen Schlingen hängen *).

---

*) Wenn die Haselhühner jung gefangen und gefüttert werden, kann man sie ganz zahm machen, daß sie auf der Erde herumlaufen. Ich habe ein so zahmes Haselhuhn gesehen, daß es am Bette seines Herrn lag, und alle, die ins Haus traten, nach Art der Kalekutischen Hähne anfiel. Sie erfordern, wenn man sie einige Jahre erhalten will, viele Wartung, insonderheit beym Füttern, damit sie das bekommen, was sie gerne essen, nämlich gewisse Beeren und Kräuter. Sie fressen zwar auch Haberbrey, ja sogar Mandeln und Rosinen; aber die Speisen, welche sie die Natur zu fressen lehrt, sind ihnen weit gesünder. Sie müssen der freyen Luft genießen, wenn man sie beym Leben erhalten will, und ihr Haus auf einem Rasenplatze bekommen. Ich habe sie nach Dännemark schicken wollen, sie sind aber allemal unterweges gestorben, welches vermuthlich der schlechten Witterung zuzuschreiben ist.

Im Oſtlichen Finmarken ſieht man auch Holz-tauben *), ſie ſollen aber im Rußiſchen Lappland viel häufiger ſeyn.

Ein ziemlich ſeltner Vogel iſt der von ſeinem Kamm in norwegiſcher Sprache ſogenannte Bruus Kopper **). Er iſt entweder blaulich mit einem weiſ-ſen Kragen um den Hals, oder dunkelbraun mit ei-nem rothen Kragen, und ohngefähr von der Gröſſe einer Amſel, doch hat er gröſſere Füße, und einen ſpitzen Schnabel. Das Männchen hat eine rothe Haut, oder eine Art von Kamm ohne Federn, und auf jeder Seite ſtatt der Ohren eine Kuppe von Fe-dern. Beym Paaren ſchlägt es mit den Flügeln, und macht allerley Bewegungen wie die Auerhähne.

Die Amſeln ſind wegen der artigen Farbe und des angenehmen Geſchmacks ſehr beliebt, und auch in Dännemark bekannt. Man trifft ſie auch in Finmarken an. Sie kommen zu Anfang des Früh-lings, ziehen im Herbſt wieder weg, und verſamm-len ſich zuvor in anſehnlichen Haufen. Sie halten ſich in Sümpfen auf, bauen ihre Neſter auf den darinn

---

*) Columba Oenas. (Faun. Suec. 207.) Es giebt auch Ringeltauben, Columba Palumbus, (Faun. Suec. 208.) Ich habe ſie aber nur im ſüdlichen Norwegen geſehen, und kann nicht ſagen, ob ſie ſich auch im Nördlichen aufhalten.

**) Die Dänen nennen ihn Staal-Snepper. In der Fau-na Suec. heißt er 175. Tringa pugnax. Man trifft ihn nur zu Romsdalen und Nordmör, aber nicht weiter gegen Norden an.

darinn befindlichen Anhöhen, und legen die bunten Eyer unter freyem Himmel hin, daher sie auch hin und wieder in Norwegen Heiloner, Bewohner der Moräste, genannt werden *).

Zu dem Amselgeschlecht gehört auch noch ein gewisser Vogel, den die Norweger Spove, und die Lappen Gusgastak nennen. Man trifft ihn sowohl in Finmarken als im übrigen Norwegen häufig an. Es giebt in Ansehung der Größe zwey verschiedene Arten, sie sind aber alle grau und dunkelbraun. Man sieht sie gemeiniglich auf den Felsen an der Küste sitzen. Sie hecken in den Sümpfen, und haben ein sehr wohlschmeckendes Fleisch **).

Man trifft in Finmarken und andern norwegischen Orten kleine Vögel an, die auf Norwegisch Ryssegiog oder Myrehest heißen. Sie sind braun mit bunten Flecken, haben einen langen Schnabel, und eine Stimme, die etwas ähnliches mit einem Bock hat. An Größe kommen sie fast den Amseln gleich, und halten sich meistens in sumpfigten Gegenden auf. So viel ich weiß, ist dieser Vogel in Dännemark unter dem Namen Myrebuk ***) bekannt.

*) Es ist der Charadrius apricarius Linnaei. Faun. Suec. 189.

**) Die größere Gattung heißt Scolopax arquata beym Linnaeus Faun. Suec. 168. und die kleinere Scolopax Phaeopus 169.

***) Linnaeus nennt ihn Scolopax Gallinago. Faun. Suec. 173. und Brisson in seiner Ornithologie T. II. p. 285.

Das zwölfte Kapitel,

Die Meerelster, (Kield oder Rone Kalv) pica marina, *) trifft man an den Küsten von Norwegen an. Sie ist etwas größer als die obgedachten Amseln, und mit einem saffranfarbenen Schnabel versehen. Der Bauch und die Füße sind gelb, die Brust und Flügelspitzen weiß, das übrige pechschwarz. Man sieht sie zuweilen am Ufer, wo sie ihre bunten Eyer in ein Nest zwischen Schilf oder bloßen Felsen legt. Es sieht artig aus, wenn der Vogel an dem sandigen Ufer, so wie die Wellen zurück treten, solchen nachläuft, und eben so geschwind umkehrt, wenn sie wieder aufs neue gegen das Ufer anrollen. Hingegen ist sein heßliches Geschrey den Jägern desto unangenehmer, weil die andern Vögel dadurch abgeschreckt werden.

Unter die übrigen Wasservögel in Finmarken gehört auch der auf Norwegisch sogenannte Skrüg-Kjeld oder die schreyende Meerelster **). Sie ist von der vorigen nur in Ansehung der Größe und Farbe unterschieden, nämlich etwas kleiner, und am ganzen Leibe grau. Uebrigens kennt man den Vogel genug wegen seines unaufhörlichen unangenehmen Geschreyes, womit er die ganze Gegend erfüllt. Er hat auch den Namen davon bekommen.

Der

La Beccasine, eine Art von Schnepfen, die im Sumpf lebet.

*) Linn. Faun. Suec. 192. Haematopus Ostrilegus.

**) Dänisch Rödbene. Linnaeus nennt ihn in der Faun Suec. 167. Scolopax Totanus.

Der Fjäreplit, auf Lappisch Gabbevierrusch, ist ein kleiner Vogel, etwas größer als ein Sperling, den man auch in andern Gegenden von Norwegen antrifft. Die Federn auf dem Rücken sind grau, gesprenkelt, am Bauch und der Brust weiß. Er hat einen spitzen Schnabel, eine pipende Stimme und ziemlich lange Füße. Er hält sich nahe an der Küste auf, und hüpft unter dem Schilf von einem Stein zum andern. Man sieht ihn selten allein, gemeiniglich sind ihrer zehn oder zwölf beysammen. Sein Fleisch ist ungemein wohlschmeckend *).

Ein andrer kleiner Vogel heißt Sandmuling **). Er hat eine pipende Stimme, und hält sich bald an der Küste, bald tiefer im Lande auf. Er fliegt selten, sondern läuft von einem Ort zum andern.

Der Schneevogel ist ein kleiner Vogel in Norwegen und Finmarken ***), beynahe weiß mit

brau=

---

*) Dieses ist eine neue Art von Tringa, welche Ström in Sondm. Beskr. I. 225. beschreibt. Brünn giebt ihr in seiner Ornithol. p. 54. n. 182. den Namen Tringa maritima.

**) Charadrius hiaticula. Faun. Suec. 187. Er hält sich in Gesellschaft anderer seines Gleichen auf, da man hingegen die vorige Tringa maritima allezeit allein antrifft.

***) Norwegisch Sneefugle, Fieldstär, Emberiza nivalis, Faun. Suec. 227. Linnaeus handelt auch davon in Act. Stockh. vom Jahr 1740. Sein eigentlicher Aufenthalt ist in den Bergen oder Alpen, daher er auch bey

den

braunen Flügeln, und kurzem Schnabel. Sein Fleisch ist ungemein schmackhaft. Eine besondre Eigenschaft dieser Vögel ist, daß sie bey der Fluth des Meeres zunehmen, und bey der Ebbe magrer werden. Die Lappen fangen sie folgender Gestalt: Sie richten Stäbe auf, und hängen an solchen Schlingen, wie die Dohnen, worinn man die Krammetsvögel fängt, nur daß jene von den Haaren der Kuhschwänze sind. Wenn die Vögel nun durchfliegen wollen, so bleiben sie darinn hängen. Sie kommen im Frühlinge in großen Schaaren, verlieren sich aber nach drey Wochen, nachdem sie diese Zeit über meistens auf den Inseln zugebracht haben.

Der Stieglitz ist sehr bunt und hat eine schöne Stimme *). Der graue Hänfling **) mit dem tauben-

den Lappen Alpe und Alpipg heißt. Das Fleisch ist so wohlschmeckend, daß die Ausländer die Vögel vor Ortolane halten, welches die Emberizae Hortulanae (Faun. Suec. 229.) sind, wovon ich nicht behaupten will, daß sie zu den norwegischen Vögeln gehören.

*) Fringilla Carduelis, (Faun. Suec. 236.) Ich habe nur gehört, daß sich auch in Romsdalen und Nordmör Stieglitze aufhalten, aber keine selbst gesehen, als die man aus dem südlichern Theil von Norwegen gebracht hat.

**) Dieses ist vermuthlich die Fringilla flauirostris fusca, rostro flauicante. (Faun. Suec. 239.) Sie heißt aber auf Dänisch nicht Graairisk, wie der Verfasser glaubt; denn der Graairisk ist die Motacilla modularis (Faun. Suec. 245.) Diesen Namen giebt ihm auch Brünnich Ornith. p. 70. n. 269.

taubenfarbigten Halse läßt seine angenehme Stimme ebenfalls in den norwegischen Wäldern erschallen. Es giebt noch eine Art von lieblich singenden Vögeln mit einem kurzen Schnabel, schwarzem Kopfe, grüner Brust und rothem Schwanze, welche ihre Eyer in Löchern unter der Erde legen *).

Man hat außer diesen noch mehrere Arten von Singvögeln: dahin gehört ein gewisser kleiner Veige-Zizath, **) von grauer Farbe; ferner ein schwarzer mit einem weißen Kragen um den Hals ***); und ein kleiner in der Größe einer Amsel, welche die Lappen Lafhol †) nennen.

---

*) Vermuthlich die Fringilla Lulensis. Faun. Suec. 234.

**) Der Lappische Name bedeutet so viel als ein Vogel, der in der Dämmerung singt. Des Verfassers Beschreibung kommt mit des Linnaeus seinem Turdus Iliacus überein, (Faun. Suec. 218.) welcher beynahe die ganze Nacht durch singt. Die Norweger heißen ihn Natvake. Ich habe in den Nestern gemeiniglich fünf Eyer gefunden, welche blaugrün und gesprenkelt aussehen.

***) Turdus torquatus, Dänisch Ringdrossel. Linn. Faun. Suec. 221.

†) Der Vogel Lafhol, Dänisch Pomeranz-Fugl, ist der Charadrius morinellus, (Faun. Suec. 188.) er gehört aber nicht unter die gut singenden Vögel. Verschiedene z. E. Albinus Ornith. T. II. p. 61. verwechseln das Männchen dieser Gattung mit dem Weibchen. Er kommt im Frühling zu Drontheim an, begiebt sich aber bald ins Gebürge. Einige kommen im Herbst wieder zurück.

Das zwölfte Kapitel,

Der kleine Vogel, den die Norweger Laxe-Titing heißen *), läßt sich zuweilen an den Ufern der Flüsse sehen; ein andrer kleiner Vogel mit einem weißen Kragen, (Norwegisch Elve-Kald **) hält sich gemeiniglich bey den Wasserfällen der Flüsse auf.

Zu den Seevögeln, die sich in diesen Gegenden sehen lassen, zählen wir auch die Schwäne, welche in Fallen von den Lappen gefangen werden ***).

Die wilden Gänse kommen alle Jahre im Frühlinge aus wärmern Gegenden nach Norwegen, halten sich in den kleinen Inseln auf, um zu hecken, und kehren im Herbste mit ihren Jungen wieder zurück. Viele gehen auf ihrer Reise nicht weiter als Nordland, andre bis an die Inseln des Stifts Bergen; eine große Menge setzt solche aber unermüdet bis nach Finmarken fort. Sie brüten ihre Jungen auf den Inseln Sorön, Ingön, Rolfsön u. s. w. aus, ernähren sich mit ihnen daselbst bis gegen den Herbst, da sie wieder gegen Süden zurückkehren. Es ist artig

---

*) Scolopax Totanus. Faun. Suec. 167.

**) Sturnus cinclus, (Faun. Suec. 214.) Eine Art von Staar, der sich, ob er gleich keine Schwimmhaut an den Zehen hat, dennoch in die Strudel und Wasserfälle der Flüsse hineinwagt, und die Insekten heraus holt. Er bleibt aber nicht lange im Wasser, sondern schießt jähling hinein, hebt sich aber auch bald wieder aus dem Wasser heraus.

***) Man trifft zuweilen auch Schwäne zu Nården in dem Amt Nummedalen und andern Gegenden insonderheit zur Winterszeit an.

tig anzusehen, wie sie aus ihren Winterquartieren gezogen kommen, und allemal einen Anführer haben, dem die andern nach der Ordnung folgen. Wenn einer eine Zeitlang voran geflogen, überläßt er dieses Amt gleichsam dem folgenden, und macht den Beschluß von dem Zuge. Es ist allerdings merkwürdig, daß sie auf ihrer weiten Reise ordentliche Stationen haben, welche sie gern in den Winkeln der Meerbusen nehmen, um daselbst zu übernachten, oder ein paar Tage auszuruhen.

Dieser Vogel, den man für sehr einfältig hält, und daher auch einen einfältigen Menschen eine dumme Gans zu nennen pflegt, weiß gleichwohl seinen Weg durch einen unermeßlichen Raum zu finden, und zwar so genau, daß ein jeder nicht nur die im vorigen Jahr bewohnte Insel, sondern sogar das Nest, welches er sich gebauet, wieder sucht, und in Besitz nimmt. Der Steuermann kann mit aller seiner Kunst, mit Compaß, Seecharten und andern Instrumenten seine Bahn nicht richtiger bestimmen, als es dieser Vogel durch den natürlichen Instinkt thut, wenn er seinen Winteraufenthalt verläßt, und diese nordlichen Gegenden sucht. Man sagt, daß eine Gans von einem Haufen, wenn die andern schlafen, allemal Wache hält, daher die Jäger, wenn sie welche schießen wollen, sehr vorsichtig seyn müssen. Sie werden auch in Fallen gefangen, wozu weiter keine Lockspeise gebraucht wird, als daß man nur Rasen darüber weg legt. Manche werden auch erschlagen, wenn sie zur Zeit, da sie die Federn verlieren, matt und schwach sind. Sie begeben sich alsdenn gemei-

gemeiniglich in einsame und unbewohnte Gegenden, um desto sicherer zu seyn.

Es soll im östlichen Finmarken noch eine Art kleiner wilder Gänse geben, die einen braungelben Rücken, einen weißen schwarzsprenklichten Bauch, einen weißen Ring um die Augen, und einen gelben Schnabel und Füße haben *).

Die Enten sind in Finmarken von vortreflicher Farbe und Geschmack. Es giebt eine Art, die sehr klein und schwarz ist, und sich sowohl im See als süßem Wasser aufhält. Die Lappen nennen sie Skoarra **).

Von den Vögeln, welche die Norweger Aederfugle nennen ***), giebt es in Finmarken eine so große

---

*) Diese kleine Art wird gemeiniglich Finmarke-Gaas, die finmarkische Gans, genennt, und ist ohne Zweifel die Anas erythropus cinerea fronte alba Fn. Suec. 116.

**) Diese Anas Lapponica oder Skoarra ist noch in keiner Ornithologie beschrieben, sie scheint jedoch von der Anas latirostra in Brünnichs Ornithologie p. 21. N. 91. nicht viel unterschieden zu seyn.

***) Anas mollissima Fn. Sü. 117. Diese Art von Enten kommt mit des Martens Bergente (Anas montana in seiner Spitzbergischen Reise) meistens überein. Da man sie in Ruhe läßt, so fürchtet sie sich auch nicht für die Menschen, sondern bauet ihr Nest oft neben oder gar in den Fischerhütten, und läßt sich zuweilen aus dem Neste heraus, und wieder hineinheben. Sie sieht, wie der Fischer ihre Jungen ins Meer trägt, läuft neben her und schnattert. Weil das Weibchen aber so gar fromm

große Menge, daß man zuweilen im posangrischen Meerbusen über tausend auf einem Haufen antrifft. Das Männchen hat einen breiten grünen Schnabel. Die Federn am Kopfe, der Brust und den Flügeln sind weiß, schwarz, grün, blau, und von andern bunten Farben. Das Weibchen ist bräunlich mit bunten Flecken. Dieses ist die sogenannte Eydergans oder Ente, deren Federn, weil sie außerordentlich weich sind, sehr gesucht werden. Man stopft mit den Eiderdunen die besten Betten und Polster aus. Die Eyer sind beynahe so groß als ein kleines Gänseey, von grauer ins blaue fallender Farbe. Das Eydotter hat zwar keine angenehme, sondern eine fahle Farbe, aber einen guten Geschmack. Sie machen ihre Nester gemeiniglich in Gesträuche, doch auch zuweilen in Schilf, das am Ufer getrocknet worden. Sie brütet so emsig, daß sie auch bey Annäherung der Menschen ihr Nest ungern verläßt. Sie ist zwar größer als ein Rabe, kann solchen aber doch nicht verjagen, wenn er ihre Jungen frißt. Das Fleisch ist von sehr widrigem Geschmack. An

fromm und geduldig ist, so läßt sie sich auch durch die Raubvögel verjagen, die inzwischen ihre Eyer und Junge verzehren. Das Männchen vertheidigt die Jungen aber tapfer, überwältiget zum Exempel einen Raben, und jagt ihn ins Meer. Wenn die Jungen ausgeheckt sind, so begiebt sich das Männchen weit in die See, und bleibt bis zum Winter daselbst, da er die Meerbusen wieder sucht, und zwar nicht nur in Finmarken, sondern er geht oft bis nach Drontheim hinunter.

Das zwölfte Kapitel,

An der finmarkischen und übrigen norwegischen Küste, zumal wenn sie in die See hinein liegen, trift man auch den Seehahn mit schwarzen und weißlichen Federn, langen spitzigem Schnabel, an, der Imber heißt. Er hat eine traurige und schreckliche Stimme. Wenn er viel schreyet, so glaubt der gemeine Mann, es bedeute einen Sturm aus Süden. Es ist ein ansehnlicher Vogel, der zuweilen eilf bis funfzehn Pfund wiegt, aber von einem desto schlechtern Geschmack. Er fliegt nie, sondern liegt beständig im Wasser, und zwar so tief, daß man nichts als den Hals und den Kopf sieht. Wegen der kleinen Flügel nach Proportion des Leibes kann er nicht fliegen, daher er, wenn er Menschen sieht, nicht die Flucht nimmt, sondern untertaucht. Man trift selten zwey beysammen an. Er ist so gefräßig, daß er ganze Fische von ziemlicher Größe auf einmal verschluckt *).

Eine andre Gattung von Seehahnen, (Colymbus) auf Norwegisch Loom genannt, trift man in ganz Norwegen, und also auch in Finmarken an **). Sie sind etwas größer als Enten, und kleiner als Gänse; haben einen langen spitzigen Schnabel, eine ungewöhnliche starke Stimme, einen lan-

---

*) Dieses ist der Colymbus arcticus maximus, der eigentlich Hymber oder Vas-Hymber heißt.

**) Colymbus *Lumme* collo antice rufo vel ferrugineo. Act. Nidrof. I, 244. Diese Art wird eigentlich Loom, und die vorige, wie gesagt, Vas-hymber genannt.

langen schmalen Hals und Leib. Sie hecken in den kleinen Inseln und Klippen der Landseen.

Den Seeraben (Skarv, Corvus marinus,) sieht man hin und wieder an der Küste. Er ist größer als der Seehahn, ihm aber in Ansehung des langen spitzen Schnabels gleich. Sie sind durchgängig sehr schwarz, einige wenige haben nur einen weißen Bauch: diese Seeraben schwimmen bald in der See, bald sitzen sie haufenweiße mit ausgebreiteten Flügeln auf den Klippen, damit solche desto eher trocknen. Wenn sie wegfliegen wollen, stürzen sie sich zuvor mit großem Geräusch ins Wasser, um ihre Flügel anzufeuchten, welches sie desto geschickter zum Fluge macht. Sie verschlucken aus Gefräßigkeit ganze Fische von mittelmäßiger Größe, daher ihr Fleisch sehr fischig und unangenehm schmeckt. Sie verlieren diesen Geschmack mit Erbsen gekocht, und sind alsdenn ziemlich eßbar. Ihre Jungen brüten sie zwischen Klippen aus *).

Ein gewisser finmarkischer Vogel, wird auch das Seepferd (Hav-hest) genannt. Er hält sich mitten in der See weit vom Ufer auf, und sucht das Land nur bey neblichter Luft, und großen Stürmen. Man

---

*) Hieher gehören: 1) der Pelecanus Carbo Faun. Suet. 145. welchen Brünnich von dem Phalacrocorax unterscheidet. 2) Der Pelecanus Graculus oder Aristotelis. Faun. Su. 146. und 3) der Pelecanus cristatus, crista dependente. Act. Nidrof. III. Dieser letztere ist vermuthlich der Corvus Sylvaticus beym Johnston, auf Deutsch der Waldrap.

Man glaubt, daß er seine Eyer an der Küste von Island legt. Er ist etwas weißer, übrigens aber den Tauchern an Größe und Farbe gleich. Sein Schnabel ist gleichsam in gewisse Felder von verschiedenen Farben getheilt. Er hat eine pipende, schnarchende Stimme, und riecht nach Trahn. Beym Fliegen hält er die Flügel steif ausgespannt. Er schläft auf dem Wasser. Wenn er auf diese Art ruhig liegt, so bedeutet es gutes Wetter, wenn er aber auf dem Wasser geht, so bedeutet es Sturm. Man sieht diesen Vogel nicht über Drontheim gegen Süden *).

Hav - Orre (lateinisch Tetrao marinus) ist gleichfalls eine Ente der norwegischen See. Das Männchen kommt dem oben beschriebenen Aederfugle an Größe gleich. Der Kopf ist bläulich, um die Augen grün, und der Schnabel von allerley Farben, der Hals weiß, die Füße gelb, übrigens ist er schwarz, das Weibchen aber braun. Wir merken nur noch an, daß der Vogel, welcher im übrigen Theil von Norwegen diesen Namen führt, dem Auerhahn an Farbe gleich komme **).

Eine

---

*) Von diesem Vogel Procellaria Groenlandica s. Act. Nidros. 1, 182. Brisson nennt ihn procellaria cineres, und sagt, daß er sein Nest auf den Klippen in der See baue. Die in den Act. Stockh. vom Jahr 1749 vorkommende Procellaria Martini ist vermuthlich eben dieselbe, und die Procellaria glacialis albicans Fn. Su. 144. kommt damit fast überein.

**) Dieser Vogel heißt beym Linn. Fn. Su. 112. Anas specta-

Eine besondre Art brauner Vögel, in der Größe einer Ente, sieht man schaarenweise, ohne daß sie sich sehr für Menschen scheuen. Die Russen sollen solche zahm machen, und in den Häusern haben *).

Die Hav-Aelder, welche eine Art von Enten **) sind, halten sich auch in Norwegen auf. Das Männchen hat einen weißrothen Hals, und eine lange weiße Schwanzfeder. Man sieht immer mehrere beysammen, welche mit einem kläglichen Ton

spectabilis rostro basi, gibbo compresso carina pennacea nigra, capite canescente, und beym Brisson Anas freti Hudsonis. Hingegen des Verfassers Hav-Orre, welche mit dem Tetrao Tetrix eine Aehnlichkeit hat, ist ohne Zweifel der Colympus auritus des Linnaeus Fn. Su. 152. welchen die Norweger Kav-Orre nennen. Er bauet sein Nest am Ufer, oder in der See selbst von allerley Schilf und Wassergräsern, mit einem Dache, daß die See es hin und her bewegen kann, ohne daß er im Brüten gehindert wird. Die Anas fusca Fn. Su. 109. heißt auch an einigen Orten Hav-Orre, sie heißt aber besser zum Unterschied Svart Orre.

*) Ich kann zwar nicht bestimmen, was für einen Wasservogel der Verfasser hier meint, und weiß auch nicht, wie die Russen sie zahm machen, ich vermuthe aber daß es die Anas Bernicla Fn. Su. 115. ist, welche auf Norwegisch Rot-Gaas, oder Raatne-Gaas, heißt.

**) *Anas* hiemalis Fn. Su. 125. Brunn. Ornith. p. 17. Anas Islandica protensa cauda, Havellda genannt. Die Farbe ist sehr verschieden. Die zwey langen Schwanzfedern hat nur das Männchen, wie einige wollen.

Ton gleichsam Kiopangla schreyen, weswegen die Lappen sie Angalagges, und die südlichen Norweger zum Scherz Angle-magere, Angelmacher nennen. Sie sollen ihre Jungen am Ufer der Landseen auf den Bergen aushecken. Ihr Fleisch schmeckt weder schlecht noch angenehm.

Die Alker *) trift man sowohl an den finmarkischen Ufern an, als die Klubb-Alker **), welche ihre Jungen in den Ritzen der Felsen aushecken.

An dem sogenannten Lunder ***) hat Finmarken einen großen Ueberfluß. Dieser Vogel ist kleiner als die Enten, hat einen krummen Schnabel wie ein Adler, aber nur von mehrern Farben als der Schnabel des letztern. Sie brüten ihre Eyer in unzugänglichen Felsen aus, wo man sie mit langen Stangen herauszieht. An einigen Orten sind die Hunde so abgerichtet, daß sie in die Löcher hineinkriechen, und die Vögel herauszerren. Ihre Federn sind zum Ausstopfen der Küssen die schönsten in Norwegen.

Es giebt einen Vogel in Finmarken, der nicht allenthalben in Norwegen bekannt ist, und auf norwegisch Teiste heißt. Er ist etwas kleiner als eine

Ente,

---

*) Unter Alker wird hier die Alca oder Uria Lomvia Linn. Syst. Nat. verstanden. Brünn. Ornith. p. 27. unterscheidet von dieser den Colymbus oder Uria Troille Fn. Su. 149. welche in Island Stunefur heißt.

**) Alca Torda. Fn. Su. 139.

***) Alca arctica. Fn. Su. 121.

Ente, hat eine pipende Stimme, schwarze Federn, mit einem weißen Flecken auf jedem Flügel, und schöne rothe Füße. Die Eyer sind bunt, und die darinn befindliche sehr fette Dotter von rötherer Farbe, als die Hünerdotter. Der Vogel legt solche zwischen den Klippen und Ritzen der Felsen in ein nachläßig auf der Erde gebauetes Nest. Die Jungen sind im ersten Jahr grau. Wenn diese Vögel einen Schuß hören, so tauchen sie sich mit unglaublicher Geschwindigkeit unters Wasser *).

Norwegen zeugt eine unglaubliche Menge von Meven. Die vornehmsten Arten derselben sind: die grauen, Norwegisch Sildmagere, welche die Heeringe rauben, und die größten unter allen sind **). Die großen Meven mit schwarzen Flügeln, gelben Füßen und Schnabel, Norwegisch Sortbag ***).

*) Dieses ist der Colymbus oder Uria Grylle, dessen zuvor Erwähnung geschehen.

**) Dieses sind vermuthlich die nicht ausgewachsenen Lari marini des Linnaeus, welche ihre beständige Farbe erst nach Jahresfrist erreichen. Sie gehören zu denen, welche der Verfasser unten Skor-Unger nennt. Ueberhaupt ist zu bemerken, daß in manchen Ornithologien einige junge Meven oder Lari für besondere Arten der Farbe wegen angegeben werden, die es doch wirklich nicht sind. Wenigstens ist es gewiß, daß man unter den bisher bekannten Meven keine ausgewachsene Art findet, die grau mit bunten Flecken wäre.

***) Sie heißen Hav-Maase. Larus marinus Fn. Su. 153. Sie nisten in den Inseln und Felsen auf der See um die

Die kleine Art von derselben Farbe, auf lappisch Sobmer *). Die großen weißen mit blauen Flügeln, gelben Schnabeln und Füßen, Norwegisch Blaamager **).

Keine von diesen Arten trift man in so großer Anzahl an, als die kleinen Meven, welche der letztern Gattung in allem gleich sind, außer in der Größe und den schwarzen Füßen. Sie heißen auf Norwegisch Krokke ***). Man trift ganze Schwärme

die Mitte des May. Man unterscheidet sie von der folgenden kleinern Gattung an den weißlichen Füßen, an der schwarzen Farbe und der Größe.

*) Sie heißen auf Norwegisch Ojmor, Emor, und wegen der gelblichen Füße Guulfotting. Larus fuscus. Fn. Su. 154. Sie und der Larus canus des Linnaeus kommen unter allen Meven zuletzt aus der See in die Meerbusen, nämlich um Mariä Verkündigung, da sich die andern bereits zu Anfang der Fasten einstellen. Beyde Gattungen nisten vierzehn Tage vor Johannis in den Inseln und Klippen der Meerbusen, welche nicht gar zu weit vom festen Lande liegen.

**) Auch Quitmaase. Larus albus. Martens nennt diesen Vogel in seiner Spitzbergischen Reise den Bürgemeister. Sein Charakter ist: Larus hyperboreus dorso dilute cinereo extremitatibus remigum albis. Er kommt und nistet zu einer Zeit mit dem Larus marinus.

***) Larus trydactilus. Fn. Su. 157. Außer den hier angeführten giebt es noch ein paar andre Gattungen, 1) der Larus Albus, Norwegisch Valdmaase, welcher zuweilen ganz weiß, und so groß als der Larus canus seyn soll. Diesen halte ich für den Vogel, welchen Martens

me davon an den Orten, wo sie brüten wollen, beysammen an. Sie legen ihre Eyer auf hohen Felsen, von welchen sie bey Annäherung der Menschen auffliegen, den Himmel wie ein finstres Gewölk verdunkeln, und ein greßliches Geschrey erheben. Man sieht bey dem Vorgebürge Suerholt., im östlichen Finmarken, einen hohen Felsen, Suerholts-Klub genannt, auf dessen Seeseite die Natur diesen Vögeln gleichsam Wohnungen auf Absätzen von Rasen, in gehöriger Weite von einander, in dem Felsen bereitet hat, wo sie sich heerdenweise zum Ausbrüten ihrer Eyer versammlen. Die Eyer auf den untersten Absätzen werden mit Löffeln, die an langen Stangen befestigt sind, weggenommen. Die obersten sind unersteiglich. In der Nachbarschaft pflegen die Adler zu nisten, und die Jungen der Meven zu verzehren. Die Eyer der Meven sind bunt, und die Dotter viel dunkler als von Hühnern, aber ziemlich wohlschmeckend.

Was bisher von den Gattungen der Meven und ihrer Farbe gesagt worden, ist allemal von den ausgewachsenen zu verstehen, denn die Jungen sind durchgängig grau mit bunten Flecken. Um sie zu fangen, werfen die Lappen einen Strick ins Wasser, an dessen Ende ein Stock mit einem Haken befestigt ist.

tens in seiner Reise Rathsherr nennt, welcher ganz weiß bis auf die Füße und den Schnabel seyn soll. 2) Der Larus, welcher Norwegisch Hej-Maase heißt, und das Mittel zwischen dem Larus canus und Hyperboreus ist, und dem ersten an Farbe gleich kommen soll.

Die Meven halten solchen für eine Speise, fliegen begierig hinzu, und werden, indem sie ihn verschlingen wollen, durch den Strick ans Land gezogen. Auf diese Weise fangen die Lappen unzählige, und verkaufen die abgezogene Haut.

Die Seeschwalben, Tänner, findet man auch in Finmarken, und zwar nicht nur die gemeinen mit schwarzen Kuppen, blauem Rücken und Flügeln, weißem Bauche, und gespaltenem Schwanze *), sondern noch eine andre ungewöhnlichere, die am ganzen Leibe schwarz sind, und beständig schreyen **). Man glaubt, daß ihre Ankunft im Frühlinge anzeige, daß der Lachs nunmehr in die Flüsse tritt.

Der Vogel Kive oder Kive Joen gehört auch unter die Norwegischen ***). Er ist unter dem Bauche weiß, sonst aber braun, hat lange Federn im Schwanze, scharfe Klauen, und viel ähnliches mit den kleinen Meven. Auf dem Lande hält sich dieser Vogel in sumpfigen Orten nahe an der See auf, und brütet daselbst seine Jungen aus. Er kann keine Menschen leiden, und fliegt ihnen dreist ins Gesicht.

Auf

---

*) Brünnich nennt solche Sterna paradisea. Es soll auch eine graue Seeschwalbe geben, Sterna hirundo fronte alba. (Faun. Suec. 158.) Beyde gehören vermuthlich zur Sterna hirundo, und sind vielleicht, als man sie beschrieben, jung gewesen; denn ich habe unter vielen tausenden nie eine mit einem weißen Kopfe bemerkt.

**) Sterna nigra Faun. Suec. 159. Dänisch Glitter.

***) Cataracta parasitica, oder der Larus parasiticus des Linnaeus.

Auf der See scheint er die Menschen nicht so sehr zu fliehen, sondern begiebt sich vielmehr an die Fischerkähne, und verzehrt die Stücken Leber, oder was sie sonst über Bord werfen. Im Fliegen verfolgt er die Meven *) und die sogenannten Tänner, und ängstigt sie, bis sie ihre Excremente fallen lassen, die er im Fluge mit großer Geschicklichkeit auffängt und verzehrt.

Der Vogel Smälle-Bot **) hat seinen Namen, weil er sich zu der Zeit einstellt, da die Nordländer auf Norwegisch Smäller genannt, mit ihren Fischerboten sich hieher begeben. Er heißt auch Nordwestvogel, weil er aus Nordwest übers Meer nach Finmarken kommt. Er ist etwas größer als der Sperling, unter dem Bauche weiß, auf dem Rücken braun mit Flecken, hat einen schwarzen spitzen Schnabel, ziemlich lange halb gespaltene Füße, daher er sowohl auf dem Wasser als auf dem Lande leben kann. Wenn die Fischer ihn sehen, vermuthen sie sich einen Sturm aus Nordwesten.

Die Lappen schießen auf der Jagd nicht nur die großen Vögel, als wilde Gänse u. d. gl. mit gezogenen Büchsen, sondern auch die kleinern, als die Haselhüh-

*) Nämlich die Laros minores, insonderheit die Tridactylos.

**) Tringa lobata. Faun. Suec. Man sieht sie oft in großer Anzahl in Nordland einige Meilen weit vom Ufer schwimmen. Er nistet an den sandigen Ufern der Flüsse.

selhühner u. d. gl. Es giebt außer den bisher an=
geführten Arten von Vögeln noch viele andre, als
Spechte, Hänflinge u. s. w. *)

Das dreyzehnte Kapitel.
Vom Fischfange der Lappen.

Die Küsten von Finmarken sind nicht weniger
fischreich, als die von dem übrigen Norwe=
gen. Dies bezeuget die Menge der sonst hier ge=
fangnen Wallfische, und der noch heutiges Tages be=
kannte Lachsfang im Flusse Tanen. Der letztere
Fisch wird von den Ausländern wegen seines ange=
nehmen Geschmacks stark gesucht. Der unsäglichen
Menge von Schollen, und Kabeljauen, und andrer
Fische nicht zu gedenken, wovon die See voll ist, und
welche die Einwohner von Nordland herbeylocken,
um mitten im Winter den Fang mit vieler Lebens=
gefahr zu unternehmen. Die Einwohner können
die Vortheile, welche ihnen der Fischfang und die
Jagd jährlich darbietet, sicher genießen, und wenn
auch ein Krieg zwischen Dännemark und Schweden
entstünde, ihre Arbeit in Ruhe abwarten. Sie le=
ben in der größten Freyheit, sie fällen Holz zum
Bauen und Brennen, wo sie wollen, sie schälen Bir=
kenrin=

*) Es wäre zu weitläuftig alle anzuführen. Wir ver=
weisen die Leser auf Brünnichs Ornithologie, Ströms
Beskriv. Sundm. und auf die Acta Nidros.

kenrinden, ihre Häuser zu decken, sie mähen Wiesen, fischen und jagen nach ihrem Gutbefinden. Obgleich ein gewisser Schriftsteller die Lappen für ein Volk hält, dem die Natur nichts Gutes gönnt, und das ganz wild und ohne Umgang mit andern Menschen lebt, und ob Saxo sie gleich wegen ihrer unruhigen Lebensart sehr beklagt, so haben sie doch ihre herrlichen Fische, ihr Wild, und andre schmackhafte Speisen, die man in den besser angebaueten und gesitteten Ländern vergebens sucht.

Meine Absicht ist nicht, die äußere und innere Gestalt der Finmarkischen Fische weitläuftig zu beschreiben, sondern solche nur einigermaßen anzuzeigen, hingegen die Art, wie die Lappen sie fangen, nutzen, und zurichten, zu melden. Zu Anfang des Februars, und also mitten im Winter, treiben die Wallfische, deren man viele an den Küsten und in den Meerbusen sieht, eine große Menge von Dorschen in die Nordischen Scheeren, wo die Fischer sie bequem fangen können; sie sind also durch die göttliche Vorsehung das Werkzeug, wodurch ein Volk, das in einem Lande lebt, wo man weder säen noch erndten kann, seine Nahrung erhält. Sie machen dabey ein fürchterliches Geheule, und man sieht einen Dampf von dem Orte, wo einige sind, aufsteigen. Eine solche Versammlung von Wallfischen nennen die Einwohner Hval-Grin. Wenn sie die kleinen Fische auf die Art jagen, ist es nicht rathsam sich ihnen zu nähern, weil man viele Exempel hat, daß sie die Fischerbote umwerfen. Eben so gefährlich ist es in den Hundstagen, da sie sich paaren, weil sie auf die Fahrzeuge, in der Meynung ein Weibgen zu fin̈den, losgehen. Um dieses zu verhindern, werfen die Fischer Bibergeil, welches die Wallfische aufs äußerste verabscheuen, in die See, oder in Ermangelung dessen leere Gefäße, womit der Wallfisch spielt, und ihnen inzwischen Zeit läßt, zu entfliehen. Zu eben dieser Zeit sieht man auch den sogenannten Wallrath (Sperma ceti) auf dem Wasser schwimmen, oder am Ufer ausgeworfen *).

Die vornehmsten Arten von Wallfischen sind 1) der Ror-hval **), 2) der wegen seiner Größe sogenannte Stor-Hval. Beyde treiben die Fische gegen die Küsten. 3) Der Trold-hval ***), ein ungeheures

*) Daraus muß man aber nicht schließen, daß dieses der wirkliche Saamen des Wallfisches sey. Alle Naturkündiger nehmen heutiges Tages an, daß der Wallrath hauptsächlich aus dem Gehirn des Fisches bestehet, welchen Linnaeus im Syst. Nat. Physeter, und in der Faun. Suec. Catodon Macrocephalus nennt. Die Holländer heißen diese Art Wallfische Pottwallfisch.

**) Man hat mehrere Arten von Wallfischen, die Rörhvaler (ceti fistulosi) heißen: ich kenne deren zwey, welche zu den sogenannten Sild-Hvaler, oder Heeringswallfischen gehören. Sie heißen so, weil sie die Heeringe in die Meerbusen jagen, daß sie leicht zu fangen sind. Ström glaubt, daß diese Art mit des Egede Finnefisk, und des Linnaeus Balaena Physalus einerley sey; und ich vermuthe, daß sie sich von dem folgenden Stor-hval nur in der Größe unterscheide.

***) Unter Trold-hual oder Teufelswallfisch, verstehet der gemeine Mann überhaupt alle große fürchterliche Thiere

heures schuppigtes Thier, welches unter dem Wasser ein erschreckliches Geschrey macht, und die Fischerbote umwerfen soll. Die Schiffer müssen sich desto mehr dafür in Acht nehmen, weil sie selten aus der Tiefe hervorkommen. 4) Der Nordkaper, welcher im Sommer von den Eisbergen nach dem äußersten Vorgebürge oder Nordkap, wovon er auch den Namen führt, herunter kommt. Diese Wallfische sind ungemein wild und unbändig, daher sich die Fischer sehr dafür fürchten. Sie haben keine sonderliche Länge, einen kurzen dicken Kopf, und werden daher von den Finmarken Stubben genennt *).

Die Gestalt der Wallfische findet man bey den Naturkündigern hin und wieder beschrieben; sie sind in der neuesten Nachricht von Grönland sauber in Kupfer gestochen **). Weil sich bey dem Nordkap ganze

re dieser Art, so wie er auch allen heßlichen und auserordentlichen Vögeln und Fischen den Beynamen teufelisch giebt. Insonderheit führt der obgedachte Pottwallfisch diesen Namen.

*) Dieses ist vermuthlich des Martens sogenannter Butskopf, welchen die Isländer Andhvalur, und Pontoppidan Nebbe-hval nennen. Nach dem Klein heißt er Balaena ore rostrato, tripinnis, edentula minor rostro paruo.

**) Die Geschichte der Wallfische ist dem ohngeachtet noch sehr dunkel, sie verdiente von den Gelehrten in der Nachbarschaft, und den Feldscheerern, die sich bey den Grönländsfahrern befinden, genauer untersucht zu werden, zumal wenn sie sich nach der vom Klein im

Tractat

ganze Heerden von Wallfischen im Frühling versammlen, so pflegten sich sonst viele Schiffe andrer Nationen zum Wallfischfang daselbst einzufinden, und nachgehends um den Thran aus dem Speck des Fisches zu gewinnen, auf die Insel Sor=oen und nach Kielwig zu begeben *). Nach der Zeit fiengen die Spanier aus Biscaja an, den Thran auf ihren Schiffen auszupressen. Die Lappen im Waranger Meerbusen haben ehemals selbst den Wallfischfang getrieben, und dazu Werkzeuge von ihrer eigenen Erfindung gebraucht **). Zuweilen werden auch Wallfische, welche entweder von den Fischern in der See oder von den Seehunden verwundet worden, ans Ufer geworfen, woran die Könige sonst einen Antheil hatten, allein König Christian V. hat solchen bereits im Jahr 1688. den Einwohnern erlassen.

Ich

Tractat von den Fischen Miss. 2. p. 17. gegebenen Anleitung richteten.

*) Der Kirchhof zu Hasvig ist gleichsam mit einer Wand von Wallfischknochen umgeben. Nicht weit davon ist ein Wallfischkinnbacken fast in Manneshöhe errichtet, bey der ein holländischer Fischer begraben seyn soll.

**) Die Lappen aus Schjervoen, und einige Bauern in Nordland, haben dieses auch zu unsern Zeiten gethan: Es ward vor etlichen Jahren von einigen bemittelten Personen eine Gesellschaft zum Wallfischfang errichtet, sie hat aber, weil der Fang im ersten Jahr nicht ergiebig war, keinen Bestand gehabt.

Ich kann nicht umhin, bey dieser Gelegenheit eine wahre Begebenheit einzuschalten. Einige Fischer trafen vor ein paar Jahren einen todten Wallfisch im Meer schwimmend an, waren aber zu schwach, um ihn ans Land zu schleppen. Einer unter ihnen wagte es, aus dem Bote auf den von den Wellen hin und her geschleuderten Fisch zu steigen, damit die andern unterdessen Hülfe vom Lande herbeyholen konnten. Der verwegne Fischer saß indessen auf dem schwankenden Fisch, und hatte, um nicht von den Wellen herunter geworfen zu werden, ein Loch in den Rücken des Thieres geschnitten, darein er die Füße steckte, und zugleich ein Ruder in die Höhe hielte, um den zurückkehrenden Gehülfen ein Zeichen zu geben, wo sie ihn in der offenbaren See zu suchen hätten. Die Sache lief glücklich ab, und der Fisch kam nebst dem Fischer ans Land.

An Seehunden fehlt es auf dieser Küste nicht. Sie sehen fast aus wie Wallfische von 9 bis 10 Ellen, haben eine spitze Nase, oben und unten Zähne eines Fingers lang, und auf dem Rücken Floßfedern wie Spieße. Der Wallfisch hat keinen ärgern Feind, als die Seehunde, welche ihn mit ihren scharfen Zähnen zu bändigen wissen. Wenige können den größten Wallfisch bezwingen, und wenn er gleich, um ihnen zu entgehen, das Ufer sucht, so verfolgen und beißen sie ihn so lange, bis er wieder in die See geht, und ihnen endlich zu Theil wird. Der Wallfisch soll, wenn er von den Seehunden verfolgt wird, ein fürchterliches Geheule machen.

Die

Die Springer findet man auch hin und wieder *). Sie sind auf dem Rücken schwarz, und auf dem Bauche weiß, ohngefähr fünf Ellen lang. Wegen ihrer Sprünge auf der Oberfläche des Wassers heißen sie Springer. Es sieht artig aus, wenn ihrer einige beysammen sind. Man trifft sie meistens in offner See nicht gar weit vom Ufer an, jedoch begeben sie sich auch zuweilen in die Meerbusen, wo sie mit großen Waten gefangen werden. Wenn sie solches merken, so suchen sie nicht durchzubrechen, wie andre Fische, sondern fliehen eiligst gegen das Ufer, wo sie ihren Tod desto gewisser finden. Sie verfolgen die Wallfische ebenfalls, können aber selten etwas gegen sie ausrichten, wenn sie sich nicht in Gesellschaft der Seehunde befinden.

Der Brugden **) kommt den gemeinen Wallfischen an Größe gleich, hat eine schwarze Haut, und einen

---

*) Diese Art von Wallfisch hält man für den Delphinus Delphis des Linnaeus. Der Name Springer wird oft im weitläuftigen Verstande genommen, und darunter sowohl die Orca maior, Stour-vagn, als die Orca minor, Lille-vagn, verstanden. Einige unterscheiden die beyden letzten Arten, andre halten die Orca minor für das Junge der größern.

**) Squalus maximus (man s. Act. Nidros. III.) Sein Kopf ward mir einmal zugeschickt, welcher so groß war, daß ihn zwey Pferde auf einem Wagen fuhren. Dieser Fisch ist die Lamia der Alten, welche bisher nicht sehr bekannt gewesen, und von dem Cane Carcharia unterschieden werden muß.

einen Puckel auf dem Rücken, womit er die Fischerböte zuweilen umwerfen soll. Bey sehr stiller See läßt er sich dann und wann sehen, sobald aber nur das geringste Lüftgen wehet, schießt er wie ein Pfeil in den Abgrund, daher es scheint, daß er keinen Wind vertragen kann.

Von Meerschweinen *) oder Delphinen ist die norwegische See ganz voll. Man trifft sie auch an der Küste von Dännemark und andern Orten an. Ihre Gewohnheit, sich auf der Oberfläche des Meers herum zu wälzen, ist bekannt. Das Meerschwein hat etwas ähnliches von den Makrelen **), ist aber nicht dreyeckig, wie es, wenn man es schwimmen sieht, beym ersten Anblick scheint, und auch an Farbe und Größe von den Makrelen unterschieden. Die Ursache, warum es dreyeckig scheint, ist diese: indem es sich auf der Oberfläche des Meers herum wälzt, macht es allerley Figuren, und ein Theil seines Körpers ist unter und der andre über dem Wasser. Im Schießen müssen die Fischer Acht geben, daß sie in dem Augenblick, da sich das Meerschwein aus dem Wasser hebet, abdrücken, sonst schießen sie fehl. Bey stiller See sieht man sie oft auf dem Meere schlafen. Die Norweger und Lappen essen sowohl das Fleisch als den Speck von den Meerschweinen sehr gerne.

Der Hayfisch (Norw. Haa-Kiärring, Latein. Lamia, ***) ist in der norwegischen See sehr häufig.

---

*) Delphinus Phocaena. Linn.
**) Scomber Scombrus pinnulis qhinis. Faun. Suec. 339.
***) In Act. Nidros. II. heißt er Squalus Carcharias.

fig. Er ist auf dem Rücken aschgrau, doch mehr schwarz, hat eine harte Haut, schwarze runde Augen, ein breites Maul, doch keine Knochen, sondern an deren Statt Sehnen, die sich leicht zerschneiden lassen. Die Leber ist so groß und fett, daß sie eine ganze Tonne Trahn giebt. Die Hayfische sind so gefräßig, daß die großen wider die Natur andrer Thiere die kleinen verzehren, wie folgendes Beyspiel beweiset. Ein gewisser Lappe aus Altens hatte einige Hayfische gefangen, solche ausgenommen und am Hintertheil seines Botes aufgehangen, er merkte aber gar bald, daß ihm einer fehlte, ohne zu wissen, wo solcher hingekommen. Kurz darauf fieng er einen andern viel größern, und fand in dessen Magen den zuvor vermißten Hayfisch. Sie sind nicht nur wegen ihrer außerordentlichen Gefräßigkeit schädlich, sondern auch weil sie die Waten und Fischer Instrumente zum Fang der Dorsche und andrer Fische verderben. Sie zerreißen nicht nur die Netze, sondern beißen auch die darinn bereits gefangenen Fische mit ihren scharfen Zähnen. Dem ohngeachtet verwickeln sie sich doch zuweilen dergestalt darinn, daß sie gefangen werden.

Die Meerschweine fängt der Lappe mit einem dicken hanfenen Strick, an dessen Ende eine eiserne Kette von zwey Ellen mit einem großen Stein und starken Haken befestigt ist. Die daran gesteckte Lockspeise besteht aus faulem Fleisch von Seehunden. Sobald das Meerschwein die Lockspeise hintergeschluckt, zieht es die Kette nach sich, und denn muß der Fischer den Strick eiligst aus dem Wasser ziehen,

sonst

sonst würde es den hanfenen Strick bald durchbeißen, und entwischen. Darauf schlägt er es entweder mit einer Keule todt, oder sticht es mit einem besondern dazu verfertigten Messer. Wenn er die Leber herausgenommen, wirst er es entweder wieder ins Meer, oder in sein Bot, um zu Hause Borten aus dem Fell zu schneiden.

An den Orten, wo sie gefangen werden, pflegen die Fischer große mit Steinen beschwerte, mit dem stinkenden Eingeweide von Seehunden und Lachsen angefüllte Gefäße in den Abgrund zu versenken. Sie sind oben mit Zweigen bedeckt, damit der Geruch der Lockspeise selbst desto besser durchdringe, und das Meerschwein häufig herbengelockt werde. Die andern Norweger fangen diese Fische auf eben die Art. Die Lappen bedienen sich aber dazu auch eines Instruments, das auf Norwegisch Stangvad heißt, und aus einer langen Stange besteht, an deren Ende Riemen herabhängen, woran unten, wie bey jener Angel, einige Ketten, Steine und Hamen befestigt sind. Weil das Maul dieses Thieres unterwärts ist, und es sich folglich, um die Lockspeise zu erhaschen, auf den Rücken legen muß, so hat der Fischer Acht zu geben, daß der Hamen etwas über dem Grunde des Meeres erhaben sey.

Der Haabrand wird ebenfalls in diesem Meere angetroffen *). Er ist viel größer als das vorige Meerschwein, hat aber fast eben eine solche Farbe und

---

*) Bey Drontheim und andern Orten heißt das Männchen des Squalus Carcharias auch Haabrand. Die Jungen des Canis Carcharias sind mir unter eben dem Namen

und rauhe Haut. Die auf dem Rücken aufwärts stehenden Floßfedern ragen über dem Wasser hervor, wenn er schwimmt. Er zerbeißt der Fischer ihre Netze, fällt ihnen aber oft eben dadurch in die Hände.

Der Haa-Mär, oder das Haypferd, ist ohngefähr drey Ellen lang, unter dem Bauche weiß, auf dem Rücken dunkelgrün, und hat viel ähnliches in der Form mit dem obgedachten Fisch Springer. Seine Leber ist rund, und außerordentlich fett, das Fleisch aber unschmackhaft, und zu nichts nütze *).

Der Hayfisch (Norwegisch Haa) findet sich häufig in der See von Finmarken. Er hat einen weißen Bauch, und bey den Floßfedern des Rückens ein spitzes Horn, ist viel kleiner als die obgedachte Lamia, und nur eine Elle lang, der Schwanz und die ganze Haut ist rauch, und zu verschiedenen Sachen zu gebrauchen. Die Leber giebt ihrer Fettigkeit wegen viel Trahn. Aus dem Rogen, den er im Leibe hat, machen die Einwohner Kuchen; und im südlichen Norwegen bereitet man

men gebracht worden. Ich habe daher nicht gewußt, ob beyde von einander unterschieden wären. Vor kurzem ist mir aber ein Junges vom Squalus Haabrand zu Handen gekommen, das noch nicht lange ausgekrochen war, weil es aber eine pinnam ani hatte, und auch andre Zähne als der Squalus Carcharias, so muß es von einer besondern Art und vielleicht der Squalus glaucus des Linnæus seyn.

*) Der Beschreibung nach ist dieser Fisch von dem Squalus maximus und Haabrand wenig unterschieden. Ich kann aber nicht sagen, ob der Squalus Haamær von dem Squalus maximus und glaucus unterschieden ist.

man andre Speisen davon, die aber nicht schmackhaft sind, weil die Eyer selbst nicht gut schmecken. Frisch giebt der Fisch eine schlechte Speise, aber gedörrt und geräuchert läßt er sich essen. Man fängt ihn in ganz Norwegen auf einerley Art *).

Das Geschlecht der Bütte ist sehr zahlreich, die großen und kleinen Arten werden mit einem allgemeinen Namen Queitje genannt, sie haben aber auch ihre besondern Namen. Die großen Hillebütte (Norw. Hell Flynder) sind so ansehnlich, daß man eine ganze Tonne und mehr von einem Stücke einsalzen kann. Die Hillbütte haben eine glatte Haut wie die andern, und sind nur in Ansehung des größern Mauls und der Gestalt des Schwanzes von ihnen unterschieden. Sie sind auf dem Rücken meist schwarz ohne Flecken, und auf dem Bauch weiß. Ihre Leber ist nicht zu gebrauchen; aber die Eyer werden auf Brod geschmiert, und in Kuchen mit Mehl gebacken. Den Fisch schneidet man in lange Schnitte, welche nicht nur in Norwegen, sondern auch in Dännemark, als eine wohlschmeckende Speise, theuer bezahlt werden.

Sobald als der Lappe merkt, daß ein Hillbutt sich fest gebissen, zieht er den Strick geschwind an sich, wehrt der Fisch sich sehr, so läßt er wieder nach, und fährt damit eine Weile fort, bis der Fisch müde und schwach wird, alsdenn zieht er ihn an das Schiff, und hebt ihn vermittelst eines eisernen Hakens über
Bord.

*) Der Hayfisch heißt beym Linnaeus Squalus Acanthias, an einigen Orten in Norwegen auch Pig-Haa.

Bord. Auf diese Weise fängt man die Hillbütte im Frühling: im Sommer bedient man sich eines andern Instruments, welches aus einem Stricke besteht, woran in gewissen Entfernungen mehrere Hamen befestigt sind. Diese Fische halten sich in der Tiefe, und zwar gerne auf einem weißen sandigen Grunde auf. Bey der Insel Bug-Oen giebt es einige, die nicht nur auf dem Rücken, sondern auch unter dem Bauche schwarz, und viel fetter und schmackhafter als jene sind.

Die See bey Finmarken bringt über dieses eine Menge kleiner Bütte hervor, die schön von Farbe und Geschmack sind. Sie haben einen weißen Bauch, einen braunen Rücken, mit rothen Flecken. Man fängt sie zum Theil an einem langen im Meer ausgebreitetem Strick mit vielen Hamen, woran gewisse am Ufer gefundene Insekten *) hangen, zum Theil mit einem Senkbley, welches unten mit einer eisernen Spitze versehen ist, und mit seiner völligen Last auf den am Sandgrunde ruhig liegenden Fisch hinabgelassen wird.

Den größten und einträglichsten Handel treiben die Finmarken mit dem Dorsch, welcher in unglaublicher Menge gefangen und nirgends von besserm Geschmack angetroffen wird. Im Sommer kommt eine kürzere Art mit runden Köpfen aus der See in die Meerbusen **), da die andern im ganzen Jahr

anzu-

---

*) Lumbricus marinus. Faun. Succ. 2074.
**) Dieses sind die eigentlichen Kabeljau, Norwegisch Vaar-Torsk, oder Skrey, oder eine Varietät des Gadi Morrhuae Faun. Succ. 308.

anzutreffen sind. Um Weyhnachten nähert sich eine gewisse Gattung, welche insonderheit einen vortrefflichen Rogen hat, dem Ufer, die Einwohner nennen solche Soelhove-Torsk *).

Eine kleine Art Dörsche, heißt, weil sie sich meistens im Seegrase aufhält, Tare-Torsk **), die kleinen Dorsche überhaupt heißen Modd oder Kroppung ***). Die Zeit zum Dorschfange ist nach der Gegend von Finmarken sehr verschieden. Man fängt sie zwar im ganzen Jahr, aber sie finden sich doch zu einer Zeit viel häufiger ein, als zur andern. Sie werden an einem langen hinabgelassenen Strick mit Angeln, wie bey den Bütten erinnert worden, gefangen. Die Netze (Setnings Garn), dergleichen die Norweger in den südlichen Gegenden sich bedienen, sind bey den Lappen nicht gebräuchlich †).

Die im Winter gefangenen Dorsche werden in den Fischerhütten (Skiaae) lagenweise an durchlöcherten Wänden roh aufgehangen, damit der Wind durchstreichen kann. Von der Kälte dörren sie dergestalt aus, daß man sie bis auf den Frühling erhalten kann. Wenn das Wetter im Frühling gelinder wird,

---

*) Ström hält sie gleichfalls für eine Varietät des Gadi Morrhuae oder des Kabeljau.

**) Auch Röd-Torsk, der rothe Dorsch. Linnaeus nennt ihn Faun. Suec. 307. Gadus Calarias.

***) Eigentlich ist Kroppung und Smaa-Torsk einerley, und heißt beym Linn. Gadus barbatus. Faun. Suec. 311.

†) Doch hat man seit kurzem angefangen sie in Nordland und in der Meerenge Raftefunder zu gebrauchen.

wird, so bringt man sie, damit sie nicht verfaulen, in andre Hütten, (Fiske-Gield) und hängt sie zum Ausdörren von der Luft auf. Die im Frühling gefangnen Fische werden, wenn sie ausgenommen sind, hier gleich zum Dörren aufgehangen. Die auf diese Art gedörrten Fische heißen (Rundfisk) Stockfische. Die im Sommer gefangenen, würden wegen der Wärme und der Maden, welche aus gewissen Fliegeneyern *) entstehen, vor der Fäulniß nicht bewahrt werden können, wenn sie nicht ausgenommen und am Rücken aufgerissen oder geflackt würden. Dergleichen geritzte Fische heißen Rotskiær. Man hat die Erfahrung, daß wenn man den Stockfisch im Froste aufhängt, solcher alsdenn schwammig wird: hängt man ihn aber bey nebelichtem Wetter auf, so bekommt er eine Farbe, welche den Käufern nicht angenehm ist.

Der Dorschkönig, welcher Norwegisch Torsk-Konge heißt **), hat auf dem Kopfe ein Gewächs, das gleichsam eine Krone vorstellt, sonst aber nichts besonders vor andern Dorschen voraus. So wie die Bienen ihre Königinn haben, welche sie anführt, so soll auch dieser, wenn die Dorsche von einer Gegend an die andre ziehen, vorauf schwimmen. Man trift ihn sehr selten, und nur in großen Haufen von Dorschen an, welche die Norweger ihrer Menge halben

---

*) Musca vomitoria antennis plumatis pilosa, thorace nigro, abdomine coeruleo nitente. Faun. Suec. 1831.

**) Ström, Pontoppidan und andere halten ihn für nichts als eine Varietät des Gadi Morrhuae.

ben Fischberge nennen. Die Fischer sagen, seine Haut sähe gemeiniglich wie zerkratzt aus, und als wenn sie von andern wäre beschädigt worden. Man dörret ihn ganz, anstatt daß man den andern die Köpfe abschneidet. Der gemeine Mann bildet sich ein, daß wer einen solchen Fisch fängt, künftig sehr glücklich seyn müsse.

Es giebt auch eine Art von langen Dorschen*), wovon die schönsten auf der Insel Ing=oen gefangen werden.

Der Köhler **) oder Seyfisch, (Norwegisch Graasey) ist an der Küste von ganz Norwegen, und also auch von Finmarken sehr häufig. Die grössern heißen Sey-obs. Außer der gewöhnlichen Art sie zu fangen, haben die Lappen sich auch folgende ersonnen. Wenn die Fische in dicken Haufen, und ganz enge bey einander schwimmen, und gleichsam unter sich spielen, so stehen die Fischer im Vordertheil ihres Botes mit einem eisernen Haken an einer langen Stange, und holen mit größter Ge-

schwin-

———

*) Gadus Molua. Faun. Suec. 313.

**) Gadus virens Faun. Suec. 309. Er verfolgt die Heeringe, und gewisse Insekten, Röd-aat genannt, (Scolopendra plana in des Linn. Iter. Vestgoth.) zur Sommerszeit in den Strömen, und jagt sie in die Höhe bis an die Oberfläche des Meeres, daher dieser Seyfisch gemeiniglich von einem Heer von Seemeven begleitet wird. Im Winter liebt er die hohe See, und wird daher selten gefangen, es müßte ihn denn die Verfolgung der Heeringe in die Meerbusen locken.

schwindigkeit einen nach dem andern aus der See. Zuweilen nähern sich die Fische dem Ufer dergestalt, daß sie mit solchen Stangen aus der See gezogen, und aufs Land geworfen werden.

Der *Söbörting* hat eine Haut, die wie Silber glänzt, aber ein rothes sehr wohl schmeckendes Fleisch *).

Der Rogn Kiölse oder Rogn Kiägse, hat von dem großen und an Eyern außerordentlich reichen Rogen den Namen **). Seine Farbe ist bräunlich, und die Gestalt kurz, plump und dicke. Sein Fleisch schmeckt schlecht, aber die Fischottern lieben es vor allen andern.

Mit Heeringen ist die Küste von Finmarken auf eine unglaubliche Art gesegnet, die Lappen legen sich aber aus Mangel an den dazu erforderlichen Werkzeugen nicht auf diesen Fang. Sie begnügen sich, nur so viel zu fangen, als sie zur Lockspeise für die Dorsche und andere Fische gebrauchen; und diese lassen sich leicht, wenn sie in der See spielen, haschen.

Es giebt zwey Gattungen von *Lodder*, nämlich Iern Lodder, und Sild - Lodder. Die erstern sind auf dem Rücken wie ein Triangel gestaltet, grün und bräunlich; aber unter dem Bauche weiß. Sie kommen an die Ufer von Finmarken in unzählbarer Menge, jedoch nicht jährlich, und auch nicht allemal in Begleitung anderer Fische. Wenn sie sich einige Zeit auf dem sandigen Grund

des

---

*) Salmo - Trutta. Faun. Suec. 347.
**) Cyclopterus Lumpus. Faun. Suec. 320.

des Meeres beym Ufer aufgehalten haben, so nehmen sie gemeiniglich die andern Fische, welche sich daselbst eingefunden hatten, zum großen Schaden der Schiffer mit sich fort.

Die *Sildlodder* sind kleiner als die andern, und ohngefähr von der Größe der Heeringe. Sie kommen in erstaunlicher Menge, und gemeiniglich in Begleitung ganzer Schaaren von Seemeven, die ein unaufhörliches Geschrey machen. Bey ihrer Ankunft legen sie den Rogen auf den Grund des Meeres, da sich denn eine Menge von Dorschen, deren liebste Nahrung dieser Rogen ist, daselbst versammlen. Die Sildlotter gehen, wenn ihre Leichzeit vorbey ist, wieder fort, die übrigen Fische bleiben aber wegen des Rogens zurück, und sind sehr leicht zu fangen. Denn wenn es nicht an Fischern fehlt, so kann man in vier und zwanzig Stunden ein Boot sieben bis acht mal damit füllen. Dieser Fisch ist die allerbeste Lockspeise, um andere damit zu fangen, hingegen für das Rind und Schweinevieh so schädlich, daß ihnen, wenn sie nur etwas davon fressen, die Haare ausfallen, oder daß sie wohl gar sterben [*]).

---

[*]) Die beyden Arten *Lodder* sind nur in der Größe von einander unterschieden. Nach dem Egede in seiner neuen Beschreibung von Grönland, heißt dieser Fisch auf Deutsch Stinkfisch. Ich vermuthe, daß die kleinere Art *Lodder* des Linnaeus Salmo Eperlanus ist, wovon er in der Fauna Suec. 350. zweyerley Gattungen angiebt.

Man trift an den finmarkischen Ufern im Meergrase einen kleinen länglichen Fisch an, der einem Aal ähnlich sieht, auf Norwegisch Tangsprål, und auf Lappisch Staggosh, ein Stöckgen heißt.

Außer den bisher erzählten Seefischen giebt es noch viele andere Arten, als: Störe *); Skate **); Scorpii marini ***); der Rodfisk, Norwegisch Uer †); Lyr ††); kleine Dorsche, Hyse genannt †††); Huidlinger oder weiße Dorsche §);
Bros-

---

*) Acipenser Sturio Faun. Suec. 299. Man unterscheidet die Arten durch verschiedene Beynamen, als: 1) Laxe-Störje, Lachsstör, 2) Makrel-Störje, Makrelstör, 3) Sild-Störje, 4) Sey-Störje, oder Sturio Gadorum virentium. Letzterer ist eine Varietät des Gadi virentis. (Sej-Ufs) Die dritte Art hält man für eine Varietät des Heerings. Die andre ist der Scomber Thynnus, und die erste entweder der Scomber Pelagicus Linn. Syst. Nat. oder eine ganz neue Art eines Scombri.

**) Die Raia mit ihren verschiedenen Arten.

***) Anarhicas Lupus Linn.

†) Perca marina Fn. Su. 333. Er ist oben blutroth und unten weiß. Man speiset ihn gekocht, gebraten und geräuchert. Bey der Insel Vägoen sieht man an den Küsten eine Art, die noch einmal so groß ist, und Havner, Perca pelagica heißt.

††) Ström hält diesen Fisch für den Gadus Pollachius, Faun. Succ. 312.

†††) Gadus Aeglefinus, Faun. Suec. 306.

§) Gadus Merlangus, Faun. Suec. 310.

Brosmer *) u. a. m. Hingegen giebt es an der Küste von Finmarken keine Aale, Makreelen, andre Fische, die im übrigen Norwegen häufig sind. Von Schalfischen trift man eine Art Krebse, auf Lappisch Suob genannt, und einige Muscheln an, aber weder Hummer **) noch Austern.

Die Weiber der Lappen stehen ihren Männern getreulich bey dem Fischfange bey, hingegen der norwegischen Bauern ihre Weiber überlassen dieses beschwerliche Geschäfte den Männern. Die Berglappen kommen nebst ihren Familien und Rennthierheerden zu einer gewissen Jahrszeit von den Gebürgen herab, um den Fischfang zu treiben.

Die bisher angezeigten Fische haben alle ihren Nutzen, und sind von der Vorsehung dazu bestimmt; einige dienen den Menschen zur Speise, aus einigen wird

---

*) Ström nennt diese Art S. 272: Gadus Monopterygius ore cirroso cauda ovali-acuta.

**) Ich habe selbst zu Masoen in Westfinmarken den Hummer Konge, oder Bogstav-Hummer (cancer Norvegicus Faun. Suec. 2039.) den Cancer Maja (Faun. Su. 2031.) Troldkrabbe und andre Arten gesehen. Die Buchstaben, welche einige auf dem Schwanze des Cancer Norvegicus finden wollen, zeigen sich nur bey den gedörreten. Die kleinen Krebse (Cancer Gammarus Faun. Suec. 2033.) sollen nicht weiter gegen Norden, als bis Brönoen anzutreffen seyn, ich habe aber 1762 welche zu Roeboen gegessen, die bey der Insel Tränen gefangen waren, und zweifle nicht, daß man sie noch höher antreffen würde, wenn sich jemand die Mühe gäbe, sie zu fangen.

wird Thran gemacht, und Handlung damit getrieben, andre werden zur Lockspeise, um andre damit zu fangen, gebraucht. Es finden sich aber auch Ungeheuer in der See, welche mehr zum Schrecken und zur Bewunderung da zu seyn, als einigen Nutzen, so viel man wenigstens weiß, zu geben scheinen. Dahin gehöret vornehmlich das entsetzliche Thier, welches die Einwohner Kraken nennen, das seines gleichen in keinem Meere hat. Es hält sich im Abgrunde auf, und liegt daselbst von einer großen Menge von allerley Fischen umgeben, ruhig, daher sieht man es selten, bis es etwa von den Fischern gestört wird. Wenn diese eine fischreiche Gegend suchen, und an den Ort, wo sich ein solches Thier aufhält, wie sie aus der Menge von Fischen schließen, kommen, so merken sie zuweilen, daß es sich, sobald sie es mit dem Senkbley berühren, anfängt in die Höhe zu heben, und die See folglich untiefer macht. Sie dürfen aber nicht sehr eilen, und einen andern Platz suchen, weil das Thier, vermöge seiner Langsamkeit, zwey Stunden braucht, um sich bis an die Oberfläche zu heben. Die Fischer sind so lange mit ihrem Fange geschäftig, bis sie merken, daß das Senkbley nicht tief mehr unter Wasser geht, alsdenn machen sie sich aus dem Staube, und das Ungeheuer zeigt sich an der Oberfläche, welches auf seinem Rücken Steine, Bäume, Schilf und dergleichen trägt, und als eine schwimmende Insel aussieht. Die es gesehen haben, können es nicht schrecklich genug beschreiben. In Finmarken und Nordland nennet man dieses Ungeheuer Kraken, sonst aber in

Nor-

Norwegen Brygden, womit man jedoch ein anderes eben so genanntes Thier nicht verwechseln muß *).

Das Meer bey Finmarken heget auch eine Meerschlange, welche wohl vierzig Ellen lang ist, und einen Kopf so groß, als ein Wallfisch, aber von der Ge-

---

*) Brugda ist der Squalus maximus. Was das Ungeheuer Kraken, welches auch Horv und Hafgufa heißt, betrift, so erzählt der einfältige Pöbel zwar viel davon, ich bin aber bey meinen Kirchenvisitationen über vier hundert Meilen in Finmarken und Nordland gereiset, und habe mich allenthalben genau darnach erkundiget, aber niemand angetroffen, der es gesehen. Das Histörchen beym Barthol. in hist. anat. rarior. Cent. IV. von einem katholischen Bischoffe, der einige Zeit auf diesem Ungeheuer gewohnt, und Messe darauf gelesen, bewog mich anfangs zu glauben, daß eine schwimmende Insel dazu Gelegenheit gegeben. Allein wenn man alles, was vom Kraken erzählt wird, gegen einander hält, so ist das wahrscheinlichste zu glauben, daß zuweilen alte sehr große Wallfische einen mit Knochen der Sepiæ, Gesträuche, Meergras und dergleichen Dingen bewachsenen Rücken haben können, welche auf der Oberfläche des Meeres einer schwimmenden Insel gleichen; die Erzählung hat dieses vergrößert, und zum Wunder gemacht; welches auch daraus erhellet, daß der Kraken zuweilen Lyngback, d. i. ein auf dem Rücken bewachsenes Thier, heißt. Wir merken noch an, daß die Asteria oder das Caput Medusæ, auf Norwegisch Krake-Yngel, oder das Junge des Kraken heißt, und daß der gemeine Mann dieses wirklich für junge Kraken halte.

Gestalt einer Schlange hat. Am Halse ist eine Mähne wie bey den Pferden gewachsen, der Rücken ist grau, und der Bauch weiß. In den Hundstagen erscheinet sie zuweilen auf der See, so daß sie mit ihren Krümmungen halb aus und halb in der See ist. Die Fischer fürchten sich sehr davor, und gehen nicht in die See, wenn sie solche wahrnehmen *).

Viele wollen in den Finmarkischen Gewässern ein Thier, das sie einen Seemann und ein Seeweib nennen, gesehen haben. Der Seemann wird als ein starker Mann von gemeiner Länge, brauner Haut, langem Barte und Haaren, und das Weib ebenfalls wie ein Mensch mit langen Haaren und von gelber Farbe beschrieben. Die Einwohner behaupten, daß es einen fürchterlichen Orcan bedeute, wenn sie sich sehen lassen **).

So

---

*) Daß es eine solche Schlange gebe, daran ist wohl nicht zu zweifeln, aber die Nachrichten sind so sehr verschieden, daß man weder ihren Charakter angeben noch bestimmen kann, ob es ein Amphibium ist, oder zum Wallfisch Geschlecht gehöre. Im Speculo regali wird ein ähnliches Thier Roudkembingur genannt, welches mit der Meerschlange und der Phoca Leonina des Linnaeus im Syst. Nat. Ed. X. einerley zu seyn scheint.

**) Mich dünkt, daß diese Seemenschen von dem Trichacho Manato Syst. Nat. 34. nicht viel unterschieden sind. Ich besitze eine pinnam pectoralem des weißen Wallfisches (Hvid-Fisk) welche einer, der es nicht versteht, wenn sie abgezogen ist, für die Hand eines Riesen ansehen

sollte,

vom Fischfange der Lappen.

So voll das ganze Meer von allerley Arten Fischen ist, so sehr sind auch die kleinsten Seen und Flüsse von Fischen angefüllt, die sich entweder darinn fortpflanzen, oder vom Meer in die Flüsse treten, und alle den Menschen die schönsten Speisen darbieten.

Zu den Fischen, die sich in den Landseen aufhalten, gehört der Hecht, welcher sich von Fröschen, Kröten und andern Fischen nährt, auch sogar andre seines gleichen frißt, ausgenommen keine Bärse, wegen ihrer spitzigen Floßfedern. Wenn der Hecht sich im Sommer dem Ufer naht, so fängt man ihn mit einem Rohr von Schilf, das vorne einen Hamen hat, anderer Arten zu geschweigen.

Der Lacke (Gadus lota Faun. Suec. 315.) ist dem oben beschriebenen Seefische Brosmer an Farbe und Gestalt nicht unähnlich. Die Fische Rör (Salmo alpinus Faun. Suec. 349.) trifft man in grosser Menge an; sie sind unter dem Bauche roth, auf dem Rücken braun, und wegen ihres angenehmen Geschmacks beliebt. Ein ähnlicher und eben so wohlschmeckender Fisch Blege (Salmo albula Faun. Suec. 353.) hat eine glatte silberfarbne Haut, und einen rothgelben Bauch.

Der obgedachte Fluß Bars *) ist gleichfalls häufig. Der kleine Fisch Sück (Salmo Lavaretus

---

sollte, und zweifle nicht, daß dergleichen pinnae und andre Wallfischknochen Gelegenheit zu den Fabeln von großen Riesen und Meermännern gegeben haben.

*) Perca fluviatilis Faun. Suec. 332.

tus Faun. Suec. 352.) hat ein weißes sehr wohlschmeckendes Fleisch. Ferner giebt es Härre (Salmo thymallus Faun. Suec. 354.) gewisse kleine Fische, wie die Heeringe mit scharfen Floßfedern, den die Lappen Zhjofzhja nennen, und einen andern Ruoude-Golmeck genannt, der auch klein und mit spitzigen Floßfedern versehen ist.

Die verschiedenen Gattungen von Lachs *), welche die Lappen Damock, Vaalas und Guvzhja nennen, sind alle, zumal die letzte, von vortrefflichem Geschmack.

Es soll auch in den Seen an der rußischen Grenze Fische geben, welche den Karpen an Gestalt und Geschmack gleich kommen.

Im Sommer fischen die Lappen mit Netzen; doch lassen sie auch an einigen Orten lange Stangen hinab, woran Faden mit Angeln von Wacholderholz, und dem Köder befestigt sind. Sie fangen auf diese Art viel Fische.

Im Winter, wenn alles zugefroren ist, fängt man die Fische zwar auch mit Netzen, aber folgender Gestalt. Man bindet eine Reihe Stangen an einander und an beyden Enden einen Strick; an den Stangen wird das Netz angeknüpft. Wenn aufgeeiset worden, steckt man das Netz in das Loch, und zieht es mit einer Gabel bis an das auf der andern Seite gemachte Loch. Das Netz geht unten bis auf
den

---

*) Diese Truttae sind Arten von Lachs, welche Ström und Pontoppidan für den Salmo lacustris des Syst. Nat. 309. halten.

den Grund, und oben bis auf das Eis, und damit es nicht durch die Bewegung des Waſſers reißt, ſo binden ſie es mit Stricken an Pfäle, die im Eiſe befeſtigt ſind. Gemeiniglich ſind die Fiſchernetze mit Stricken von Hanf umgeben, und in Ermangelung deren mit andern von Baſt oder Baumrinden. Auf daß die Netze oben ſchwimmen, binden die Lappen Birkenrinde an der obern Seite, und an der untern Seite zum Niederhalten, in Rinde gewickelte Steine.

Wenn ein See nur längſt dem Ufer mit Eis bedeckt iſt, ſo legt ſich der Lappe darauf nieder, und ſieht unter das Eis hinunter, ob er Fiſche bemerkt. Sind einige da, ſo hauet er ein Stück Eis ab, wirft es auf den darunter verborgenen Fiſch hinab, und tödtet ihn dadurch. Dieſes geht aber nur in flachen Gewäſſern an.

Der vornehmſte Flußfiſch in Finmarken iſt unſtreitig der Lachs. Unter allen Flüſſen, die ſolche führen, verdient der Thanen den Vorzug. Er entſpringt in den entlegenen Gebürgen von Lapland, und ergießt ſich, nachdem er über viele Hügel und Thäler gefloſſen, verſchiedene Waſſerfälle gemacht, und viele Flüſſe zu ſich genommen, mit großem Geräuſch vermittelſt des Thaniſchen Meerbuſens in die See. Unter den geringern Flüſſen, welche er zu ſich nimmt, iſt derjenige der vornehmſte, welcher zwiſchen Thanen und Waranger fließt, und ſonſt viel Biber und auch eine Perlenfiſcherey hatte, weswegen den Lappen im Jahr 1652 befohlen wurde, auf dieſen Fluß Acht zu haben. Ob der Ausfluß des Thanen gleich wegen des Meerbuſens einige Meilen weit von der oſfenbaren See entfernt ist, so merkt man den reißenden Strom dennoch, zumal wenn der Schnee auf den Gebürgen im Frühling zerschmelzt. Die Thanen=Lachse sind von denen, die in andern Flüssen gefangen werden, in der Länge, Breite und Fettigkeit sehr unterschieden, und die vorzüglichsten unter allen. Der Fang fängt im Frühlinge an, und endiget sich zu Anfang des Julius.

So wie der Thanen im westlichen Finmarken der berühmteste Fluß ist, so ist es der Altens im östlichen. Er entspringt ebenfalls auf den Gebürgen von Lapland, und fließt mit einem gelinden Laufe von dem hohen Falle bey einem Felsen an sechs Meilen lang bis in den Altensischen Meerbusen, und diese Länge ist auch schiffbar. Es werden in demselben jährlich 100 bis 200 Tonnen Lachs gefangen. Die Lachse, welche man um Johannis fängt, sind so fett, daß nur 16 auf eine Tonne gehen, gegen den Herbst werden sie aber magrer und kleiner. Zuweilen finden sich auch Seehunde ein, welche den gegen den Strom angehenden Lachs auffangen.

Der Amtmann Gagge soll die ersten Dämme zum Lachsfange angelegt haben, und die Einwohner sind seinem Beyspiel gefolgt, dieses geschahe um das Jahr 1611. als das königl. Haus auf der Insel Aaroen im Altensischen Meerbusen während des Krieges zwischen Dännemark und Schweden erbauet wurde. Damals stund der Fang einem jeden frey, nachgehends wurde er jährlich für 200 Thlr. an die Holländer, darauf an eine Gesellschaft in Kopenhagen, und zuletzt an Kaufleute in Bergen verpachtet, welche

che die Dämme auf ihre Kosten anlegten. Dieses dauerte bis 1677. weil aber die Kosten, welche die Arbeiter und Fischer wegnahmen, zu hoch hinan liefen, so ließen sie den Lachsfang liegen, und kauften ihn lieber von den benachbarten Lappen, welche die Errichtung der Dämme unterdessen gelernt hatten. Ein jeder Lappe maßte sich den Theil des Flußes, worinn er von Anfang an gefischt hatte, als ein Eigenthum für sich und seine Nachkommen an, und litte nicht, daß ein Fremder daselbst fischen durfte.

Der Fang ist noch heutiges Tages auf eine gewisse Art eingerichtet, daß nicht ein jeder nach Willkühr fischen darf. Man wählt nämlich alle Jahr 36 Männer, welchen das Recht allein zukommt. Gemeiniglich werden die nächsten Lappen und norwegischen Bauern dazu genommen. Diese machen Dämme an beyden Ufern des Flußes von Balken und Zweigen der Bäume, worinn die Lachse gefangen werden. Sie liegen in einer gewissen Entfernung von einander, und an jedem fischen vier Männer. Sie gehen nicht ganz bis in die Mitte des Flußes, damit der Lachs frey hin und wieder gehen, und bis zu den Dämmen der obersten Fischer kommen kann. Wenn die untersten Dämme durch den ganzen Fluß giengen, würden diese nichts fangen, und die untersten Fischer den Gewinn allein bekommen. Wo die Dämme aufhören, wird endlich ein Damm quer über den ganzen Fluß geschlagen, und was dadurch gefangen wird, theilen alle Fischer unter einander.

Wenn gegen den Herbst die Fischzeit beynahe vorbey ist, so fahren alle Fischer mit ihren Kähnen und Netzen gegen den Strom bis an den letzten Damm, und jagen auf diese Weise alle Lachse, welche bey den untersten Dämmen entwischet waren, bis dahin, wo sie ihre bis auf den Grund gehende Netze auswerfen, über den ganzen Fluß spannen, und damit bis an einen Winkel fortziehen, da sie alsdenn einen reichen Fang thun.

Der in den Flüssen Thanen und Altens gefangene Lachs wird folgendergestalt zubereitet. Man schneidet ihn der Länge nach in zwey gleiche Theile, wäscht sie ab, und läßt sie einige Tage stark mit Salz bestreuet liegen. Alsdenn pöckelt man sie in eichne Fässer fest ein, und gießt täglich frische Pökel darauf, bis aller Schmutz und schmieriger Geruch davon ist. Das beste und reinste Salz muß dazu genommen werden, sonst kaufen die Fremden ihn nicht.

Wenn der Lachs zu Herbstzeiten mager und zur Kaufmannswaare untauglich wird, begeben die Läppen sich in die See, um den Lachs, welcher alsdenn ruhig auf dem Grunde des Meeres liegt, mit Wurfspießen zu fangen, und damit sie nicht durch die langen Nächte abgehalten werden, machen sie auf dem Vordertheil ihres Botes ein Feuer von Birkenrinde, oder kiefernen Fackeln. Was auf diese Art gefangen wird, verbrauchen sie aber nur in ihrer eigenen Wirthschaft, und heben es in wohlverwahrten Kasten auf.

Ehemals machten die Schweden viele Ansprüche auf den Lachsfang in den Flüssen Altens und Thanen.

vom Fischfange der Lappen.

nen. Um sich in den Besitz dieses Rechtes zu setzen, schickten sie zu verschiedenenmalen Fischer dahin, ja sie forderten einen Tribut von den Einwohnern, verordneten einen eigenen Einnehmer und Geistlichen. Sie wurden aber allemal von den Norwegern vertrieben, und konnten die im Flusse anzulegenden Dämme nie zu Stande bringen. Im Jahr 1609. mußten alle Schweden auf Befehl Königs Christians IV. aus Finmarken weichen, und alles fernere Fischen ward den Schwedischen Lappen aufs ernstlichste untersaget, wenn sie sich nicht bequemen würden, einen gewissen Tribut an Dännemark zu entrichten. Gleichwohl machten die Schweden noch in demselbigen Jahre einen Versuch, und schickten Handwerker und Männer hin, sich in Finmarken festzusetzen; man nahm ihnen aber ihr Werkzeug, und jagte sie fort. Endlich hat sich die Krone Schweden im Knöröder Frieden vom Jahr 1613. aller Ansprüche und Forderungen, in Ansehung des Lachsfanges, aufs feyerlichste begeben.

Außer dem Fluß Thanen giebt es auch noch andre im östlichen Finmarken, welche Lachse liefern, wohin vornämlich der Naid auf der Abendseite des Varangerischen Meerbusens gehöret. Er entspringt in den Rußischen Gebürgen, und fällt bey der Insel Kid, wo die Lappen während des Lachsfanges ihre Wohnung aufschlagen, in die See. Die Ufer dieses Flusses sind mit Birken besetzt. Bey seinem Fall wird der Lachs mit Netzen, höher hinauf aber mit Wehren oder Dämmen gefangen. Wenn die Wehren ausgebessert werden, müssen die Lappen nicht nur

im

im Wasser waden, sondern auch untertauchen. Sonst kosteten hier zehn Lachse einen Thaler.

Auf der Ostseite eben dieses Meerbusens fließt der Jakobsfluß, welcher aus dem Indiagersee kommt, und viele Lachse führt. Sonst gehörte dieser Fang den Mönchen, welche den Lachs nach der rußischen Stadt Cola bringen liessen, und daselbst an die Holländer verkauften. Es giebt noch einige Flüsse in dieser Gegend, worinn der Lachsfang getrieben wird. Wir übergehen eine Menge anderer, welche diesen herrlichen Fisch in mehrerer oder geringerer Anzahl liefern.

Auf dem Fluß Borse-jock sind vor einigen Jahren eine Schneide- und Getreide-Mühle, auf dem Furnæsjock eine dergleichen, und auf dem Fallejock noch ein paar andre angelegt worden. Seit der Zeit hat man erst den Nutzen der Mühlen in dieser Gegend kennen lernen. Sonst pflegte man die Breter nicht zu schneiden, sondern aus dem stärksten Stamme nur zwey zu hauen, da man jetzt mit der Säge sechs erhält. Vor diesem wurde alles Mehl auf Schiffen gebracht, welches zum Theil zwar noch geschieht, es wird aber jährlich auch ein großer Theil Getreide auf diesen Mühlen gemalen. In den Porsanger Meerbusen fällt ein Fluß, welcher aus dem See Leunje-jauvre fließt, und auch Lachse liefert, er könnte aber noch vielmehr geben, wenn die gehörige Sorgfalt darauf gewendet würde.

Nachdem von der Art des Fischfanges hinlänglich gehandelt worden, wollen wir noch etwas von der Erhebung des Zehenden von den Fischen beybringen.

gen. Die Zehenden sind sehr alt. König Magnus Lagebetter forderte sie bereits im Jahr 1268. vom Getreide und andern Feldfrüchten. König Christoph verordnete im Jahr 1448. daß ein Drittel des Zehenden die Kirche, das andre der Bischof, und das dritte der Priester des Orts erhalten sollte. In Finmarken sind sie später eingeführt worden, anjetzt aber so ordentlich eingerichtet, daß sie nirgends richtiger in Norwegen erhoben werden. Wie solches nach und nach in Ordnung gebracht worden, wollen wir jetzt kürzlich anzeigen.

Weil die Kaufleute anfiengen von den Einwohnern Fische gegen Branntewein und allerley unnütze Waaren auszutauschen, ohne daß der Zehende davon bezahlt war, so ward solches bereits 1562. verboten. Christian IV. untersagte den Schweden und Russen alle Fischerey an der Küste von Finmarken, wenn sie nicht dem Amtmann eines jeden Orts den Zehenden richtig abtragen würden. König Carl von Schweden forderte den Tribut von den Seelappen, erlaubte aber den Gothenburgern gleichfalls zu fischen, wenn sie den Zehenden entrichteten. Als die Schweden aber nach dem obgedachten Knörödder Friedensschlusse gar nicht mehr in diese Gegend kommen durften, erhielt der Amtmann von Finmarken einen neuen Befehl, von den Lappen und Norwegern den Zehenden einzufordern. Die Einwohner beschwerten sich, daß dieser allemal die größten und besten Fische zum Zehenden verlange, deswegen erlaubte der König im Jahr 1617. daß vom ersten hundert acht Fische, vom andern hundert neune, und zwar ohne auf die Größe derselben zu sehen, gegeben werden sollten.

Im Jahr 1622 wurde befohlen, daß weder die Bauern noch die Krämer frische und gedörrte Fische kaufen und verkaufen sollten, ohne den Zehnden zu entrichten, widrigenfalls sollten sie scharf gestraft werden. Im Jahr 1646 ward die Verfügung getroffen, daß alle, die an der Küste von Finmarken mit großen Böten fischten, zwar den Zehnden bezahlen, aber das dazu gebrauchte Salz vergütet bekommen sollten, jedoch wurden die kleinen Böte, und was zum häuslichen Gebrauch gefangen wurde, davon ausgenommen.

Der gemeine Mann verlangte nach hergebrachter Gewohnheit für den entrichteten Zehnden die so genannte Zehntekanne (Tiende=Kanne) wieder zurück, und der Amtmann wollte ihnen solche nicht geben. Der König überließ die Entscheidung einem gerichtlichen Tribunal, welches den Einwohnern im Jahr 1650 für jedes Hundert entrichteter Zehnden Fische eine gewisse Quantität Bier zusprach. Im Jahr 1653 fiel der Ausspruch zu Wardoe dahin aus, daß von hundert und zwanzig Fischen zehen entrichtet werden, und der Fischer dafür statt der zehnten Kanne drey Pfund an Fischen wieder zurück erhalten sollte. Da sonst ein jeder nach Belieben den Zehnden entrichtete, so ward 1661 verordnet, daß es allemal am Canutustage, und zu Allerheiligen geschehen sollte.

Im Jahr 1685 kam eine neue Verordnung heraus, worinn viele undeutliche Punkte in Ansehung

hung der Personen, des Orts, und der Dinge, welche zum Zehnden gegeben werden, genau bestimmt, und der Prediger des Orts und andre aus der Gemeine zu Beysitzern bey Erhebung des Zehnden ernannt wurden. Zwey Jahre darauf ward endlich die Sache wegen des Zehnden durch einen neuen königlichen Befehl vollends berichtiget, und verordnet, daß künftig allemal von hundert Fischen zehn gegeben, dafür aber keine zehnte Kanne, wie bisher bezahlt, der Zehnde an dem Ort, wo die Fische zum Versenden in Schiffe geladen werden, entrichtet, und in drey Theile, einer für den König, der andre für die Kirche, und der dritte für den Prediger getheilt werden sollte. Zu dem Ende mußte der Amtmann von jedem Schiffer die Liste der geladenen Fische und Tonnen Trahn nach dem Maaß und Gewicht fordern, um daraus zu sehen, ob der Zehnde richtig bezahlet worden.

Weil hierbey viel Unterschleif vorgieng, so ward den Fischern im Jahr 1688. befohlen, den Zehnden beym Verkauf ihrer Waare selbst an die Aufseher der Handlung in Finmarken zu entrichten, und diese sollten ihn bey Versendung der Fische dem Prediger und dazu verordneten Einnehmern bezahlen.

König Christian IV. hat den Predigern in Finmarken zuerst den dritten Theil des Zehnden eingeräumet. Im Jahr 1685. ward verordnet, daß die Einwohner von Nordland, welche in der See von Finmarken fischen, einen Theil des Zehnden dem Prediger des Orts, wo sie die Fische gefangen, und den

andern

andern ihren eignen Predigern bey ihrer Zurückkunft entrichten sollten.

In Ansehung des Zehnden vom Lachsfang in den Flüssen von Finmarken merken wir an, daß Christian IV. den Berglappen befohlen, von den im Fluß Neiden gefangnen Lachsen den Zehnden zu entrichten, daß diese sich aber dessen geweigert, weil die Mönche solchen ehemals nicht entrichtet, worauf der König aufs neue deswegen einen geschärften Befehl gegeben. Die Lappen weigerten sich noch einige Jahre, und wandten ein, als sie deswegen aufs neue vor Gericht gefordert wurden, sie dürften es wegen der rußischen Einnehmer nicht thun: gleichwohl überwieß man sie durch Zeugen, daß sie ihre Fische an Bürger in Bergen und folglich an königliche Unterthanen verkauft, und daß die Waranger Lappen seit undenklichen Zeiten den Fischfang daselbst ausgeübt hätten.

Es hat sonst auch viele Irrungen wegen des Zehnden vom Trahn gesetzt, weil sich einige solchen zu erlegen weigerten, daß solche aber nicht nur von Trahn, sondern auch von Multebär (Chamæmoris) bezahlt worden, erhellet aus einem Edict vom Jahr 1691. Dieser Zehnde ist aber, so viel ich weiß, längst abgeschaft worden.

Heutiges Tages wird der Zehnde nach dem Gewichte bezahlet, und zwar sehr richtig, weil die Einwohner vermöge der Octroy die Fische an niemand anders als an den Handelsbedienten der Städte ablassen dürfen, und weil keine andre Auffäufer sind, welche solche heimlich an sich handeln. Es wäre zu
wün=

wünschen, daß der König und die Kirche allenthalben den Zehnden so richtig bekämen, als in Finmarken. Die Fischer können nicht betrügen, weil keine andre als dänische Aufkäufer von der Gesellschaft in Kopenhagen sind. So oft diese z. E. zehn Pfund Fische kaufen, bezahlen sie dem Fischer nur neune, und entrichten das zehnte dem König. Eine Tonne mit eingesalzenem Lachse, welche fünf Thaler kostet, wird nur mit vier und einem halben bezahlet, und den halben Thaler bekommt der König als den Zehnden.

Die Einnehmer können eben so schwerlich betrügen, weil sie beeidigte Leute sind, welche alles, was sie entweder selbst gekauft, oder als Zehnden empfangen, auf die ausdrücklich dazu abgesandten Schiffe laden, und die Ladung von Lachstonnen sowohl als die Anzahl der Pfunde von jeder Art beschwören müssen. Eben so muß der Schiffer auch eidlich erhärten, daß er so viel von dem Einnehmer übernommen habe.

Das vierzehnte Kapitel.
Von dem, was die Lappen verarbeiten.

Die Zubereitung der Felle von Füchsen, Rennthieren, Ottern und andern Thieren, ist eine Arbeit der Weiber. Wenn die Haare mit einem eisernen Instrumente (Jekko) abgeschabet sind, so schmieren sie das Fell mit Trahn ein, und ziehen es

ver=

verschiedenemal durch eine eiserne wie eine Sichel gestaltete Maschine (Spierko), welche auf einer Seite scharf, und in der Wand der Hütte befestigt ist.

Die Sehnen von den Rennthierfüßen werden gedörrt, in Stücke geschnitten, und so lange geschlagen, bis sie so weich, wie Wolle, werden. Alsdenn rollen sie solche zwischen der flachen Hand und den Kinnbacken so lange, bis Faden daraus werden. Daß sie das Rennthiergeschirre, die Halstücher, Handschuhe u. d. gl. mit zinnernen Faden sticken, ist bereits an andern Orten erinnert worden. Sie verfahren dabey folgender Gestalt:

Sie gießen eine zinnerne Stange in einer Form, und machen von dem flachen Ende des Rennthiergeweihes eine Platte, welche Löcher von verschiedener Größe bekommt, so wie die durchlöcherten Platten der Dratzieher. Zuerst wird die zinnerne Stange durch die großen, und nachher immer weiter durch die kleinern getrieben, bis endlich ein dünner Drat daraus wird. Vermittelst des letzten und kleinsten Loches, wird der runde Drat platt gedruckt, wie der Lahn, den unsre Sticker gebrauchen. Zwey solche Dräte werden zusammen gedreht, nach verschiedenen Mustern auf das zu stickende Stück gelegt, und mit Faden aus Rennthiersehnen fest genehet. Diese Arbeit ist bey den Lappen sehr gemein; einige machen sie nur viel zierlicher, als die andern.

Sie färben das Tuch mit verschiedenen Pflanzen grau und gelb *). Aus Faden von verschiedener Farbe

---

*) Z. E. mit Lycopodium complanatum Faun. Suec. 958. Rumex

Farbe verfertigen sie vermittelst eines Instruments, das aus dem Geweihe von Rennthieren gemacht ist, Bänder, um die Schuhe damit zuzubinden. Sie machen auch Peitschen daraus.

Aus ungeschornen und zusammen genehten Schaafsfellen machen sie allerley Decken und Fußsäcke, wovon im sechsten Kap. gehandelt worden. Die Lappen wirken eine Art von Decken, womit sie ihre Winterzelte ausschlagen, wenn sie einige Zeit statt der Bettdecken gedient haben. Sie sind aus groben weißen Fäden mit aschgrauen oder schwarzen Streifen gewirkt. Der Weberstuhl besteht aus zwey starken perpendicular aufgerichteten Balken, und der Weberbaum geht oben von einem zum andern. Von diesem hängen die Faden gerade herunter, und weil der Eintrag mit keinem Schif, sondern mit der Hand bewerkstelliget wird, so geht, damit die Hand Platz behält, von dem Weberbaum eine Gabel, die an den beyden Enden des Weberbaums befestigt ist, schief herunter, wodurch die eine Hälfte der Faden von der andern abgehalten wird, damit sie nicht in einander fallen. Unten werden die abwärts hängenden Faden vermittelst einiger Steine niedergezogen, um sie steif zu erhalten. So wie die Leinweber, die gewürkte Leinwand nach und nach um den Weberbaum wickeln, so winden die Lappen, soviel sie von ihrer Decke fertig haben, um den gedachten oben quer über gehenden

Rumex acetosa mit der Blume des Galii veri, mit Lichen juniperinus und Candelarius, mit Betula alba und nana, u. s. w.

henden Baum. Die Handschuhe werden aus Wolle, die von Schaafwolle und Haasenhaaren besteht, gemacht. Mit allen diesen Sachen beschäfftigen sich die Weiber.

Die Männer machen aus dem astigen oder knorpelichen Birkenholz allerley Schalen und Schüsseln zu verschiedenem Gebrauch insonderheit um die Rennthiermilch aufzuheben. Aus dem obern flachen Theil des Rennthiergeweihes wissen sie ganz artige Löffel in ihrer Art zu machen. In diesen flachen Stücken ist ein graues Mark, in einigen mehr oder weniger. Je weniger Mark darinn angetroffen wird, desto leichter und schöner werden die Löffel. Auf den Gefäßen und Löffeln malen sie allerley Figuren und Blumen mit Kohlen. Die zierlichsten Löffel werden zuweilen zu den Goldschmieden in den Städten geschickt, um silberne darnach zu machen.

Die Handgriffe der Messer legen sie mit Zinn aus: und artige Stockknöpfe werden aus Rennthierhorn gemacht. Sie verfertigen auch ziemlich artige ovale Kästgen, desgleichen kleine Flaschen aus Baumwurzeln, und runde nach Art unsrer Bouteillen. Von ihren Schlitten und deren verschiedenen Arten ist oben gehandelt worden. Aus den Fischhäuten, vornämlich aus den Köpfen, kochen sie Leim, noch viel schönern aber aus den Rennthierhörnern. Die Haut wird lange gekocht, und alsdenn herausgenommen, das zurückbleibende Wasser wird steif und zu Leim.

Statt der Zange beym Eisenschmieden bedienen sie sich eines hölzernen Instruments, Aaser genannt.

Die

von dem, was die Lappen verarbeiten. 191

Die Lappen und andern Einwohner von Finmarken kaufen die Fischerböte von den Nordländern, doch wissen auch einige Lappen damit umzugehen, und verfertigen sie nicht allein für sich, sondern auch für andre. Diese bisher angeführten Beschäfftigungen gehören für die Männer.

Das funfzehnte Kapitel.
Von den verschiedenen Sitten und Gebräuchen der Lappen.

Die Lappen, welche erst seit der Zeit des Saxo, der ums Jahr 1190. lebte, und folglich noch nicht 600. Jahre diesen Namen führen, und vormals Skritt Finnen hießen, haben ihre besondern Sitten und Gebräuche beybehalten.

Es ist bey den morgenländischen Völkern üblich, sich unter einander, und vornämlich ihre Obern zu beschenken, und dieses thun auch die Lappen. Wenn sie sich bey ihrer Obrigkeit, ihrem Prediger, oder bey dem Handlungsvorsteher stellen, so bringen sie etwas mit, das entweder in Käse, Hasen, See und Flußfischen, oder in Lamm- und Rennthierfleisch, einem Buttertopf, einer Handvoll Federn, u. d. gl. besteht. Man giebt ihnen dafür etwas wieder, das ihnen angenehm ist, als Toback, Bier, Meet, Pfeffer, Ingwer, oder was man sonst bey der Hand hat. Ein ähnlicher Gebrauch herrscht auch bey den Russen.
Wenn

Wenn sie an einen Ort kommen, wo sich ein vornehmerer, oder den sie in Ehren halten, befindet, so beschenken sie ihn mit Brod, das auf einer rothen hölzernen Schüssel liegt, oder mit hölzernen hin und wieder vergoldeten Löffeln, zuweilen auch mit Hüner-Eyern, eingesalznem Lachs, etwas Leinewand, u. s. w.

Um die Jahrszeiten, Festtage, und andre Tage zu unterscheiden, hatten sich die Lappen ehemals eine Art von hölzernen Kalendern gemacht, welche Prümstave hießen.

Der Mann vertritt oft die Stelle einer Hebamme bey seiner Frau; und bittet meistens den Prediger, den Mißionar, den Schulmeister und Küster als Pathen zu dem neugebohrnen Kinde.

Wenn es die Noth erfordert, daß die ganze Familie die Hütte verlassen muß, um die verlohrnen Rennthiere zu suchen, oder sonst etwas zu besorgen, so pflegen sie die kleinen Kinder, welche nicht mit fort können, um mehrerer Sicherheit willen, damit sie nicht ins Feuer oder sonst fallen, anzubinden.

Den Gebrauch der Stühle kennen die Lappen nicht: Sie setzen sich auf die Erde mit kreutzweis unter sich geschlagenen Füßen. Kommen sie zu andern Norwegern und diese bieten ihnen Bänke an, so bedanken sie sich, und halten es für bequemer, sich auf die platte Erde zu setzen.

Wenn sich die Lappen bewillkommen, so umarmen sie sich, und sagen Buurist, oder sey gegrüßet. Dieses sagten sie auch zu mir, indem sie mich wegen der Kleidung, und weil ich ihre Sprache redete, für einen Eingebohrnen hielten.

Die Weiber scheeren sich die Haare glatt ab. Ein gewisses Ungeziefer auf den Köpfen ihrer Kinder tödten sie mit einem Messer.

Wenn sie Schmerzen am Fuße oder Arm empfinden, so binden sie ihn so fest als möglich mit Stricken zusammen, und halten einen brennenden Spahn daran, in der Meynung, daß wenn die Haut von der Hitze springt, alsdenn auch der Schmerz gleichsam aus den Ritzen herausfahren müsse.

In den zehn Jahren, die ich in Westfinmarken zugebracht, waren nur zwey Pferde vorhanden, wovon eines dem Richter in dieser Provinz, und das andre dem Vorsteher der Kaufmannschaft in Altens gehörte *). Die Bauern in dieser Gegend, und die Seelappen müssen daher Pferdearbeit verrichten, im Sommer das Heu, Holz u. d. gl. auf dem Rücken tragen, und im Winter auf kleinen Schleifen ziehen. Die Berglappen haben es in diesem Stücke besser, weil die Rennthiere den Mangel der Pferde ersetzen, und alles tragen, was Pferde sonst ziehen. Es ist in der ganzen Gegend etwas so seltnes, ein Pferd zu sehen, daß alles herbeyläuft, um ein solches Wunderthier

---

*) Nachdem die Einwohner in Westfinmarken, zumal in Altens, angefangen, sich auf den Feldbau zu legen, hat die Anzahl der Pferde auch zugenommen, wovon ich ein Augenzeuge gewesen. Hingegen waren damals in Ostfinmarken nur drey Pferde, wovon zwey zu meiner beschwerlichen Reise über das Gebürge Varanger-Fielder gebraucht wurden, und jemanden auf der Insel Wadsoe gehörten.

thier zu betrachten. Ein gewisser Berglappe hat mir erzählet, daß er einst den Richter im Posanger Meerbusen besuchet, und des Nachts bey ihm geblieben sey. Wie er nun des Nachts einmal aufgestanden, und ein Pferd vor der Thüre stehen sehen, sey er als für einem greßlichen Gespenste erschrocken, habe die Thüre geschwinde wieder zugeschlossen, und sich ins Bette begeben.

Weil in dieser Gegend kein Ackerbau ist, so braucht man auch keinen Dünger. Er wird daher nicht geschätzt, und man pflegt die trocknen Haufen im Frühling zu verbrennen. Inzwischen bauen einige am Flusse Altens wohnende Bauern aus Finnland, weil sie zu Hause daran gewohnt gewesen, das Feld, und bekommen in manchen Jahren mittelmäßige Erndten.

Die Lappen von einigem Vermögen haben die wunderliche Gewohnheit, ihre Kostbarkeiten, insonderheit das baare Geld, so sorgfältig zu vergraben, daß ihre Erben keine Hoffnung haben, es jemals zu entdecken. Ich wundre mich nicht, daß sie solches bey ihren Lebzeiten thun, weil sie weder Schränke noch Schlösser haben, um ihr bisgen Geld vor Dieben zu bewahren. Der Seelappe hat nichts als seine kleine Hütte, und der Berglappe sein Zelt, welches er nach der Jahrszeit bald hie bald da aufschlägt. Aber ich begreife nicht, warum sie ihr Geld auf dem Todbette den Erben nicht anzeigen, damit sie einen Gebrauch davon machen können. Man erzählt, daß ein reicher Lappe im Schwedischen Lapland, als man ihn auf seinem Todbette nach der Ursache gefraget,

warum

warum er sein Vermögen so sorgfältig versteckt, daß seine Erben es unmöglich finden könnten, zur Antwort gegeben, er thue es um nach seinem Tode keinen Mangel an Lebensmitteln zu leiden.

Sie hängen die schwarzen Hunde auf, und ziehen ihnen, wenn sie erstickt sind, das Fell ab, um die Handschuhe und Halstücher damit zu besetzen. Die Finländischen Bauern, welche am Flusse Altens wohnen, pflegen sich oft im warmen Wasser zu baden, und mit Zweigen, die in Wasser getaucht sind, zu besprengen und abzuwaschen. Wir wollen nach diesen allgemeinen Anmerkungen uns nunmehr zu den besondern Gebräuchen bey einigen Gelegenheiten wenden.

Das sechzehnte Kapitel.
Von den Hochzeiten der Lappen.

Es ist etwas sehr seltnes, daß ein Lappe ein Norwegisches Mädchen, oder ein Norweger eine Lappin heyrathet. So lange ich wenigstens Mißionar gewesen, ist mir kein Beyspiel bekannt.

Wenn ein Lappe um ein Mädchen anhalten will, so begleiten ihn einige von seinen nächsten Verwandten, deren einer das Wort für ihn führen muß; und er nimmt etwas Brantewein für seine Braut und deren Verwandte und einige kleine Geschenke mit, welche, nachdem er reich ist, in einem silbernen Beutel,

Ringen, u. d. gl. bestehen. Wenn sie bey der Wohnung anlangen, gehen alle hinein, ausgenommen der Bräutigam, welcher vor der Thüre wartet, bis er eingeladen wird, und der Vorsprecher des Bräutigams überreichet dem Vater der Braut eine Schale mit Brantewein. Wird sie nicht angenommen, so ist es ein Zeichen einer abschläglichen Antwort, trinkt der Vater aber davon, so schließet der Vorsprecher daraus, daß der Vorschlag gut geheißen wird, überreicht die Schale auch der Braut Mutter und übrigen Anverwandten, und bittet sich die Erlaubniß aus, um das Mädchen anzusprechen. Darauf thut er die Anwerbung im Namen des Bräutigams, welcher inzwischen beständig vor der Thüre wartet, mit hochtrabenden Worten, so gut, wie es sich in ihrer Sprache thun läßt.

Darauf wird der Bräutigam hineingerufen, welcher vorne in der Hütte bey dem Brennholze stehen bleibt. Wenn er das Jawort erhält, macht er der Braut, ihren Eltern und übrigen Anwesenden die kleinen mitgebrachten Geschenke, verspricht ihnen neue Kleider zu geben, und nimmt bald darauf mit den Seinigen Abschied. Diese Gebräuche werden meistens bis auf den heutigen Tag beobachtet, jedoch nicht so genau, daß nicht dieser oder jener Umstand zuweilen eine kleine Aenderung leiden sollte. Wenn die Eltern einem Freyer die ihm einmal versprochene Tochter nachgehends nicht geben wollen, so müssen sie ihm nicht nur alle Geschenke, sondern auch so gar den bey der Verlobung ausgetrunkenen Branntewein wieder erstatten.

Wenn

Wenn der Bräutigam versprochen ist, so besucht er seine Braut zuweilen, und singt unterweges, wenn er zu ihr reiset, zu ihrem Lobe Lieder, oder vielmehr Worte in einer von ihm selbst gemachten Melodie, so wie sie ihm in den Mund kommen. Diese Gewohnheit wird aber nicht durchgängig beobachtet. Sobald er ankommt, so giebt er ihr etwas Branntewein oder Toback, wenn sie eine Liebhaberinn davon ist. Am Hochzeittage tragen die Bräute gemeiniglich ihre besten oder Feyertagskleider, nur mit dem Unterschied, daß sie in Haaren mit bunten Bändern gehen, anstatt daß sonst alle verheyrathete und unverheyrathete den Kopf bedecken. Doch dünkt mich, daß die Bräute an einigen Orten in Finmarken am Hochzeittage auch Mützen von eben der Form wie die gewöhnlichen tragen. Nach der Trauung wird die Hochzeit auf eine sehr mäßige Art ohne viel Umstände gefeyert. Die bemittelten machen der Braut ein Geschenk, das entweder in Geld, oder Rennthieren, oder etwas dergleichen besteht.

In der Gegend von Altens, wo ich Prediger war, feyerte man die Hochzeit folgender Gestalt. Nach der Trauung gieng das Brautpaar mit den nächsten Anverwandten in das nicht weit von der Kirche liegende Haus des Bondelehnsmand, (welches ohngefähr so viel als einen Vorsteher oder Procurator des Volks bedeutet,) wo die Hochzeitgäste erschienen, und sämtlich auf Kosten des Bräutigams bewirthet wurden. Die Speisen sind mäßig, und bestehen meistens in einer Suppe, Lammsbraten, und einer kleinen Portion Meeth. Wenn dieses verzehrt ist, begeben sich Braut und Bräutigam und die übrigen Gäste nach Hause. Ich bin selbst auf einer Hochzeit gewesen, die ein Lappe für seinen Sohn ausrichtete, wo keine andre als obgedachte Speisen vorgesetzt wurden. Die Gäste, welche an keine Tractamenten gewohnt, und mit der Suppe zufrieden waren, hätten bald den Braten vergessen, wenn der Braut Vater nicht gerufen hätte, man solte den Braten herbringen. Nachdem er aufgesetzt war, wollte der Vater vorschneiden, zeigte aber genugsam, daß er nicht gewohnt sey, damit umzugehen.

In der Kielviger Gemeine im Porsanger Meerbusen macht man noch weniger Umstände bey der Hochzeit. Nach der Trauung versammlet sich das Brautpaar mit den nächsten Freunden unter freyem Himmel nicht weit von der Kistrander Kirche, sie verzehren ein Schaaf mit einander, das zu dem Ende geschlachtet und mitgebracht worden; und darauf kehrt ein jeder in seine Hütte wieder zurück.

Die Lappen wissen bey ihren Hochzeiten nichts von Spiel und Musik. Man findet weder Instrumente noch Musikanten bey ihnen; ja sie wissen nicht einmal etwas vom Singen, und sind darinn so ungeschickt, daß ich ihnen, aller Mühe ungeachtet, nie eine Melodie von Kirchengesängen beybringen können. Die Ursache ist nicht sowohl in den Lappen selbst als in ihrer Sprache zu suchen, vermöge deren sie eine jede Sylbe sehr scharf und hart aussprechen, welches sie auch, wenn sie Norwegisch reden, nachahmen. Daher kommt es, daß man, wenn die Lappen

pen ja singen wollen, mehr ein wildes Geschren und Geheule, als einen Gesang hört.

Nach der Hochzeit bleibt der junge Ehemann gemeiniglich ein ganzes Jahr bey seinen Schwiegerelten. Alsdenn läßt man ihn seine eigne Wohnung aufschlagen, und giebt ihm, wenn es das Vermögen erlaubet, eine kleine Ausstattung mit, welche in etwas Vieh, Kesseln, Töpfen, u. d. gl. besteht.

Das siebenzehnte Kapitel.
Von den Ergötzungen und Spielen der Lappen. Kleine Erzählungen von ihnen.

Die Festtagsspiele, welche man in Weihnachten anzustellen pflegt, kennen die Lappen nicht. Wenige kennen die Spielkarten, doch können einige spielen. Sie werfen um die Wette nach dem Ziele, und machen zu dem Ende auf einem weißen Boden einen schwarzen Fleck oder umgekehrt. Wer dem Ziel am nächsten kommt, erhält den Preis, welcher entweder in etwas Toback oder Geld besteht.

Sie haben eine Art von Ballspiel. Der Ball ist von Fell mit Haaren, Tuch, Stroh oder dergleichen gestopft. Zwey Partheyen stellen sich gegen einander über. Der eine wirft den Ball aus der Hand, und der andre schlägt ihn mit einem Stock in die Höhe, und einer auf der andern Seite muß solchen fangen. Zu gleicher Zeit läuft der, welcher den Ball in die Höhe geworfen, auf die andre Seite, um den Platz dessen, der ihn fangen will, zu erreichen, wenn dieser ihn eher fangen, und dem Gegner wieder zuwerfen kann, als solcher seinen Platz einnimmt, so hat er gewonnen.

Ein gewisses Spiel heißt bey ihnen das Gänsespiel. Sie machen nämlich mit Kreide etliche Linien auf einer Tafel, und ziehen auf solchen mit dreyzehn Steinen, welche soviel Gänse vorstellen, gewisse Züge; auf der andern Seite der Tafel bedeutet ein Stein den Fuchs, welcher den Gänsen nachstellt. Einer thut die Züge mit den Gänsen, und der andre mit dem Fuchs, welcher den Gänsen auf allerley Art nachstellt, und sich ihrer zu bemächtigen sucht. Erhält er diesen Zweck, so hat er gewonnen. Der Gegentheil sucht seine Gänse mit möglichster Geschicklichkeit zu vertheidigen, daß ihnen der Fuchs nichts anhaben kann. Bringt er es dahin, so hat er das Spiel gewonnen.

Eine andre Uebung der Lappen ist, wenn zwey einen Stab in einer ziemlichen Höhe von der Erde halten, und der dritte mit einer Stange im vollen Lauf darüber springt.

Im Ringen sind sie sehr geübt. Sie thun es entweder zum Zeitvertreib, oder im Winter sich der Kälte zu erwehren. Ich habe auf meinen Reisen in ihrer Gesellschaft oft gesehen, daß die fahrenden Lappen, während der Zeit daß die Rennthiere Mooß fressen, und sie also stille halten mußten, mit einander rungen, um nicht zu frieren.

Zwey

Zwey Personen halten einen Strick vermittelst zwey an beyden Enden geknüpften Stäben steif aus einander. Einer suchet dem andern den Strick aus den Händen zu winden, und hat deswegen ein paar Gehülfen. Wer solches zuerst thun kann, der hat gewonnen, und bekömmt den darauf gesetzten Preis.

Sie stecken auch ein paar Stäbe durch einen Knauel von Faden, und zwey stellen sich gegen einander über, und reißen den Knauel aus allen Kräften an sich, bis er zerreißt. Auf diese Weise probiren sie ihre Stärke, wer mehr vermag als der andre. Die Kinder haben ein Spiel, da sie Stöcke mit besondrer Geschicklichkeit aus einer Hand in die andre werfen. Sie pflegen sich auch Zügel anzuhängen und zu laufen, als wenn sie Rennthiere wären, und einer stellt den Fuhrmann vor.

Ich will mit Erlaubniß des Lesers hier noch einige kleine Erzählungen von solchen Dingen, wovon ich ein Augenzeuge gewesen, beybringen. Ich besuchte bey einer gewissen Gelegenheit einmal den Prediger zu Kondekeino, und erfuhr, daß er im Sommer fast gar keine Gemeine hat, weil alle Berglappen aus dieser Gegend sich zu der Zeit an die Seeküste nach den Kirchspielen Skiervö und Carlsoe in Nordland begeben.

Als ich einmal um Weihnachten zu Kistrand predigen wollte, und etwas frische Milch bekommen hatte, salzte der Lappe, welcher mir einen Brey daraus kochen sollte, solchen so entsetzlich, daß ich ihn nicht einmal kosten konnte, und aus Mangel andrer Speise hungrig zu Bette gehen mußte. Ich pflegte zwischen Neujahr und Pfingsten unter den Berglappen herumzureisen, um bey ihnen zu predigen. Ein gewisser Lappe, bey dem ich einmal einkehrte, schenkte mir frische Kuhmilch, welche mir außerordentlich angenehm war, weil ich in einem halben Jahre keine gesehen hatte. Ich ließ einen Brey daraus kochen, und gab meinem Wirthe die Helfte. Die meinige ließ ich in dem Topfe stehen, und unglücklicher Weise kam ein Schaaf, welches sich aus dem in der Hütte befindlichen kleinen Stall losgerissen hatte, und stieß solchen um. Der Wirth both mir zwar seine Helfte gleich an, ich schlug sie aber aus, weil ich wußte, daß sie für ihn gleichfalls ein Leckerbissen war.

Als ich mich meiner Gewohnheit nach einst auf der Winterreise befand, und um nicht allemal von dem eißkalten Wasser, welches die Lappen in Kesseln in ihren Hütten haben, zu trinken, ein Flaschenfutter mit Branntewein bey mir hatte, so gieng es mir eben so unglücklich, denn da ich ausgegangen war, und die Wirthinn, bey der ich einkehrte, von ihrem Magazin *) einige Felle herunterziehen wollte, riß sie das Flaschenfutter herunter, und zerbrach alles in Stücken. Der Schnee war hart gefroren, und der Branntewein konnte folglich nicht einziehen: als der Mann solches gewahr wurde, lief er herbey, schlurfte den Branntewein von dem Schnee ab, und soff sich ganz voll. Ich erstaunte bey meiner Zurückkunft um so mehr, da ich wußte, daß in dieser Gegend an
dergleis

―――――――
*) Das Loavve. Dergleichen Magazine sind im 5ten Kap. beschrieben.

dergleichen Getränke ein großer Mangel war. Es verdroß mich um so mehr, weil es aufs schärffte verboten ist, den Lappen Branntewein zu geben, ob ich gleich an diesem Zufall keine Schuld hatte. Der Lappe gestund die ganze Sache aufrichtig, und rief mir gleich anfangs zu, es wäre ein großes Unglück geschehen. Ich glaubte anfangs, daß einem von der Familie etwas widerfahren wäre, und freuete mich, als ich es nachgehends erfuhr, daß es nichts schlimmers war. Von der Zeit an nahm ich nie wieder Branntewein mit, sondern begnügte mich mit bloßem Wasser, und trank nicht einmal Bier, wenn andre Prediger oder bemittelte Personen mir welches vorsetzen wollten, weil ich fand, daß solches den Durst nicht löschte, sondern noch vermehrte, wenn ich nicht Wasser dazu trank. Mein Wirth, der ein nach seiner Art bemittelter Mann war, ersetzte mir meinen erlittenen Verlust.

Ein Kaufmann aus Bergen von der Gesellschaft, welche den Fischhandel in Finmarken gepachtet hat, reiste in seinen Geschäften von dem Porsanger Meerbusen weg, und ich begleitete ihn. Die Schiffer fiengen von ohngefähr eine Fischotter, und begaben sich nach ihrer Gewohnheit damit ans Land, machten Feuer, und verzehrten sie mit großem Appetite. Das Fleisch sahe so weiß und niedlich aus, daß der Kaufmann es kostete. Er fand es gut, ich folgte seinem Beyspiele, und wir aßen davon, ohne daß es uns etwas schadete. Es würde noch schmackhafter gewesen seyn, wenn es nicht einen Geschmack nach Fischen gehabt hätte.

Ein

Ein gewisser Lappe im Porsanger Meerbusen, der für einen Zauberer gehalten wurde, und deswegen noch nach seinem Tode unter diesem Volke bekannt bleiben wird, kam in den Garten des Pfarrers zu Kielvig, wo sich damals der Vorsteher Nitter aufhielt. Der Vorsteher, welcher eben Thee trank, bot dem Lappen eine Tasse an, worein aus Ermangelung des Zuckers Salz geschüttet war. Der Lappe trank sie aus, ließ seinen Unwillen nicht merken, und gieng weg. Nach einiger Zeit kam der Vorsteher zu dem Lappen, und bat ihm von den Beeren, welche Multebär heißen, und die damals in großer Menge reif waren, zu bringen. Der Lappe setzte sie ihm vor, aber erstaunlich gesalzen. Der Vorsteher fand sie von schlechtem Geschmack, und machte dem Lappen darüber Vorwürfe, daß er die schönen Beeren durch das Salzen verdorben hätte. Dieser gab zur Antwort: Er hätte den Vorsteher für einen großen Liebhaber vom Salz gehalten, weil der neuliche Thee statt des Zuckers so sehr gesalzen gewesen.

Ein andrer Lappe ward von einem Schiffer aus Bergen gefraget, ob er die Fliegen vertreiben, oder andre Zauberkünste könnte: Er antwortete, es sollte gleich geschehen, nahm einen feurigen Brand vom Heerde, und schwenkte solchen dergestalt im ganzen Hause, daß der Schiffer sich wegen der umherfliegenden Funken mit den Seinigen geschwind aus dem Staube machte, und den Lappen nicht weiter spottete.

Als ein gewisser Lappe in die Küche des Richters von Talgvig kam, und die Leute mit Bierkochen beschäfftigt fand, wünschte er ihnen viel Glück
und

und Seligkeit, welches man gemeiniglich zu denen, welche das heilige Abendmahl genossen, sagt; der einfältige glaubte, daß man diesen Wunsch allenthalben anbringen könnte.

In einem gewissen Jahre war zu Läbesby in Lasresiörd, wo einige Lappen wohnen, und wo auch zu den Zeiten der Mißion eine Kirche erbauet worden, um Michaelis ein solcher Schnee gefallen, daß eine Lappinn, welche ausgegangen war, um ihre Schaafe im Walde zu suchen, sich fast verirrte, weil der Schnee den Bäumen eine ganz andre Gestalt gegeben, und die Gegend unkenntbar gemacht hatte. Die Frau sahe in der Angst die Bäume vor Menschen an, und bildete sich gar ein, daß sie sich bewegten. Sie glaubte, es könnten vielleicht Russen seyn, welche kämen um zu rauben und zu plündern. Sie eilte so viel möglich zu Hause, und setzte alles in Schrecken, weil man sie für eine glaubwürdige Person hielte. Von ohngefähr waren alle Bewohner des Meerbusens hier versammlet, um den Gottesdienst des folgenden Tages beyzuwohnen. Jedermann machte sich zur Gegenwehr bereit, hin und wieder wurde Feuer im Felde angezündet, zuweilen that man einen Schuß, und erhob ein greßliches Geschrey, damit der Feind, den man in der Nähe zu seyn glaubte, dafür halten sollte, daß viel Menschen zur Gegenwehr bereit wären.

Beym Anbruch der Nacht wurden drey der tapfersten Jünglinge auf Kundschaft ausgeschickt, um den Zustand der Feinde auszuforschen, und weil diese etwas lange außen blieben, schickte man ihnen andre

dre nach, welche, als sie auf ihre Kameraden stießen, solche aus Schrecken nicht kannten, sondern für die Feinde ansahen. Sie kehrten also eiligst zurück, mit dem Berichte, daß der Feind vor der Thüre wäre, und man sich zum Gefecht bereiten müßte. In der Angst konnte einer seine Handschuhe, welche er doch sowohl der heftigen Kälte als des Gefechts wegen nöthig hatte, nicht finden, und zog ein paar Kinderhosen, die ihm bey der Finsterniß in Weg kamen, an. Das ganze Corps wurde also eiligst versammlet, und bestund aus Männern und Weibern, die theils mit Büchsen, theils mit Aexten und Sicheln bewaffnet waren. Eine Frau, mit der ich oft von diesem eingebildeten Kriege geredet habe, zog dem Feinde muthig entgegen, und hatte auf dem einem Arm ihr Kind, und in der andern Hand die Sichel. Da die meisten zwar aus dem Kirchspiele, aber nicht aus demselben Orte und folglich der Gegend nicht kundig waren, so fielen sie bey der Nacht auf dem Marsche in eine Grube, ohne jedoch Schaden zu bekommen. Und dieses war das Ende des blinden Lärmens, welcher durch die falsche Nachricht einer alten Frau entstanden war.

Das

Das achtzehnte Kapitel.
Von den Krankheiten und Leichenbegängnissen der Lappen.

Die für das menschliche Geschlecht so schreckliche Krankheit der Kinderblattern, ist in Finmarken selten, und wütet oft in dreyßig bis vierzig Jahren nur einmal. Vor einigen Jahren war sie so heftig, daß eine unglaubliche Menge Menschen von allerley Alter und Geschlecht hingerafft wurde. Ein junger Schottländer hat sie mit nach Bergen gebracht, von da hat sie sich weiter ausgebreitet, und einige aus Nordland, die sich im Sommer gemeiniglich in Bergen aufhalten, angesteckt. Diese haben bey ihrer Zurückkunft die Krankheit in ihr Vaterland gebracht; und weil die Nordländer zu einer gewissen Zeit an den Küsten von Finmarken fischen, so ist dieses Uebel auch in die entferntesten Gegenden von Norden gebracht worden. So wie die Bauern in Norwegen ihr Alter gemeiniglich von der Zeit des letzten Krieges zwischen Dännemark und Schweden zu rechnen pflegen, so zählen die Lappen ihre Jahre von der Zeit an, da die Blattern im Schwange gegangen, und sagen z. E. als die Blattern zum letztenmale so graßirten, war ich so viel Jahre alt.

Von Kopfschmerzen und einigen andern gemeinen Krankheiten haben die Lappen zuweilen Anfälle, sonst sind sie gemeiniglich gesund und stark. Ihre sogenannten innerlichen Krankheiten heilen sie mit einem Trunk warmen Blutes von wilden Rennthieren oder Seehunden. Das letztere trinken sie auch als eine gute Hülfe für heftige Zahnschmerzen, welche sonst so schwer zu heben sind. Als sie noch in der groben Unwissenheit lebten, glaubten sie, daß das sicherste Mittel wäre, die Zähne mit Zahnstochern von Holz, worinn das Gewitter geschlagen, zu stochern. Die Lappen sind mit einer besondern Art von Zahnschmerzen geplagt, indem ein kleiner gelber Wurm mit einem schwarzen Kopfe *), von der Größe und Gestalt eines Gerstenkorns, daran nagt, und einen empfindlichen Schmerz verursacht.

Die Augenschmerzen pflegen sie auf eine sonderbare Art zu heilen. Sie decken solche mit einer Haut zu, und setzen eine gemeine Laus dazwischen, welche auf eine behende Weise daran beißen muß. Ich würde dieser ekelhaften Cur nicht erwehnen, wenn sie nicht so außerordentlich und bey unsern Aerzten ganz unbekannt wäre. Für erfrorne Glieder gebrauchen sie ein gewisses Oel aus Rennthierkäsen, welches sie darauf schmieren. Damit die Wunden nicht erhärten, schmieren sie Harz, das aus Fichten schwitzt, darauf. Ich habe verschiedene Lappen gekannt, welche bey Verrenkungen und Beinbrüchen, ehe

---

*) Diesen hält man insgemein für den Gordius aquaticus des Linnaeus. Faun. Suec. 2068. Es wird daselbst Num. 2070. auch eine andre Gattung unter dem Namen Furia infernalis angeführt. Man sehe davon Linnaei Amoen. Acad. III. S. 321 = 324.

ihe solche verbunden und wieder in ihre ordentliche Lage gebracht worden, etwas pulverisirtes Silber, oder Kupfer eingenommen, und versichert haben, daß ihnen dieses eine große Linderung für die Schmerzen verursache. Daß sie den Schmerz an Füßen und Armen mit einem brennenden Span *) zu vertreiben sich einbilden, ist bereits oben erinnert worden.

Mit den Sehnen, welche durch die Hinterfüße der Rennthiere bis an die Klauen gehen, pflegen sie die verrenkten oder sonst beschädigten Gliedmaßen zu verbinden, und zwar dergestalt, daß die Weiber die Sehnen von männlichen Rennthieren, und die Männer, die von den weiblichen nehmen.

Wenn ein Lappe stirbt, legt man ihn nackend auf eine mit Sägespähnen bestreute Bahre, und bedeckt ihm nur den Leib mit einem schlechten Tuch, und die Leiche wird ohne weitere Umstände von den nächsten Anverwandten zu Grabe getragen. Wenn die zurückgebliebenen nächsten Anverwandten so viel im Vermögen haben, bewirthen sie die Begleiter mit Meeth und einer mäßigen Mahlzeit. In den abergläubischen Zeiten begrub man die vorzüglich geschickten Schützen an dem Orte, wo sie ihren Götzendienst hatten: und die übrigen an schlechten Orten, wo man zukam. Auf dem Grabe setzte man statt aller Zierrathen einen schlechten Schlitten, von der Art die Kierres heißen. Vor Alters brachte man die Körper, wenn sie mit Birkenrinde bedeckt waren, auch unter große zusammengeschleppte Steinhaufen. Das Grab oder der

Platz

*) Boletus fomentarius. Flor. Suec. 1225.

O

Platz für den Körper war zu beyden Seiten mit hohen Steinen umgeben, und wurde mit eben solchen langen Steinen zugedeckt, so daß es einige Aehnlichkeit mit unsern Särgen hatte. Bey den lapländischen Bauern in Finmarken müssen die Grabetücher, wenn die Leiche getragen wird, zur Zierde sehr lang aus dem Sarge herunter hängen.

Zu den besondern Gebräuchen der Lappen gehört es auch, daß sie einem neugebohrnen Knaben eine Rennthierkuh schenken, und alle von ihr fallenden Jungen für ihn großziehen, wodurch er mit der Zeit zum Eigenthum von vielen Rennthieren gelangt. Wenn die Eltern sterben, nimmt der Sohn, diese ganze Zucht bey der Theilung, als sein Eigenthum, voraus.

Das neunzehnte Kapitel.
Von den Abgötzen der Lappen.

Die heidnischen Lappen bildeten sich ein, daß die Berge und Seen von Gottheiten bewohnt würden, daher kommen noch die Ausrufungsformuln: Heiliger Stein, oder guter Berg hilf mir, stehe mir bey! womit sie sich an ihre Götter wendeten. Sie glaubten, die Götter müßten durch Opfer versöhnt werden, und stellten solche deswegen an den Orten an, wo sie sich nach ihrer Meynung aufhielten.

von den Abgötzen der Lappen.

Den Aufenthalt ihrer Götter setzten sie hauptsächlich an fünf verschiedenen Orten, in den Sternenhimmel, in der untern Luft, auf der Erde, unter derselben jedoch nicht sehr tief, und endlich im Innersten oder dem Mittelpunkte der Erde. Ich will die Götterlehre der Lappen aus ältern Zeiten nach der Handschrift eines Unbekannten hier kürzlich einrücken:

Der vornehmste Gott in dem Sternenhimmel war der *Radien*, ob er aber den ganzen Himmel einnimmt, oder nur einen Theil regiert, wußten sie selbst nicht; wenigstens verstunden sie den wahren Gott nicht darunter, weil sie das Bild des wahren Gottes bey dem von ihren Radien setzten. Sie beteten ihn für die Erhaltung ihres Hauswesens, insonderheit ihrer Rennthiere an. Einige wandten sich deswegen an den Zhioarve Radien, welcher von dem Radien unterschieden war, wiewohl andre den Unterschied nicht beobachteten. Letzterer bildet die Seele im Mutterleibe, übergiebt sie der Makerakko, und diese wieder ihrer Tochter Sarakka, welche sie mit dem Leibe vereinigt, und das Kind vollkommen macht. Er nimmt auch die verstorbenen, wenn sie einige Zeit unter den Todten gewesen, bey sich auf, und schickt hingegen diejenigen, welche schlecht gelebet, in den Abgrund der Erden (Rota), wo sie beständig bleiben müssen. Der vornehmste Gott nach dem Radien ist der Ruona-Neid, welcher sehr mächtig ist, für die Berge im Frühjahr Sorge trägt, und das Gras für die Rennthiere im Frühjahr wachsen macht,

Die Götter in der untern Luft sind 1) Beive oder die Sonne. Sie beten solche an, weil sie das Licht und die Wärme verschafft, Futter und Gras hervorbringt. Sie opfern ihr ein weißes Stück Vieh, und einen Brey, welchen sie den Sonnenbrey nennen. Man bringt ihr auch bey gewissen Krankheiten als bey verlornem Verstande, u. d. gl. Opfer. 2) Horangalis, der Donner. Diesen halten sie für einen sehr zornigen Gott, der Menschen und Vieh tödtet, und opfern ihm deswegen. 3) Giesen-Olmai; 4) Biagolmai. Dieser hat Sturm und Ungewitter zu Befehl, weswegen man ihm opfert. 5) Den Gottheiten Ailekes-Olmak war der Freytag und Sonntag heilig. Wenn die Götter an diesen Tagen durch allerley Arbeiten erzürnt wurden, weil sie ihnen geheiliget waren, so mußten sie durch Opfer gleich wieder ausgesöhnt werden.

Unter den Erdgöttern ist der Leib-Olmai der Gott der Jagd, welchem sie um eine gute Jagd zu erlangen, opfern, früh und Abends zu gewissen Zeiten auf den Knien anbeten, und zugleich ein Lied zu seinem Lobe singen. Kiöse-Olmai ist die Gottheit der Fischer.

Die Maderakko mit ihren drey Töchtern sind Gottheiten der Weiber, welche diese Gottheit anflehen, daß sie ihnen ihre Töchter zu Hülfe senden möge. Andere glauben, daß ihnen die Maderakko selbst beystehe. Die älteste Tochter vereiniget die vom Radien gebildete Seele mit dem Körper des Kindes im Mutterleibe, und steht den Weibern in der Geburt bey, ja sie theilet auch die Schmerzen mit ihnen.

ihnen. Einige gebrauchen sogar vor dem Genuß des heil. Abendmahls ein abgöttisches Sakrament, welches dieser Göttinn zu Ehren gestiftet worden, und glauben, daß sie den Leib dieser Göttinn essen, und ihr Blut trinken. Die Männer und Weiber verehren sie sehr heilig. Die Kindbetterinnen trinken ihr zu Ehren ganze Gläser mit Branntewein, und opfern ihr Brey, um ein glückliches Kindbett zu haben. Die andre Tochter der Maderakko heißt Juks-Akka, und soll die Knaben in Mutterleibe in Mädchen verwandeln können. Sie bitten solche um die Geburt der Knaben, weil die Männer besser zur Jagd und zum Fischfange zu gebrauchen sind als die Weiber. Die dritte Tochter, Ux-Akka, ist die Beschützerinn der neugebohrnen Kinder, und wendet die Gefahr ab, der sie unterworfen sind.

In diese Klasse gehören auch die Saivo-Olmak oder die Berggottheiten, welche zwar allen, die sie anrufen, überhaupt Hülfe leisten, insonderheit aber den Zauberern. Die letztern fragen sie auf verschiedene Art um Rath, und erhalten die Antwort durch Träume, Gürtel, Steine, Pferdeknochen u. s. w. Wenn der Zauberer eine solche Gottheit um Hülfe anrufen will, so trinkt er zuvor Wasser von einem Berge, welches ihm neue Kräfte giebt, zumal wenn er sich mit andern Zauberern in einen Wettstreit eingelassen. Bey einem solchen Wettstreite hetzen sie ihre gebürgischen Rennthiere zusammen, und glauben, daß, so wie dieser Kampf ausfällt, auch der Wettstreit unter den Zauberern selbst ausfallen müsse; z. E. der Zauberer, dessen Rennthier ein Horn im Gefechte verlohren hat, muß vermöge der Sympathie auch krank werden.

Der Saivo-Lodde oder der Bergvogel zeigt den Zauberern auf der Reise den Weg. Zuweilen bedienen sich die Zauberer desselben um einander, oder auch fremden Menschen Schaden zu thun. Der Saivo-Guelle oder Bergfisch erhält den Zauberer, wenn er in das Land der Todten geht, um die Seele eines schwerkranken Lappen wieder zu holen. Die Lappen glaubten vormals, daß die Seele der Kranken vor dem würklichen Tode den Körper verlasse, und sich in das Land der Todten begebe, und daß der Kranke bald würklich sterbe, wenn die Seele nicht hurtig wieder durch einen Zauberer zurückgebracht werde. Aus dieser närrischen Meynung ist die Gewohnheit entstanden, die Götter um glückliche Zurückbringung der Seelen aus dem Lande der Verstorbenen anzuflehen.

Einen gewissen Fisch Namma-Guelle zu fangen, hielten sie für ein besondres Glück, und um solches zu erhalten, mußte das Kind zweymal getauft werden. Die Lappen hatten ehemals die Gewohnheit, die Taufe zu wiederholen, und sich nach einer schweren Krankheit einen neuen Namen zu geben, wobey sie die Formel gebrauchten: Ich taufe dich in Namen des N. N. in dessen Namen du künftig gesund bleiben wirst. Sie wehleten den Namen des Vaters oder Grosvaters dazu, welcher den Fisch Namma-Guelle besessen.

Zu der Klasse der unterirdischen Götter, welche nicht so gar tief unter der Erde im Jabme-Aibmo wohnen,

wohnen, gehört Jabme-Akko, oder die Mutter des Todes. Die Todten behalten in dieser Gegend, wohin sie nach ihrem Absterben kommen, ihren vorigen Stand und Würde, sie bekommen nur einen neuen Leib statt des verweseten. Die Lappen bringen diesen Göttern fleißige Opfer zur Erhaltung ihres Lebens und ihrer Gesundheit, und zwar um so mehr, weil sie sich einbilden, daß die Jabme-Akko und die Seelen der Verstorbenen sich eifrig bestreben, die lebenden Menschen unter die Erde zu bringen, und insonderheit ihre nächsten Verwandten und Kinder bald bey sich zu haben.

Im Innersten der Erde (Rota-Aibmo) hält sich endlich die letzte Klasse der Götter auf. Hieher werden alle gottlose Menschen nach ihrem Tode verbannt, und haben keine Hoffnung wie die Seelen in der Gegend der Todten (Jabme-Aibmo) jemals zu den seligen Wohnungen des Gottes Radien zu gelangen. In diesem Innersten wohnt der Gott Rota, welchen die Lappen zuletzt, wenn es bey den andern nichts hilft, anrufen. Der Rota soll sowohl den Menschen als dem Vieh Krankheiten zuschicken, weswegen man die andern Götter vergebens anruft, weil er sie nur allein wieder heben kann.

Wenn sie bey ihren Opfern das Vieh geschlachtet hatten, baten sie so viel Gäste dazu als nöthig war, um das Fleisch vom Kopfe, Rücken und den Füßen zu verzehren. Mit dem Blute wurden die Bäume, welche um die Altäre stunden, und mit allerley Figuren geschnitzt waren, besprengt. Das Eingeweide, einige Knochen, der Schwanz und die

Ohren wurden geopfert. Dem Gott Rota brachten sie aber statt des Opfers ein Pferd, gruben es unter die Erde, auf daß der schädliche Gott darauf wegreiten, und sie in Ruhe lassen möchte. Zuweilen bringen sie ihm auch auf die gewöhnliche Art Opfer, machen ein Bild ohngefähr in menschlicher Figur, und opfern demselben, so wie den andern Götzenbildern, die bloßen Knochen, weil sie überhaupt glauben, daß die Götter mit den Knochen eben so zufrieden sind, und sie wieder mit neuem Fleische umgeben können.

So weit geht die Nachricht des Unbekannten, für die ich jedoch nicht in allen Stücken stehen will. Wenigstens waren die Namen des Radien, der Maderakko und ihrer drey Töchter den Lappen, wo ich als Mißionar gestanden, gänzlich unbekannt: von Saivo Sarva und dem Lande der Todten hatten sie wohl etwas reden hören. Ich zweifle aber nicht, daß die Lappen in der Gegend von Drontheim und Nordland ehemals die obgedachten Gottheiten verehret, zumal da die Namen des Radien, Beive, Rota u. a. m. in den Runischen Monumenten angetroffen werden. Scheffer gedenket dreyer Gottheiten, welche die Lappen verehret; die Sonne, der Thor und Stoerjunkare, und beschreibt ihre Opfergebräuche sehr weitläuftig. Die beyden letzten sind den heutigen Lappen in Finmarken ganz unbekannt.

Die Joulo-Gadze, eine Art böser Geister oder Teufel, sind bey allen Lappen sehr bekannt; man opferte ihnen vormals den Tag vor Weihnachten. Die Noaaide-Gadze waren die Gehülfen der Zauberer,

berer, und erschienen ihnen in der Gestalt und Kleidung der Lappischen Kinder entweder bey Nacht, oder bey hellem Tage, um ihre Dienste anzubieten. Sie unterrichteten die Zauberer in ihrer Kunst und allen Geheimnissen; sie lehrten sie die Zauberlieder und was dergleichen mehr ist. Sie wurden in zwey Gattungen eingetheilet, von den guten lernten die Zauberer die Heilung der Krankheiten, Vertreibung der Insekten, und andre dergleichen nützliche Kenntnisse; von den bösen hingegen, die Kunst dem Viehe sowohl als den Menschen allerley Schaden zuzufügen, sie krank zu machen u. s. w.

Man hört bey den Lappen viel von den Stallonen reden, welche zierlich gekleidet, mit einem Stabe in der Hand wiewohl selten erscheinen, und die Leute zum Kampf herausfordern sollen. Die Lappen wissen selbst nicht, was sie sich dabey gedenken sollen, so wie bey dem *Zhiokkush*, oder einem Wesen, das die unvermutheten Krankheiten befördern soll. Sie sagen daher, wenn jemand plötzlich krank wird, der Zhiokkush hat ihn getroffen.

Udhoer, oder bey den Lappen *Epparis*, ist ein Gespenst, welches sich an solchen Orten, wo ein Kind, das noch keinen Namen gehabt, getödtet worden, aufhalten, und unaufhörlich heulen soll, bis man dem Kinde einen Namen giebt, da es verschwindet. Die Bauern in Norwegen und die Lappen bilden sich auch ein, daß es gewisse unterirrdische Geister gebe, welche sie Goveiter nennen. Die Zhiakkalaggak sollen Gespenster seyn, die in der Form kleiner Kinder erscheinen. Mir hat ein Lappe, Henricus Sarresön, versichert, daß es ein Thier sey, welches in tiefen Brunnen lebt, und etwas ähnliches mit der Figur der Kinder hat, dessen Fleisch wohlschmeckend ist. Man kann es nicht wohl fangen, als wenn man ein Gefäß mit Butter am Ufer hinsetzt, wodurch sie herbeygelockt, und indem sie aus dem Wasser hervorkommen, geschossen werden.

Das zwanzigste Kapitel.
Von den abgöttischen Opfern der Lappen.

Die Art zu opfern ist bey den alten Lappen eben so verschieden gewesen, als die Benennung ihrer Götter; daher sich schwerlich etwas gewisses davon bestimmen läßt. Ich will das, was ich zum Theil selbst bemerkt, zum Theil von glaubwürdigen Personen gehört, kürzlich anführen. Man opferte meistens Thiere, vornämlich Rennthiere, Schaafe, und Seehunde; zuweilen auch Milch, Brey, Käse, und dergleichen.

Die Gebräuche bey den Opfern waren sehr verschieden. Man opferte bald das ganze Thier, bald nur einen Theil. Zuweilen verzehrte man das Thier, und opferte nur die Knochen *). An dem Orte, wo sie

───────
*) Ich habe solche Knochen zu Klubben, eine Meile von Nassebye gesehen, wo drey Höhlen auf einem hohen Berge

sie opferten, wurden Stäbe in das Blut getaucht, und aufgerichtet. Zuweilen schlachteten sie das Vieh auch an einem Ufer, und ließen das Blut in den Fluß laufen.

Wer einen Bären schoß, zog die Haut ab, kochte das Fleisch, richtete aber zur Dankbarkeit die Leber an dem Orte auf einer Stange als ein Opfer auf. Für die Kinder im Mutterleibe opferten sie ein Vieh, während der Geburt einen lebendig begrabenen Hund, und nach der Geburt andre Thiere, die ebenfalls in die Erde gescharret wurden.

Die unbelebten Dinge opferten sie folgendergestalt: Sie gossen etwas Branntewein auf die Erde, wodurch sie die unter dem Heerde oder der Schwelle sich aufhaltenden Hausgötzen zu versöhnen glaubten. Die dicke Milch, wenn eine Kuh zum erstenmal gekalbet hat, wurde gleichfalls als ein Opfer in den Kuhstall gegossen. Wenn sie eine alte Wohnung verließen, gossen sie Gerstenmilch auf die Erde, als eine Danksagung an die Gottheit des Orts *).

Unver=

Berge befindlich sind, und wo man deutlich sieht, daß ehemals Knochen verbrannt worden. Dieser Ort soll sonst wegen der Opfer berühmt gewesen seyn.

*) Sie besprengten auch ihre steinernen Götzenbilder mit Milch. Ich habe ein solches zu Nessebye in Varangern unweit des Hauses vom Mißionar gesehen, und der dasige Schulmeister versicherte mich, daß eine damals verstorbene Lappinn dieses Bild viele Jahre alle Morgen und Abende, und zwar so heimlich besprengt, daß bey ihren Lebzeiten niemand etwas dergleichen vermuthet habe.

Unvermuthete Krankheiten von Menschen und Vieh, schlechte Jagd und Fischfang waren die vornehmsten Gelegenheiten zu opfern, welches sie aber auch thaten, wenn sie glücklich darinn gewesen waren. Wenn sie ein wildes Rennthier erlegten, liessen sie an dem Orte etwas von den Hörnern und der Haut des Kopfes und der Füße als ein Opfer zurück.

Es gab sehr viele Oerter oder heilige Berge, wo die heidnischen Lappen opferten, welche im Waranger Meerbusen in dem Kirchspiel Vasö in der Gegend von Thanen, in dem Meerbusen von Laxefiörd, Kiollefiörd, Porsanger, u. s. w. zerstreuet liegen. Wir wollen nur einige davon anführen: Meiske-Vare Passe-aldo heißt so viel: als das heilige Rennthier des Bergs Meiske. Die meisten Oerter, wo geopfert wurde, führten den Namen von Rennthieren, ohne Zweifel aus der Ursache, weil solche vornämlich zum Opfer dienten. Dieser Berg liegt ganz hinten im Waranger Meerbusen, und dient den Lappen oft zur Zuflucht. Er ist oben platt, und unten am Fuße mit einem Birkenwalde umgeben. Man sagt, daß hier dem Götzenbilde Störjunkäre insonderheit geopfert worden.

Auf dem Berge Styren-Aldo, (das Rennthier des Berges Styre) wurde vornämlich dem Donner geopfert.

Außer dem Waranger Meerbusen liegt an der Seeküste der Rito-Ziok, oder der Berg des Topfes. Vermuthlich hat solcher den Namen von den Töpfen, worinn die Lappen das Fleisch des geopferten Thieres kochten, welches sie verzehrten, und die Knochen den Götzen

Götzen überließen. Man zeigt auf diesem Berge einen Stein, welcher von Natur ohngefähr die Gestalt eines Menschen mit einer Mütze auf dem Kopfe hat.

Im südlichen Theile des Porsanger Meerbusen, eine halbe Meile von der See, trifft man die allerberühmteste von allen Opferstätten der heidnischen Lappen an. Ich habe solche verschiedenemal besucht. Es stehen daselbst zwey hohe Felsen nahe bey einander, einer ist mit Mooß bewachsen. Man sieht noch viele Stangen daselbst, welche die Lappen gebraucht, wenn sie sich ihre Mahlzeit zubereiteten, und die Knochen der Gottheit überließen. An den Felsen waren verschiedene fichtene Stangen kreuzweis aufgerichtet, aber zuvor ausgetrocknet, da sie sich sehr lange halten sollen. Man sahe an jeder folgende Charaktere dreymal eingeschnitten:

IIIXXXIII ††† IIIXXX

Gegen Süden war ein langer Balken in die Erde gegraben, dessen oberes Ende sich gegen den einen Fels neigte, und mit einem eisernen Nagel, womit man die Breter der kleinen Fahrzeuge befestiget, versehen war. Es stehen eben solche Charaktere darauf, als auf den Stangen. Vielleicht wurde der Thor, wie Scheffer ihn beschreibt, hier verehrt, obgleich dieser Name heutiges Tages bey den Lappen nicht bekannt ist.

Leunje-Jauvre-Suolo, eine Insel, welche in einem kleinen See lieget, aus dem der wegen des ergiebigen Lachsfanges bekannte Fluß Porsanger fließt. Auf der einen Seite der Insel sieht man einen ganzen Haufen von Rennthierhörnern, von denen viele halb verfault sind, andre liegen in der See, oder die Lappen haben auch Löffel daraus gemacht. An diesem Orte hatten die Lappen vormals eine Art von Tempel, welcher sehr berühmt war. Sie jagten hier fleißig, und zwar dergestalt, daß die Rennthiere von denen, die auf dem Lande oder am Ufer waren, in den Fluß getrieben wurden, da die andern Jäger, welche in Kähnen auf sie lauerten, solche alsdenn schossen. Die Knochen ließen sie am Ufer der Insel als ein Dankopfer für die Götter zurück.

Ein gewisser Fels, nicht weit vom Ufer, hat einen weißen Flecken, welcher ohngefähr aussieht, wie die Figur eines Menschen, der auf dem Kopfe steht. Dieser Figur erwiesen sie auch eine Art von göttlicher Ehrerbietung, und warfen ihr etwas Tobak, oder dergleichen hin.

Auf einem gewissen Vorgebürge des Kirchspiels Kiöllefiörd, siehet man einen Felsen von außerordentlicher Größe, welcher von weiten ohngefähr die Form eines Gebäudes mit einem Thurm hat, und daher den Namen eines Lappischen Tempels führt *). Ich weiß zwar nicht gewiß, daß hier ehemals geopfert worden, und die unbequeme Lage scheint fast dawider zu streiten, der Name macht es aber wahrscheinlich. Wenigstens hielten die Lappen alles, was ungewöhnlich und sonderbar schien, für etwas göttliches.

Wie

---

*) Es giebt zwey dergleichen Felsen, welche Finne-kirker oder Finnentempel heißen, der eine hat den Beynamen der große, und der andre der kleine.

Wie sehr die Lappen diese heiligen Oerter und Berge verehret, davon haben sie Beweise genug gegeben. Sie zogen z. E. ihre besten Kleider an, wenn sie hingiengen, und knieten an dem Orte nieder. Sie begaben sich zwar alle Jahr dahin, opferten aber nicht jedesmal, sondern berührten nur die Knochen, welche sie zuvor geopfert hatten. Sie wohnten nicht in der Nähe dieser Berge, damit die Götter nicht durch das Weinen der Kinder beunruhiget werden sollten. Sie schliefen an keinem solchen Orte, wenn sie vorbey reiseten, weil sie es für eine Geringschätzung der Götter hielten. Aus eben dem Grunde enthielten sie sich auch alles Schreyens, Schießens, oder Lärmens. Wenn sie etwas himmelblaues am Leibe hatten, so zogen sie es so lange aus. Die Weiber sahen seitwärts, wenn sie vorbey giengen, oder hielten die Hände vor Augen. Wenn die Männer sich an einen solchen Ort begaben, so durften sie kein Kleid anziehen, das eine Frau jemals über den Leib gehabt hatte, weil die Heiligkeit des Ortes ihrer Meynung nach dadurch beleidiget ward; auch nicht einmal die Schuhe von Birkenrinde, welche mit den Weiberschuhen in einem Kessel gelegen.

Die Lappen hatten aber nicht nur gewisse Berge, welche sie für heilig und für Wohnungen der Götter hielten, sondern sie erwiesen diese Ehre auch einigen Flüssen und Seen, wie aus den Namen Ailekes-Jauvre, ein heiliger See, Passe-jok, ein heiliger Fluß, erhellet.

Die Opfer wurden gemeiniglich an den Orten, wo es die Zauberer angaben, gebracht, jedoch im Noth=

Nothfall auch anderwärts. Ein gewisser Lappe hat mir erzählt, daß einer seiner Bekannten aus einer kalten Quelle, als er von der Jagd gekommen, getrunken, und darauf sehr krank geworden. Nach erlangter Gesundheit, habe er an eben diesem Orte einen ganzen Ochsen geschlachtet, das Fleisch verzehrt, die Knochen aber, mit Zweigen bedeckt, für die Gottheit des Ortes zurückgelassen.

In einigen Gegenden war es vormals üblich, daß der Opfernde sowohl als das Vieh einen Schleyer und einen Kranz von Zweigen um das Haupt hatte. Ferner band er während der Ceremonie eine Art von Schürze vor, dergleichen auch bey andern heidnischen Völkern üblich war. Die römischen Priester trugen auch Kränze, und das Opfervieh desgleichen, zumal bey den Opfern des Jupiters und Saturnus.

Dieses abscheulichen Götzendienstes ungeachtet, wollten die Lappen doch auch das Ansehen haben, als wenn sie den wahren dreyeinigen Gott verehrten, in dessen Namen sie getauft wurden, und dessen Sakramente sie empfiengen, so wie ehemals die Samariter den Gott der Juden und ihre Götzen zugleich anbeteten.

Es ist kein Zweifel, daß die Lappen seit den ältesten Zeiten eine wiewohl sehr unvollkommene Kenntniß von dem wahren Gott gehabt haben. Kayser Ludwig der Fromme ließ es sich sehr angelegen seyn, die christliche Religion in Norden auszubreiten, und brachte es dahin, daß der König in Dännemark, Harald Klak nebst der Königinn, zu Maynz getauft, und ein paar Mönche, Ansgarius und Ambertus,

nach

Von den abgöttischen Opfern der Lappen. 225

nach Dännemark geschickt wurden, um das Evangelium zu predigen. Von da giengen sie sogar nach Schweden, wo ihnen König Biörn im Jahr 828. dieselbe Erlaubniß gegeben hatte. Nach der Zurückkunft ward Ansgarius Erzbischof vom ganzen Norden über die Dänen, Norweger, Skritfinnen, Grönländer und andre Völker, und richtete seinen Sitz in Hamburg auf. Er bekam von gedachtem Kayser den ausdrücklichen Befehl, das Wort Gottes nicht nur in Norden überhaupt, sondern vornämlich den Skritfinnen, das ist den Lappen zu predigen *).

In den folgenden Jahrhunderten haben die Lappen zuweilen Gelegenheit gehabt von dem Licht des Evangelii erleuchtet zu werden. Im Jahr 1051. wurde der Bischof Halvard zur Bekehrung der Schweden, Warmländer, Skritfinnen, und zuletzt auch der Norweger abgeschickt. König Oluf Tryggesön sorgte sehr für die Fortpflanzung des christlichen Glaubens, und Oluf Haraldsön ließ solchen bis in die entlegensten Meerbusen predigen. Ramus meldet in seiner Geschichte von Norwegen, daß König Hagen-Hagensön ums Jahr 1217. auf der

---

*) Die Worte des Diplomatis lauten: Ludouicus diuino fauore Imp. Aug. Certum esse volumus qualiter, diuina ordinante gratia, nostris in diebus aquilonaribus in partibus scil. ingentibus videlicet Danorum, Noruagorum, Grönlandorum, Helsinglandorum, Islandorum, Schridfinnorum, et omnium septentrionalium et orient. nationum magnum coelestis gratia praedicationis patefecit ostium, etc. A. D. 834.

der Insel Tromsön, welche an der Gränze von Finmarken liegt, eine Kirche bauen lassen, worinn eine Menge Heyden getauft worden, welche von allen Orten hergekommen, und denen man den Malanger Meerbusen angewiesen.

König Friedrich I. hat sowohl im Jahr 1527, als im Jahr 1529. wiederholte Befehle gegeben, daß ein jeder Bischof in seinem Sprengel für die Ausbreitung der Religion sorgen sollte. Arent Berentsön schreibt in seiner fruchtbaren Herrlichkeit von Norwegen und Dännemark, welche 1656. herausgekommen, daß die Lappen, welche sonst nicht viel von der christlichen Religion gewußt, damals von Tag zu Tage mehr darinn zugenommen.

Kirchen und Prediger hat es in Finmarken nicht eher gegeben, als bis die Normänner oder Norwegischen Bauern sich daselbst niedergelassen. Vor Errichtung der Finmarkischen Mißion im Jahr 1714. ist, so viel ich weiß, in Finmarken in der Gegend, wo die Lappen wohnen, keine Kirche gewesen als zu Altens im westlichen Finmarken, wo die Lappen und Norweger ziemlich nahe bey einander wohnen; die Lappen mußten sich der Kirchen, welche in der Nachbarschaft der Norwegischen Bauern, an den Orten, wo gefischt wurde, und wohin sie gewiesen waren, bedienen. Nunmehr aber haben sie durch die Vorsorge des Königs und des Mißions-Collegii seit geraumer Zeit eigne Kirchen, worinn sie dem wahren Gott dienen können.

Das ein und zwanzigste Kapitel.
Von den Zauberkünsten der ehemaligen Lappen.

Ein gewisser Odin aus Asien, soll die Zauberkünste nach Norden gebracht haben. Man trieb solche in der Folge so allgemein, daß auch die Vornehmen, und sogar die Könige mit Hexereyen umzugehen wußten. Man erzählt viele Mährchen von den letztern. Z. E. daß König Haldan die Schüsseln von der Tafel verschwinden machte, daß König Gunner in Norwegen wußte, was man wider ihn in Sachsen vorhatte, und was dergleichen mehr ist.

Die alten Geschichte von Norwegen sind voll von Zauberern und Hexen. Wenn einer deswegen angeklagt wurde, so warf man ihn ins Wasser, und hielt ihn für schuldig, sobald er nicht untersank. Er mußte sich zuvor nackend ausziehen, die Haare abscheeren lassen, und durfte nichts von Stahl am Leibe haben.

Es ist lächerlich zu lesen, auf was für sonderbare Art die Hexen ihrer Aussage nach die Kunst erlernet haben. Einige haben eine alte Katze gestreichelt, andre drey Eyer in ein Faß geworfen, andre von einem alten Weibe eine Pfeiffe bekommen, wodurch sie alles Vieh, welches sie nur wollten, krank machen, und tödten konnten. Sie rühmten sich die sonderbarsten

barsten Dinge durch ihre Zauberey bewerkstelligen zu können. Bald wollten sie sich in Raben, Schwäne und andre Vögel, bald in Wallfische und Seehunde verwandeln. Andere konnten vermittelst eines geöfneten Windsackes einen Sturm erregen, oder durch eine Pfeiffe Schiffe zum Untergang bringen, und was dergleichen Mährchen mehr sind, wovon man eine unzählige Menge hat.

Die Art, wie die Hexen ihre Zauberey an Menschen ausüben, soll sehr verschieden seyn. Eine gewisse Hexe verwandelte ihren Sohn in eine schwarze Katze, und machte, daß solche einem Mädchen, welches Sand auf einem Schlitten fuhr, in den Weg laufen mußte. Die Katze setzte sich etlichemal auf den Schlitten, das Mädchen verjagte sie, es half aber nichts, bis sie solche todtschlug. Als das Mädchen darauf vor der Wohnung der Hexe vorüber gieng, sagte die Alte: du hast meinen Sohn erschlagen, das soll dir übel bekommen. Das Mädchen wurde bald darauf krank, und verlor den Verstand.

Sie schaden den Thieren auf verschiedene Weise, bald setzen sie sich ihnen auf den Rücken, bald beschwören sie solche mit gewissen Formeln, bald geben sie ihnen Salz, u. d. gl. Eine Hexe gestand, daß sie aus fremden Kühen Milch bekommen könne, wenn sie ein Horn an den Bauch derselben setze, und es im Namen einer andern Person melke, worauf die Kuh erstlich Milch, darnach Blut gegeben, und zuletzt gestorben sey.

Die Hexen konnten aber dem Menschen und Vieh nicht nur schaden, sondern auch Kranke gesund machen,

machen, indem sie dreymal die Hände auf sie legten, und das Hemde des Kranken mit Schwamm räucherten. Sie stellten das kranke Vieh auch wieder her, wenn sie Sonntags Salz mit in die Kirche nahmen, worauf es fett ward, oder sie sagten gewisse Worte her, wodurch es mehr Milch zu geben anfieng.

Eine Hexe rühmte sich, sie habe einem jungen Menschen ein an einen Stein gebundenes Stück Holz mit der Warnung gegeben, er solle es nur bey Wassersgefahr hineinwerfen, und ihren Namen dreymal dabey nennen, so werde es ihm nicht schaden. Eine andre, sie habe jungen Fischern einen Trank gegeben, damit ihnen die See auf keine Weise schaden könne; oder ihnen einen Faden zum Hamen geschenkt, womit sie allemal einen glücklichen Fang gethan. Einige rühmten sich, sie wären auf Besen, andre auf schwarzen Böcken über das Meer geritten.

Der gemeine Mann in Norwegen glaubt noch heutiges Tages, daß die Hexen gewisse Oerter zu ihren Versammlungen Bal-volde genannt, gehabt haben. Sie hießen Lyderhorn, Omgang in Ost-Finmarken, der Berg Domen, der Berg Hecla in Island. Die Hexen versammleten sich daselbst zu Weihnachten, und den Abend vor Johannis in der Gestalt von Hunden, Katzen, Wölfen und andern Thieren zechten, tanzten, und machten sich auf allerley Art lustig. Die Teufel spielten mit ihnen in der Karte, und machten eine Musik mit Trommeln, Pfeiffen, und dem Instrumente Luur, welches die Lappen, wenn sie das Vieh hüten, theils zur Lust, theils zur Verjagung der Bären blasen.

Sie rühmten sich, in einem Augenblick an einem Orte, und im andern hundert Meilen davon seyn zu können. Der Teufel erscheint ihnen bald als ein schwarzer Mann ohne Kopf, bald mit Haaren bewachsen, bald mit Hörnern und Klauen, bald mit einem feuerspeyenden Rachen und glühenden Augen, bald in noch andern fürchterlichen Gestalten.

Alle diese abentheuerlichen Dinge und unzählige andre haben die Hexen vor Gericht ausgesagt, und sie sind deswegen nach der Einfalt damaliger Zeiten auch glücklich verbrannt worden. Welcher vernünftiger Mensch wird aber diese Dinge nicht für Träumereyen und Mährchen halten, die größtentheils durch lügenhafte Erzählungen von einem Munde in den andern gegangen, und wovon man das Geständniß den armen Weibern, die in das peinliche Verhör gekommen, theils aus Furcht, theils durch Gewalt und Martern abgedrungen. Es erhellet aus den gerichtlichen Acten in Finmarken, daß manche Hexen zuvor auf die Tortur gebracht worden, ehe sie das geringste gestanden. Ob es aber wirklich Menschen unter den Lappen gegeben, welche mit dem Teufel ein Bündniß gehabt, und Zauberey getrieben, davon überlassen wir einem jeden so viel zu glauben, als er will. Was bisher gesagt worden, betrifft die Zauberkünste in Norwegen überhaupt, wir wollen nunmehr noch einiges anführen, welches die Lappen insonderheit betrifft.

Ein gewisser Schriftsteller giebt den Runischen Trommeln (Runne-Bomme, tympana Runica) den Namen eines Amboses, und sagt, daß sie mit Hammern

von den Zauberkünsten der Lappen.

Hammern geschlagen würden. Sie haben vielmehr die Form einer großen ovalen flachen Schachtel, woran der Boden fehlt. Unten herum hängen Bänder, und außen am Rande meßingene Ringe, und allerley Spielwerk, welches die Freunde zur Zierde dazu schenkten, damit das Instrument destomehr Geräusch machte. Statt des Deckels bey den Schachteln, sind diese Trommeln mit einer Haut überspannt, worauf allerley magische Charactere gemahlt sind. Diese sind verschieden; auf einigen sieht man ihren vornehmsten Gott Radien, allerley Teufel, Hexenmeister, Sonne, Mond und den Abendstern, verschiedene Hütten der Lappen, Vögel, Fische, Bären, Füchse, u. s. w. Einige von diesen Figuren bedeuten etwas gutes, andre etwas böses.

Wenn die Lappen ehemals auf Reisen, auf die Jagd, und den Fischfang gehen, oder sonst etwas wichtiges vornehmen wollten, so fragten sie allemal diese Zaubertrommeln um Rath, und zwar auf folgende Weise: Sie legten einen dazu bestimmten Ring auf die ausgespannte Haut, und schlugen mit einem Hammer aus Rennthierhorn auf die Haut, wodurch der Ring hin und her sprang, und nachdem er auf diese oder jene Figur, womit die Haut gedachtermaßen geziert war, fiel, so prophezeyten sie sich einen glücklichen oder unglücklichen Erfolg ihres Vorhabens. Kam der Ring z. E. auf die Figur der Sonne zu liegen, so bedeutete es Glück, fiel er aber gegen den Lauf der Sonne, so befürchteten sie üble Folgen von ihrem Unternehmen. Durch diese Trommeln ließen sie sich das Schicksal eines Kranken vorhersagen, ob er sterben oder gesund werden würde. Der Baum, woraus sie gemacht wurde, durfte nie bey andern gestanden haben, und auch nicht von der Sonne beschienen seyn. Die Trommel selbst mußte geerbt seyn; keine Weibsperson durfte sie anrühren. Die Zauberer ließen solche nicht jedermann sehen, sondern wickelten sie sorgfältig ein. Scheffer hat sie weitläuftig beschrieben.

In Nordland, und bey den Lappen, welche in den Bergen Sneasen, Overhalden, Merager und Tydalen wohnen, hat man viele dergleichen Trommeln gefunden. In Finmarken, zumal in der Gegend, wo ich Mißionar gewesen, waren sie nicht so gebräuchlich, man bediente sich an deren Statt gewisser Deckel und gemalten Schaalen. Doch traf man sie zuweilen an. Bey einem Lappen in Finmarken fand sich eine solche Maschine, welche auf folgende Art gemacht war: Man hatte ein Stück Fichtenholz, wie einen Becher ausgehölt, und unten zwey ovale Löcher durchgebort; an beyden Enden hieng ein Fuchsohr und eine Fuchsklaue, oben darüber war eine Haut gespannt, und mit allerley Charakteren bemalt, die durch vier oder fünf Striche in eben so viel Felder eingetheilt waren. Man sahe folgendes darauf.

Das erste Feld. Die Figur des Ilmar, welcher Sturm erregen konnte, wie man glaubte. Das Bild des Diermes, oder des Donners. Wenn dieser angerufen wird, so entstund, nach des Lappen Auslegung, gutes Wetter. Das Bild eines wilden Rennthiers. Wenn auf die Trommel geschlagen wurde, und der Ring näherte sich dem Renxthier nicht,

nicht, so bedeutete es, daß die Jagd schlecht ausfallen würde.

Das andre Feld. Ein Cirkel, durch welchen ein Strich gezogen war. Er bedeutete die Sonne, und man konnte gutes Wetter damit machen. Die Figur des Ibmel Barne, das heißt, des Sohnes von Gott, welcher die Menschen von ihren Vergehungen befreyen konnte, ferner die von Gott dem Vater, welcher die Sünden strafte und verziehe, und die Seligkeit geben konnte. Eine Kirche, bey welcher der Lappe, seinem Vorgeben nach, für das Wohl seiner Seele betete. Eine andre Figur stellte den heiligen Geist vor, welcher den Menschen der Sünde entledigt und ihn zu einen neuen Menschen macht. Auf die Art hatte er drey Personen der Gottheit, und zwar mit Stäben in der Hand abgebildet, um ihre Herrschaft über die Erde dadurch anzuzeigen.

Das dritte Feld. Die Schwester der Maria, welche er wegen der Kindbetterinnen um Rath fragte. Die Maria, oder die Mutter Gottes selbst, welche den Wöchnerinnen hilft, und viel zur Vergebung der Sünden beyträgt. Drey Figuren, wovon einer jeden ein Weihnachtstag geheiligt war. Er glaubte, wer diese Tage nicht feyere, werde von Gott gestraft, wer es aber thue, den erhöre Gott auf eine vorzügliche Weise.

Das vierte Feld. Ein Cirkel, welcher den Mond bedeutete, von dem das gute Wetter bey der Nacht abhängt. Zwey Männer, die nach der Kirche giengen, und die Kirche selbst. Der Lappe sagte, er weihe derselben nebst andern Lappen zuweilen

P 5 Wachs-

Wachslichter oder Pfenninge, damit er im Nothfall wieder Hülfe erlange; und versicherte, er gebe diese Geschenke dem Prediger der wirklichen Kirche, wovon diese Abbildung gemacht wäre. Auf der andern Seite stand noch eine Figur, die ebenfalls in die Kirche gieng.

Das fünfte Feld. Eine weibliche Figur ohne Namen, welche er für die Frau des Teufels ausgab. Vor derselben stand eine männliche Figur, welche er Krankheit nannte, und wie er vorgab, einen Teufel vorstellte, der die Menschen umbringt. Eine dritte Figur sollte ein Teufel seyn, welcher entwischte, als Gott den andern gefunden. Gewisse andre Charaktere bedeuteten das höllische Feuer, worinn die Seelen brennen; und ein Cirkel stellte einen Pechkessel vor, worinn die Seelen gekocht werden. Ein längliches Viereck bedeutete das Grab der Hölle, wohin alle geworfen werden, die an den Teufel glauben. Eine Figur war mit dem Halse an eine Säule gebunden, und sollte den Teufel vorstellen, welchen Gott nach Erschaffung der Welt auf diese Art mit Ketten angebunden.

Zu dieser Zaubertrommel bediente er sich zweyer Hammer von Rennthierhörnern, und eines kleinen meßingenen Deckels mit einem Ringe. Mit einer Hand hielte er die Trommel, mit der andern den Hammer, und schlug auf die Haut. Wenn der meßingene Deckel gegen den Lauf der Sonne fuhr, so sollte derjenige, um dessen willen die Zaubertrommel befragt wurde, nicht glücklich seyn; fuhr der Deckel so weit bis zu den Figuren des dritten Feldes herunter,

ter, so war es ein Zeichen, daß Gott auf ihn zornig war; gieng der Deckel aber der Sonne nach, so bedeutete es Glück. So oft er die Zaubertrommel für jemand um Rath fragen wollte, so machte er Kreutze, betete ein Vater unser, und gewisse andre Worte; er mißbrauchte den göttlichen Namen, indem er vermittelst der Schläge mit dem Hammer den Ring auf der Trommel in Bewegung setzte.

Ein andrer Lappe in Finmarken hatte seine Zaubertrommel mit den Klauen aller Thiere, welche das Land hervorbringt, behangen. Auf der darüber gespannten Haut waren neun Linien gezogen, deren jede ihre besondre Bedeutung hatte. Wenn er solche um Rath fragen wollte, setzte er einen kleinen kupfernen Vogel darauf, welcher sich durch das Schlagen auf der Haut zu einer von diesen Linien bewegte, und dadurch entweder Glück oder Unglück bedeutete, fiel er aber gar während des Schlagens von der Trommel herunter, so war der Tod desjenigen, der um Rath fragte, nahe.

Unter den Zauberern waren einige, die kein Geheimniß daraus machten, daß sie im Stande wären, den Menschen und Vieh zu schaden, und daß sie dieses auch wollten. Man fürchtete sich daher für sie, als für Hunde und Schlangen. Wenn diese Zauberer ihre Kunst ausüben wollten, so glaubten sie sich besondre Kräfte zu geben, wenn sie zuvor Wolfs- oder Fuchsfleisch aßen.

Andre Zauberer von besserer Art gaben sich dafür aus, daß sie Krankheiten curiren, eine glückliche Jagd und Fischfang verschaffen, und andre gute Dinge ausrichten könnten, und stunden daher bey den Lappen in großem Ansehen. Man sagte von ihnen, sie wären göttliche Leute und vom Himmel geschenkt.

Wenn ein Zauberer wegen eines Kranken um Rath gefragt wurde, so verfuhr er dabey nach Erzählung der Lappen folgendergestalt: Er sagte zu seinem Zaubervogel: du mußt nothwendig eine Reise vornehmen, und schickte ihn fort, um die Geister, die dazu gebraucht wurden, zu holen. Die Gehülfen des Zauberers waren theils sichtbar, theils unsichtbar. Die sichtbaren bestunden aus dem Zauberer selbst, aus ein paar Weibern mit einem Schleyer und ihren Festtagskleidern, einem Manne ohne Mütze und Gürtel, und einem unerwachsenen Mädchen. Diese wurden in die Hütte, wo der Kranke war, hingefordert. Die unsichtbaren Gehülfen des Zauberers bestunden aus gewissen Geistern, welche der Zauberer nur allein sehen konnte.

Nachdem diese vornehme Versammlung gehörig zusammen berufen war, machte der Zauberer sich reisefertig, nämlich er nahm die Mütze ab, löste den Gürtel und die Schuhriemen auf, bedeckte das Gesicht mit den Händen, machte allerley wunderliche verzerrte Verdrehungen mit dem Körper und sagte: Haltet das Rennthier zur Reise in Bereitschaft. Zu gleicher Zeit ergrif er eine Axt, und brennende Kohlen mit bloßen Händen, und versicherte, daß ihm kein Feuer schaden könne. Er nahm darauf eine Portion Branntewein zu sich, schlug sich einigemal tapfer mit der Axt auf die Knie, und schwenkte sie dreymal um die beyden obgedachten Weiber.

Wäh=

Während der Zeit durfte ihn niemand, auch nicht einmal eine Fliege, welche man zu dem Ende sorgfältig wegjagte, berühren. Nach diesen lächerlichen Gebräuchen warf er sich gleichsam todt zur Erden, und die Lappen bildeten sich ein, daß seine Seele während der Zeit eine Reise in die Unterwelt thue, oder die heiligen Berge, wo sich die Götter aufhielten, besuche, und gewisse Gesänge seiner bereits erwähnten unsichtbaren Gehülfen höre.

Unterdessen daß diese Extase dauerte, saßen die beyden Weiber, redeten ganz leise mit einander, fragten sich, wo ihr Zauberer jetzt wohl seyn möchte, und nennten bald diesen bald jenen heiligen Berg. Trafen sie den rechten Berg, so bewegte der Zauberer bey Hörung des Namens den Fuß oder die Hand. Sie fragten sich ferner: was wird er an dem Orte seines Aufenthalts gegenwärtig machen, oder hören? Wenn er wieder zu sich selbst kam, so erzählte er mit leiser Stimme, was er gehört habe. Sobald die Weiber merkten, daß der Zauberer sich bald wieder erholen würde, fiengen sie an mit lauter Stimme zu singen. Der Zauberer that alsdenn endlich den Ausspruch, was für einer Gottheit der Kranke ein Opfer bringen müßte, zeigte den Ort des Opfers an, und versicherte, daß der Kranke in einer gewissen Zeit wieder gesund werden würde, welches, wie man sich leicht vorstellen kann, manchmal von ohngefähr eintraf.

Daß diese Gebräuche auf jetzt erzählte Art wirklich bey den Lappen beobachtet worden, wissen alle die in dem Lande gewesen, und die Gewohnheiten des

Volks

Wolfs kennen lernen: ob aber die Zauberer einen solchen Vogel gehabt, den sie als einen Boten abschicken können, ob der Zauberer wirklich in eine Entzückung gerathen, daran möchten vernünftige Leute wohl billig zweifeln, ob die Lappen gleich versichern, daß der Vogel gleichsam ein Bedienter des Zauberers gewesen, welcher seines Herrn Befehle hurtig und getreu ausgerichtet habe.

Es sind im 20. Kap. verschiedene heilige Berge erwähnt worden. Da diese für Wohnungen der Götter gehalten wurden, so ist es kein Wunder, daß die Lappen geglaubt, der Zauberer ihre Seele gehe in der Extase an diese heilige Oerter, um die Götter um Rath zu fragen. Vielleicht war diese Extase nichts anders als ein Schlaf, worein sie wegen des vielen zu sich genommenen Branntweins fielen, und es konnte leicht seyn, da ihre Einbildungskraft vorher mit solchen Bildern angefüllt worden, daß ihnen von den heiligen Bergen und Unterredungen mit den Göttern träumte, und daß die Götter gewisse Opfer von den Kranken zu fordern schienen.

Sie übten die Heilungskunst noch auf andre eben so sonderbare Arten aus. Ein glaubwürdiger Lappe hat mir eine wunderliche Art zu curiren erzählt, deren sich zwey Seelappen im Porsanger Meerbusen bedienten. Sie schlachteten den Abend vor Weihnachten ein Rennthierkalb, kochten das Fleisch, legten einige Stückchen davon mit etwas Käse, Butter, und Kuchen in einen kleinen besonders dazu gemachten Kahn, welchen sie alsdenn auf einen großen Holzhaufen trugen, und bis nach dem Feste stehen ließen.

Wenn

Wenn man wieder nachsehen wollte, so war der Kahn verschwunden, und niemand wußte, wo er geblieben. Man glaubte, die bösen Geister hätten die Speisen verzehrt.

Zu den Zaubermitteln der Lappen gehörten auch die Zauberfliegen, welche eine Art böser Geister in Gestalt der Fliegen waren. Die Zauberer gaben solche ihren Söhnen, und in Ermangelung deren verschafte der Teufel in Gestalt eines heßlichen Vogels neue. Sie huben die Fliegen in Büchsen auf, um sie zu rechter Zeit, wenn sie den Menschen oder Vieh schaden sollten, heraus zu lassen. Sie begaben sich aus der Schachtel nach erhaltenen Befehl heraus, durften ihre Rache aber nicht weiter ausüben, als ihnen anbefohlen worden, und kehrten alsdenn wieder in ihre Büchsen zurück.

Zuweilen zeigte sich bey den Lappen eine Geschwulst zwischen Haut und Fleisch, oder etwas das zu leben und sich zu bewegen schien, dieses hielte man für einen Stich der Zauberfliege. Ihr ward es auch zugeschrieben, wenn jemanden der Leib schwoll, oder wenn einer einen Blutsturz aus Mund und Nase bekam, und plötzlich starb. Wer in solchen Fällen selbst die Zauberey nicht verstund, suchte sich bey einem Zauberer Raths zu erholen, welcher sich befliß, das Uebel durch ähnliche Mittel zu vertreiben. Diese Nachrichten habe ich alle von Lappen eingezogen, denen ich auch den Beweis davon überlasse.

Ein gewisser Schriftsteller erzählt, daß die Lappen kleine vergiftete Pfeile von Bley nach einer entfernten Gegend abschießen, und dadurch ihren Feinden schaden,

schaden, indem diese dadurch bösartige Krankheiten, als den Krebs u. d. gl. bekommen; ich habe aber nie etwas davon in Erfahrung bringen können *).

Das Juoigen bedeutet einen Gesang, welchen die Lappen anstellen, der aber mehr einem wilden Geheule, als einer Melodie ähnlich ist. Einige singen nur zum Zeitvertreib, andre thun es aus Aberglauben, weil sie glauben, daß dadurch die Wölfe von ihrem Vieh abgehalten werden. Die Worte, welche sie dabey singen, sind ohngefähr diese: Wolf, du Urheber vieles Uebels, begieb dich von hier, bis ans Ende der Welt, du wirst unterweges entweder geschossen werden, oder auf andre Weise umkommen.

Wenn ein Zauberer gestohlne Sachen wieder schaffen sollte, so goß er Branntewein in eine Schale, und weil sich alsdenn sein Gesicht darinn zeigte, so sahe er hinein, und sagte, er sähe den Dieb, nannte auch zugleich den Namen derjenigen Person, auf die man Verdacht hatte. Er redete darauf dem vermeinten Dieb ernstlich zu, und drohete ihm, daß er, falls die gestohlnen Sachen sich nicht wieder fänden, sein Gesicht oder ein anderes Glied verlieren sollte.

Oftmals

*) So viel ist gewiß, daß es zuweilen boshafte Lappen gegeben, welche mit einem langen stählernen vergifteten Pfriemen durch die Ritzen des Stalles gestochen, und vielen Schaden unter dem Vieh angerichtet, welches der gemeine Mann für Wirkungen der Zauberfliege gehalten.

Oftmals ließ der Dieb sich dadurch in Furcht jagen, und brachte das Gestohlne wieder. Während der Zeit, daß der Zauberer in den Branntewein sahe, pflegte er ein Lied zu singen.

Das zwey und zwanzigste Kapitel.
Von den verschiedenen Arten des Aberglaubens bey den Lappen.

Es ist bekannt, und auch aus den angeführten Hexenhistorien leicht zu schließen, daß die Lappen ein sehr abergläubisches Volk sind. Einige hielten den Donnerstag für heilig, wenigstens wagten sie es nicht an diesem Tage zu spinnen. Der Sonnabend ward durchgängig, und bey etlichen auch der Freytag für einen Festtag gehalten; den letztern nannten sie einen Fasttag. Wenn sie an solchen Tagen arbeiteten, so erschienen ihnen, wie sie glaubten, und wovon sie viele läppische Erzählungen haben, allerley Gespenster, die sie warneten, nicht zu arbeiten, und zugleich droheten, daß ihnen, im Fall sie nicht gehorchten, ein großes Unglück begegnen würde *).

Den

*) Wir übergehen hier die im Original beygebrachten Gespensterhistorien, welche entweder erdichtet, oder einer verdorbenen Einbildungskraft zuzuschreiben sind, da man gewisse Dinge zu sehen glaubt, und in der Angst alles vergrößert und ärger macht. Solche wirklich

Den Tag vor Weihnachtsabend durfte kein Lappe Fleisch essen. Den Abend vor Weihnachten, und vor dem Marientage nach altem Stil, fasteten sie, und zwar an diesem Tage, damit ihnen ihre Kinderzucht glücklich ausschlagen möchte, und an jenem, wegen der bösen Geister Joulo-Gadze genannt. Im Weihnachtsfeste trugen die Weiber in ihren Schützen allerley Speisen in die Ställe, und hiengen solche drey Tage darinn auf. Nach Verlauf dieser Zeit holten sie solche wieder, und verzehrten sie. Sie pflegten an diesem Tage den Krähen auch etwas zu fressen vorzuwerfen.

Der Mann durfte mit seiner Frau, wenn sie ihre Zeit hatte, nicht unter einer Decke liegen, auch nicht einmal ihre Kleider berühren. Die Frau durfte alsdenn weder über die Füße des Mannes, wenn er solche ausgestreckt hatte, noch über eine Flinte steigen, oder auf das Dach der Hütte klettern, keine Kühe melken, oder an den Ort, wo die Fischer ihre Fische trockneten, gehen. Wenn die Reinigung vorbey war, mußten die Weiber sich die Köpfe aus einem Kessel waschen. Dieser Kessel wurde nachher mit Mehl abgerieben und Kuchen darinn gebacken, welche sie nur allein essen durften.

Wenn lich auf Rechnung des Teufels schreiben zu wollen, wie der Verfasser zu thun scheint, dazu gehört ein starker Glaube. Wenigstens läßt sich nicht begreifen, warum der Teufel die armen einfältigen Lappen so vorzüglich quälen, und sich auch nicht bey andern Völkern so sichtbarlich zeigen sollte. Anm. des Uebers.

Wenn eine Frau schwanger ist, giebt sie auf einen Stern beym Monde Acht, und schließet aus dessen geringern oder mehrern Entfernung vom Monde, ob sie ein lebendiges oder todtes Kind zur Welt bringen wird. In der Hütte einer Wöchnerinn schlagen sie keinen Stiel in eine Axt. Während der Geburt darf nichts verdrehtes oder kein Knoten in den Kleidern einer Frau seyn, weil solche dadurch schwer gemacht wird. Die dabey angehabten Kleider zieht eine Frau niemals wieder an. Den Ort, wo sie in der Hütte niedergekommen, darf sie nicht verändern, bis sie sich wieder wohl befindet. Die Mütter saugen ihre Kinder zwey Jahre und noch länger, weil sie glauben, daß solche desto glücklicher leben werden, wenn sie viele Fastentage an der Brust gelegen.

Sie gaben vor diesem den Kindern Namen, nachdem sie Träume gehabt hatten. Die Namen kamen theils mit unsern gewöhnlichen, als Paulus, Nicolaus, Petrus u. s. w. überein, nur mit dem Unterschiede, daß solche in ihrer Sprache anders klingen; theils waren sie ganz besonders, und wurden beym Baden gegeben, als Utze Beivatzh, kleine Sonne u. d. gl. Sie hatten nämlich vormals den Gebrauch, wie auch noch, daß die Kinder von der Geburt an bis zu einem gewissen Alter täglich in einem Kessel mit warmem Wasser gebadet wurden. Dieses Baden ist, sobald es zur Gesundheit und den Leib zu stärken geschieht, nichts böses. Wenn das Kind außer seinem rechten Namen einen besondern bekommen sollte, so gab man ihm solchen bey dem ersten Bade, nach abgefallener Nabelschnur, mit den Worten: Ich wasche dich im Namen des N. N. in dessen Namen es dir wohl gehen wird. Den neuen Namen wählte man gemeiniglich von einem der Vorfahren, und das Wasser, womit das Kind getauft wurde, war mit Erlenrinde gekocht.

Fiel das Kind in eine Krankheit, oder schrie einmal sehr, so glaubten sie, sie hätten den rechten Namen nicht getroffen, sondern einen andern von den Vorfahren nehmen müssen. Man taufte das Kind also noch einmal, und wählte einen neuen. Es giebt daher Lappen, die außer ihrem wahren in der rechten Taufe empfangenem Namen noch ein paar andre haben, die sie in diesen Privattaufen bekommen.

Wenn ein Kind auf die Art gebadet und getauft war, gab man ihm etwas zu essen und zu trinken, welches die Zauberspeise hieß, in der Absicht, daß es dadurch desto geschickter werden sollte, die Zauberey zu erlernen. Man stellte darauf des Kindes wegen ein feyerliches Fasten an, und suchte ihm gar bald das Juoigen, oder den Zaubergesang beyzubringen, daher es oft geschah, daß der Knabe diesen Gesang oder vielmehr das wilde Geheule eher lernte, als das Sprechen. So wie der Knabe heranwuchs, brachten sie ihm die Geheimnisse ihrer Zauberkünste und der heydnischen Opfergebräuche bey. Sie legten den Kindern ein Stückgen Stahl als ein Amulet wider alle böse Zufälle in die Wiege.

Für

Für die Wiederherstellung der Kranken pflegten sie Gelübde in den Kirchen zu thun, welches in ihrer Sprache die Kirchen anrufen hieß. Wenn einige Lappen dieses im Sinn hatten, so fuhren sie zuförderst in die See, drehten ihr Fahrzeug dreymal gegen Sonnen Aufgang herum, und knieten zu gleicher Zeit dabey nieder. Sie ließen sich nicht gerne zählen, und gaben ihre Anzahl auch nicht gerne an, weil sie glaubten, daß dieses ein großes Sterben unter ihnen verursachen würde.

Sie gaben den Todten etwas zu essen mit ins Grab, damit die Körper nach dem Tode noch etwas zu leben hätten. In der Halle der Kirche zu Altens blieb einmal eine Leiche stehen, die man wegen des heftigen Frostes nicht unter die Erde bringen konnte. Als jemand aus Neugierde den Deckel aufhob, fand er zur Seite des Leichnams einen Mehlkuchen. Sie legten auch oft den Bogen und die Pfeile des Verstorbenen mit ins Grab. Das Rennthier, welches den Todten zu Grabe gebracht hatte, ward geschlachtet, und verzehret; die Knochen grub man ein. Der Ort in der Hütte, wo eine Leiche gestanden hatte, wurde, wenn sie hinaus getragen war, mit Steinen belegt. Wenn einer aus der Familie starb, so verließen sie ihre Wohnung, und schlugen sie anderwärts auf.

Einige hiengen einen Schaafsknochen in Heu und Wolle gewickelt im Schaafstall auf, weil sie sich einbildeten, daß ihr Vieh dadurch für die böse Witterung des Merzmonats bewahrt würde. Sie zeichneten ihr Vieh mit dem Zeichen des Kreuzes, hiengen über einer kalbenden Kuh ein Stück Stahl auf, weil solches die Geburt befördern sollte; sie bestreueten beyde auch mit Mehl. Die Männer durften von der ersten Milch einer neugemelkten Kuh nicht essen, wenn sie nicht mit Mehl vermengt war.

Zuweilen kommt ein solches Sterben unter die Rennthiere, daß ein Lappe von einer zahlreichen Heerde nur wenige übrig behält. Dieses Unglück schrieben sie dem Orte ihrer Wohnung zu, und begaben sich deswegen weit davon; sie verbrannten vor ihrem Abzuge sogar alles Rennthiermooß, welches in der Nähe gewachsen war. Das Fleisch von einem Rennthierkopfe durften die Weiber nicht essen. Wenn den Lappen beyderley Geschlechts an irgend einem Gliede etwas fehlte, so aßen sie dasselbe Glied vom Rennthier nicht, z. E. bey Rückenschmerzen das Fleisch vom Rücken u. s. w.

Kein Lappe ißt Schweinefleisch, weil sie in der närrischen Einbildung stehen, daß die Zauberer sich deren statt der Pferde bedienen. Sie haben vielmehr einen natürlichen Abscheu davor, wovon sich die Ursache nicht leicht angeben läßt, denn jene wird wohl kein vernünftiger Mensch glauben. Die Lappen nennen die Schweine zum Spaß die Bären der Norweger, weil diese sie gerne essen, und weil sie vielleicht einige Aehnlichkeit zwischen beyden Thieren zu finden glauben.

Sie bildeten sich ein, daß sich keine Vögel und wilde Thiere in der Nachbarschaft der Kirchen auf-

aufhielten, sie jagten und fischten deswegen sehr selten daselbst, aus Furcht nichts zu finden. Wenn einige von der Familie auf den Fischfang aus waren, so durfte niemand einen Brand in einem Gefäß mit Wasser auslöschen, weil solches ihrer Einbildung nach den Fang störte. Bey der Zurückkunft vom Fange breiteten sie ihre Fische nicht gerne an einem solchen Orte vom Strande aus, wo sich die Weiber aufhalten, weil solches dem Fischfang schädlich gehalten ward.

Sie wagten sich nicht, die Bären bey ihrem rechten Namen zu nennen, aus Furcht, daß solche ihrem Vieh Schaden thun möchten: und hießen sie Alte mit dem Pelze. Die erlegten Bären brachten sie gleichsam im Triumph zurück, und baueten bey der alten Hütte eine neue auf, zogen aber, ehe sie in solche hineingiengen, andre Kleider an, weil sie es für unerlaubt hielten, mit denselben Kleidern, worinn sie einen Bären erschossen, hinein zu gehen. Die Männer blieben drey Tage darinn, und die Weiber in der alten, ohne daß sie zu einander kommen durften. Die Männer thaten sich eine Güte mit dem gekochten Bärenfleisch, und schickten den Weibern auch einige Stücke, welche aber nicht zur ordentlichen Thüre, sondern vermittelst eines hinten in der Hütte gemachten Loches hineingesteckt wurden. Wenn das Fleisch verzehrt war, wurden die Knochen vergraben. Nach Verlauf von drey Tagen kamen die Männer und Weiber wieder zusammen. Scheffer führt noch mehr abergläubische Gebräuche bey der Bärenjagd an, wovon ich aber nicht urtheilen kann,

weil

weil in der Gegend, wo ich Mißionar war, selten Bären gefangen wurden.

Bey Gießung bleyerner Kugeln bedienten sie sich unehrbarer Ausdrücke. Sie bildeten sich ein, daß die Wölfe verhindern könnten, daß ein Schütze das Ziel nicht träfe.

Wenn ein Lappe einen gewissen kleinen Vogel von schwarzer Farbe und weißem Halse Elvekald *) fieng, so hielte er es für ein glückliches Zeichen, und hub ihn sorgfältig auf. Unter einem Baum zu stehen, worauf sich ein Kukuk setzte und schrie, hielten sie für eine gute Vorbedeutung; so wie auch das Nest dieses Vogels mit Eyern zu finden. Wer solchen essen wollte, mußte einen Kessel über den Kopf hängen. Desto größeres Unglück aber hatte einer zu befürchten, der einen Kukuk schoß. Wenn jemand zu Anfang des Frühlings diesen Vogel nüchtern schreyen hörte, so war es eine böse Vorbedeutung, daß er das ganze Jahr durch seinen Nächsten nicht lieben würde, und um solches zu verhüten, mußte er dreymal um den Baum gehen, und etwas von der Rinde essen.

Wer einen andern Vogel (Colymbus) im Frühling nüchtern hörte, befürchtete, daß ihm im ganzen Jahr keine Milch gerinnen würde. Wer mit Feuer spielte, oder einige Sprünge that, bekam in demselben Jahre blinde Rennthierkälber. Auf ih-

*) Sturnus cinclus. Faun. Suec. 214.

ren Thüren machten sie gemeiniglich das Zeichen des Kreuzes.

Es ist bekannt, daß die Sonne in Lapland des Winters in sieben Wochen nicht über den Horizont kommt, und des Sommers ohngefähr eben so lange gar nicht untergeht. Die Lappen hatten die Gewohnheit, die Thüren zu schmieren, wenn sie die Sonne zum erstenmal wieder nach einer langen Abwesenheit erblickten.

Die großen Felsen hielten sie für etwas übernatürliches. Sie glaubten, daß der Donner den Zauberern Schrecken einjage, oder sie wohl gar tödte. Der Pöbel in Norwegen glaubte dieses durchgängig, und daher ist auch das Sprichwort entstanden, wenn kein Donner wäre, so würde die Welt durch die Zauberer untergehen. Sie glaubten, daß die Zauberer, wenn sie sich bey einem Gewitter in Walde befänden, einen holen Baum suchten, um sich darinn zu verstecken, daß dieser aber sogleich vom Blitz angezündet würde.

Diese abergläubischen Meynungen mögen hinreichend seyn, um den Lesern einen Begriff von der Einfalt und Unwissenheit der Lappen zu geben. Sie haben noch eine Menge andrer abergläubischen Vorbedeutungen, die wir der Kürze wegen übergehen.

Das drey und zwanzigste Kapitel.
Von der Mißion in Lapland.

Der Bischof in Drontheim, Ericus Bredal, hat sich von dem Jahr 1643 bis 1672 viele Mühe in Bekehrung der Lappen gegeben, ihnen verschiedene Lehrer gesetzt, und in seinem und andrer Prediger Häusern junge Lappen in der christlichen Religion unterweisen lassen, um solche nachgehends in ihrem Volke auszubreiten. Dieses nützliche Vorhaben gerieth aber wieder ins Stecken, bis im Jahr 1714. da auf königl. Befehl die Mißionsanstalt errichtet wurde, wodurch die Lappen aus der Finsterniß gerissen, und nunmehr vom göttlichen Worte unterrichtet sind. Diese Mißion erstreckt sich über alle drey Aemter, wo sich Lappen aufhalten, nemlich über Finmarken, Nordland, und einen Theil von Drontheim.

König Friedrich IV. ließ bereits im Jahr 1707. einen gewissen Theologen, Paul Resen, durch die nördlichen Gegenden reisen, um von der Beschaffenheit des Landes, und der bequemsten Einrichtung Bericht zu erstatten, und trug darauf dem Bischof von Drontheim auf, geschickte Männer zur Bekehrung der Lappen auszusuchen. Im Jahr 1714. wurde die Sache mit allem Ernst angegriffen, und zu Kopenhagen ein eignes Mißionscollegium niedergesetzt, welches mit Beyhülfe andrer rechtschaffenen Männer,

Männer, die sich die Fortpflanzung der Religion angelegen seyn ließen, einen Entwurf von 31 Artikeln wegen Einrichtung des Mißionsgeschäftes im Jahr 1715 bekannt machte, und an alle Bischöffe, Geistliche und Amtleute in Dännemark und Norwegen verschickte. In demselben Jahr kam auch noch der königl. Befehl wegen Bekehrung der Lappen und eines zu dem Ende anzulegenden Seminarii zu Kopenhagen und Drontheim heraus, und denen, die sich diesen Geschäften widmen wollten, wurden Stipendien ausgesetzt.

Wegen der Entfernung der Stadt Kopenhagen von Finmarken, ward verordnet, daß das Mißionscollegium einen Vicarius in Drontheim haben sollte, und dazu Thomas von Westen ernennt, welcher zugleich Befehl erhielt, eine Reise durch Finmarken zu thun, um zu untersuchen, wo am besten Schulen für die Lappen anzulegen, und was sonst für Anstalten zu treffen wären. Er trat die Reise unverzüglich an, und nahm auf Befehl des Collegii etliche hundert Abcbücher, Catechismos, und Gesangbücher mit. Während seines Aufenthalts ließ er es sich äußerst angelegen seyn; die Lappen aus ihrer Finsterniß zu reißen, und ihnen einige Begriffe von der wahren Religion beyzubringen. Mit einem Worte, er that dem ihm aufgetragenem Befehl völlig Genüge, und er verdient deswegen bey den Lappen in unvergeßlichem Andenken erhalten zu werden.

Im Jahr 1718. unternahm er eine zweyte Reise durch Finmarken, und brachte alles wegen Erbauung bauüng der Kirchen und Schulen in Ordnung, wozu der König den ihm zukommenden Zehnden von den Kirchspielen Brönoen, Astahong und Rödöen schenkte. Er nahm den Rückweg durch das nördliche Finmarken, machte auch in diesen Gegenden vortrefliche Anstalten zur Verbesserung der Kenntniſſe dieſes Volks, und gab ihnen nicht nur gute Lehren, ſondern durch ſeine Aufführung auch ein exemplariſches Beyſpiel. Im folgenden Jahre gieng er ſelbſt nach Kopenhagen, um dem Könige von dem Zuſtande der Mißion, und von den fernern deswegen zu treffenden Anſtalten Nachricht zu geben. Im Jahr 1724. that er abermals eine Reiſe durch Finmarken.

Gleich zu Anfang der Mißionsanſtalt ſchickte man drey Mißionarien ab, deren einer die Lappen in dem Waranger und Thanen Meerbuſen im öſtlichen Theil, der andre die in dem Laxefiörd und Porſangerfiörd, der dritte die in Hualſund und Alten zum chriſtlichen Glauben bekehren ſollte. Dieſes währte bis 1728. da beliebt wurde nur zwey Mißionarien nach Finmarken zu ſchicken. Von den übrigen Miſſionarien in den Aemtern Nordland und Drontheim iſt hier nicht die Rede, da wir bloß von Finmarken handeln.

Ein jeder Mißionar bekommt, ehe er ſein Amt antritt, von dem Vicarius des Mißionscollegii einen Unterricht, darnach er ſich zu richten hat. Ohngefähr zwey Jahre vorher, ehe ich dieſes Amt übernahm, hatte der mehrbelobte Vicarius von Weſten eine

eine Instruction aufgesetzt, die ohngefähr aus folgenden Punkten bestund:

1. Es muß so bald als möglich ein genaues Verzeichniß aller in Waranger und übrigen Finmarken wohnenden Lappen gemacht, und dabey der Ort ihres Aufenthalts, wo sie hinziehen, der Markt, wo sie ihre Waaren hinbringen, ferner, in wie weit sich ihre Kenntniß in den Glaubenssachen erstreckt, und ob sie nach dem Schwedischen Lapland um der Communion willen reisen, angezeigt werden. Wo kein Mißionar gegenwärtig ist, da muß der Schulmeister dieses übernehmen.

2. Muß ein genaues Verzeichniß aller Mißionarien, und andern zum Mißionswesen gehörigen Personen, sie mögen schon dazu abgerichtet seyn, oder noch werden sollen, aller Kirchen, Versammlungshäuser, Schulen, und andrer geistlichen Gebäude gemacht werden. Kein Vater, oder Vormund darf seine zur Mißion einmal bestimmte Kinder oder Pupillen davon abspenstig machen.

3. Da durch den Mißbrauch des Branntweins viel Unheil entsteht, und die Ausbreitung des Evangelii gehindert wird, so haben alle zur Mißion gehörige dahin zu sehen, daß die Lappen ernstlich davon abgehalten werden, weil dem ganzen Mißionswerk ein großes Hinderniß im Wege steht, so lange die Lappen von der sündlichen Gewohnheit des Saufens nicht ablassen.

4. Ferner

4. Ferner haben sie richtig aufzuzeichnen, wenn sich noch Ueberbleibsel von dem Götzendienst und heydnischen Gebräuchen, von ihren Zaubereyen, den dabey üblichen Formeln, von den Instrumenten der Zauberer, u. s. w. entdecken. Sie sollen sich nicht nur fleißig darnach erkundigen, und Bericht erstatten, sondern auch die Namen der Personen zugleich angeben. Zumal da die Lappen von Skiervoen und Carlsoen noch vor nicht gar langer Zeit diese verbotnen Künste getrieben. Die Mißionare wissen von selbst, daß der Anfang der Bekehrung mit Abschaffung des Götzendienstes zu machen, und daß sonst aller Unterricht vergebens ist. Damit sie sich nicht fürchten, daß man sie für das Bekenntniß ihrer heydnischen Irrthümer strafe, so ist ihnen vor allen einzuprägen, daß es auf keine Strafe angesehen sey, sondern daß man nur ein aufrichtiges Geständniß, Besserung und ihr Bestes wünsche. Die Mißionare müssen daher ihr ohne Furcht abgelegtes Bekenntniß heimlich halten, und bloß dem Vicarius der Mißionsanstalt melden. Sie müssen ferner richtig anzeigen, ob die Neubekehrten ihr Leben auch wirklich bessern, und sich als Christen aufführen.

5. Sollen die Mißionare aufzeichnen, was für Lappen von beyderley Geschlecht nur ihre Muttersprache, oder auch Norwegisch verstehen.

6. Müssen sie anzeigen, was für Reisen und wohin ein jeder Mißionsbedienter sie anstellet; wie

wie es mit seinem Unterricht steht; was er für eine Methode zum Unterricht braucht; was noch zu verbessern ist, und was sich für Hindernisse finden.

7. Soll den Lappen der königliche Befehl bekannt gemacht werden, daß künftig keine Ehen in verbotenen Graden zu gestatten. Sollten den Mißionarien bey ihrem Amte bey irgend einer Gelegenheit zweifelhafte Fälle vorkommen, so haben sie sich an den Vicarius zu wenden.

8. Ueberhaupt müssen alle Mißionarien es sich besonders angelegen seyn lassen, den Lappen mit möglichster Gelindigkeit zu begegnen, damit solche nicht durch Furcht von der Bekehrung und dem Bekenntnisse ihrer Sünden abgehalten werden.

9. Die Mißionarien haben dahin zu sehen, daß sie mit allen Predigern in gutem Verständnisse leben, und ihnen so viel möglich und als es ihr Mißionsamt zuläßt, nachgeben; damit den Lappen durch die Uneinigkeit zwischen den Predigern und Mißionarien, wie bisher oft geschehen, kein Aergerniß gegeben werde.

10. Die Feldlappen müssen fleißig aufgesucht und zur Anhörung des Evangelii, sie mögen sich beständig oder nur auf einige Zeit auf Dänischem Grund und Boden aufhalten, ermuntert werden.

Der jährliche Gehalt eines Mißionars in Finmarken bestund zu meiner Zeit aus achtzig, jetzt aber aus hundert Thalern. In Nordland. bekommen sie aber nur sechzig Thaler. Die Schulmeister bekommen, nachdem sie einen beschwerlichen Dienst haben, sechzehn bis vier und zwanzig Thaler und darüber; und für jeden Knaben, den sie so weit bringen, daß er den Catechismus, und zu lesen weiß, einen halben Thaler. Zur Erhebung des dazu benöthigten Geldes ist eine Schatzung auf die Kirchen gelegt. Jede Hauptkirche giebt zwey und das Filial einen Thaler.

Im Jahr 1752, stiftete König Friedrich V. zu Bergen ein Lappisches Seminarium, und setzte zu dessen Unterhaltung, Besoldung der Lehrer, und Kleidung der Seminaristen, wozu aus der Stadtschule geschickte und zur Erlernung der Lappischen Sprache fähige Knaben genommen wurden, ein festes Kapital von 8100 Thlr. und über dieses noch gewisse königliche Zehenden, aus, und schenkte zum Druck eines Lappischen Lexicons 800 Thlr. Einige Seminaristen sind bereits auf die hohe Schule geschickt; mit der Zeit werden sie alle zu Mißionarien gebraucht.

Zu meiner Zeit hatte der Finmarkische Mißionar in Porsånger und Laxefiörd, welches mein Distrikt war, keine gewisse Wohnung, sondern mußte beständig von einem Orte zum andern reisen. Nachgehends ist im Porsånger-Fiörd eine Schule mit einem Ofen und Fenstern erbauet, wo er sich zu gewissen

wissen Zeiten eine Weile aufhält. Wo er hinreiset, wird er zu allen Jahrszeiten von den Lappen ohne Entgeld gebracht.

Im Winter wird der Mißionar von einer Wohnung der Lappen zur andern mit Rennthieren gefahren, und hält sich gemeiniglich acht Tage in einer jeden auf. In der Woche trägt er der ganzen Familie die Lehren des Catechismus vor. An Sonn- und Festtagen versammlen sich aber alle Lappen aus den benachbarten Wohnungen an dem Orte seines Aufenthalts, da alsdenn nicht nur catechisirt, sondern auch ordentlich gepredigt wird. Wenn die Hütte nicht alle Zuhörer fassen kann, so wird entweder ein größeres Zelt aufgeschlagen, oder der Gottesdienst gar unter freyem Himmel gehalten, obgleich zuweilen die schrecklichste Kälte herrscht.

Meine Gewohnheit war, den Lappen, ehe sie anfiengen zu singen, die Worte der Psalme vorher zu erklären, auf daß sie verstehen sollten, was sie sangen. Während des Gottesdienstes banden die Zuhörer ihre Rennthiere an die nächsten Bäume, und nach Endigung desselben fuhren sie wieder weg.

Im Sommer wird der Mißionar von einem Dorfe der Seelappen bis zum andern *) mit einem Kahne

---

*) Die Seelappen nennen die Oerter, wo sie sich aufhalten, wenn sie Norwegisch reden, Städte.

Kahne gefahren, und hält sich ohngefähr vierzehn Tage bey ihnen auf, um zu catechisiren und zu predigen, wie bey den Berglappen. An manchen Orten ist eine Kirche, an manchen ein Versammlungshaus zum öffentlichen Gottesdienste. Die Schulmeister müssen dem Mißionar helfen, und den jungen Lappen lesen und den Catechismus lehren.

Das Amt eines Mißionars ist mit großen Beschwerlichkeiten verknüpft. Bey den Seelappen muß er mit ihnen unter den Kälbern und Schaafen in einer Hütte voll Gestank und Unreinlichkeit wohnen, welches einem, der nicht von Jugend auf daran gewohnt ist, anfangs unerträglich vorkommt. Bey den Berglappen ist es nicht viel besser, ihre Zelte sind klein, enge, voller Ritzen und mitten im Winter nicht allenthalben vermacht. Wenn früh Feuer angezündet wird, so kann man vor dem dicken Rauch kein Auge aufthun. Wenn es recht brennt, so nimmt der Rauch zwar ab, es bleibt doch aber so viel nach, daß man Unbequemlichkeit genug davon empfindet, ob man gleich ganz niedrig auf der Erde sitzt. Bläset der Wind stark, so ist es kaum auszustehen, weil alle Menschen in der Hütte alsdenn in einem beständigen Dampf eingehüllet sind, wovon die Augen äußerst leiden. Der Geruch und die Dünste von dem grünen Holze sind oft noch schädlicher und unangenehmer als der Rauch.

Die grausame Kälte, die man sich nicht so arg vorstellen kann, ist keine von den geringsten Beschwerlichkeilichkeiten dieser rauhen Gegend; und desto ärger, da sie allenthalben in die schlecht verwahrten Hütten der Lappen eindringen kann. Meine Decke war des Morgens, wenn ich erwachte, oft vom Odem ganz bereift. Die Dinte fror zuweilen unter dem Schreiben, ob das Gefäße gleich nicht weit vom Feuer stund, und ich auf der Erde dabey saß, und einen Kasten, worauf ich schrieb, zwischen den Beinen hatte. Die Füße waren gegen das Feuer gekehrt, und bis zum Verbrennen heiß, und der Rücken, welcher vom Feuer entfernt war, zitterte für Kälte.

Wie strenge die Kälte in den Gebürgen sey, kann man aus folgender Erfahrung, die ich selbst gemacht, schließen. Das Feuer brennt mitten in der Hütte den ganzen Tag, und wird beständig unterhalten. Die Wand derselben ist rings umher nur drey Ellen vom Heerde entfernt. Sollte man glauben, daß des heftigen Feuers ungeachtet, sich der Reif dennoch allenthalben anlegt, und nicht vertrieben werden kann. Ja was noch mehr ist, wenn ich mit obgedachter Kiste vor dem brennenden Heerde saß, so zeigte sich an der Wand ein weißer bereifter Platz von der Figur meines Körpers, weil solcher verhindert hatte, daß die Flamme solchen nicht erwärmen konnte.

In Ansehung des Trinkens sind die Mißionarien nicht weniger übel daran, weil es an gesundem reinem Wasser fehlt. Sowohl bey den Berg= als See=lappen müssen sie sich mit kaltem, mit Schnee und

Eis vermischtem, und auch oftmals mit bloßem Schneewasser begnügen, welches in einem Kessel am Feuer geschmolzen wird. Auf kein weiches Federbette darf der Mißionar sich keine Rechnung machen. Statt des Unterbettes muß er sich mit einem rauchen Rennthierfell, das auf der bloßen Erde oder auf die darunter ausgebreiteten hölzernen Stangen gelegt ist, behelfen, und seine ausgezogenen Kleider dienen ihm statt des Küssens. Wenn er auf diesem elenden Lager ruhet, so stößt er doch mit dem Kopfe beynahe an den Schnee. Die Füße sind gegen das Feuer gekehrt, und der Kopf liegt nur eine Hand breit von den Schneewänden, welche rings umher stehen bleiben, wenn die Berglappen ihre Zelte aufrichten, wie oben bey der Beschreibung ihrer Wohnungen angemerkt worden.

Ein verdrießlicher Umstand für die Mißionaren ist, daß sie sich mit der ganzen Familie eines Lappen in einem engen Zelte aufhalten müssen, und theils durch das Reden und durch das Schreyen der Kinder, theils durch die wirthschaftlichen Beschäfftigungen am Studieren und Lesen gehindert werden. Die große Kälte und der Schnee lassen nicht zu, daß man im Freyen umhergehen, und eine Sache überdenken könnte.

Zuweilen trifft es, daß der Mißionar gerade zu der Zeit bey einem Lappen anlangt, da dieser genöthigt ist, aus Mangel des Futters für die Rennthiere, seine Hütte an einen andern Ort zu verlegen,

und

und seine ganze Wirthschaft dahin zu bringen. In diesem Fall muß er es sich gefallen lassen, bey der heftigsten Kälte, dem Lappen so lange zu folgen, bis er einen bequemen Platz ausfindig macht, und er kommt eher nicht zur Ruhe, bis dieser eine neue Wohnung aufrichtet, und alles in wohnbaren Stand gesetzt hat.

Oft fällt während der Zeit, daß der Mißionar mit seinem Wegweiser über die Gebürge fährt, ein solches durchdringendes Schneegestöber, daß man die Augen und das Gesicht bedecken muß. Es ist oft so dicke, daß man das vor dem Schlitten gespannte Renuthier nicht erkennen, folglich auch nicht um sich sehen, und die Gefahr der Abgründe und unwegsamen Oerter vermeiden kann. Es würden gewiß mehr Unglücksfälle geschehen, wenn die göttliche Hand die in ihrem Berufe reisenden Mißionare nicht beschützte. Bey der heftigen Kälte macht der Odem, daß sich eine Haut von Eis auf die Backen, und an den Augenhaaren kleine Eiszapfen hängen, welche man mit den Fingern abmachen muß. Wer nicht von Jugend auf daran gewohnt ist, dem wird es wenigstens im Anfange sehr sauer, und wenn alles dieses Ungemach überstanden ist, so kommt der Mißionar in eine Hütte voll Rauch, welches macht, daß seine Haut nach einem Aufenthalte von einigen Tagen ausfährt, und kleine Geschwüre bekommt.

Wenn die Nacht den Mißionar bey seinen gebürgischen Reisen wegen des weiten Weges und heftigen

tigen Schnees oder andrer Ursachen übereilt, und er den Ort seiner Bestimmung nicht erreichen kann, so muß er entweder die ganze Nacht im Schlitten ohne Dach zubringen, oder im Fall Bäume in der Nähe sind, sich unter einem Zelte von einigen abgehauenen Zweigen, welche mit einer groben Leinwand, die der Lappe in der Absicht allemal im Schlitten bey sich führt, bedeckt sind, behelfen, bis der Tag anbricht. Was für eine Kälte unter diesem elenden Zelte seyn muß, kann man sich leicht vorstellen.

Man nehme alle diese Unbequemlichkeiten, die entsetzliche Kälte, die elenden Speisen von gefrorner Rennthiermilch, das schlechte Getränke, zusammen, so wird man sich wundern, daß die Mißionare eine solche Lebensart aushalten, woran sie von Jugend auf nicht gewohnt sind. Man wird aber auch darunter den göttlichen Beystand erkennen müssen, der sie stark macht, alles dieses zu ertragen. Auf daß sich junge Gottesgelehrte nicht abschrecken lassen, und Hoffnung haben, gewiß befördert zu werden, so ist seit Königs Friedrichs IV. Zeiten die Einrichtung gemacht, daß man zu den Pfarren in Finmarken und Nordland, wenn sie entlediget worden, die Mißionaren nimmt.

Was ich hier von den Beschwerlichkeiten der Mißionaren gesagt habe, ist nicht in der Absicht geschehen, um andre dadurch abzuschrecken, sondern vielmehr um sie aufzumuntern, dieses löbliche Werk zur Ausbreitung der christlichen Religion anzugreifen.

fen. Man gewöhnt sich an alles, und ich kann, ohne damit groß zu thun, versichern, daß ich in allen Jahren, da ich dieses Amt geführet, mit meinem Zustande zufrieden gewesen bin. Ich habe bey den Lappen gelehrige und sanfte Gemüther gefunden, da man hingegen bey andern Menschen, die sich viel klüger und gesitteter dünken, oftmals vielen Verdruß und Beleidigungen auszustehen hat, wenn man rechtschaffen handeln will. Das hat man bey den Lappen nicht zu befürchten.

www.ingramcontent.com/pod-product-compliance
Lightning Source LLC
Chambersburg PA
CBHW031404230426
43670CB00006B/640